新中国美术出版体制的建构与转型
上海人民美术出版社 1949-1966

孙浩宁 著

上海人民美术出版社

绪　论

　　20世纪五六十年代的上海人民美术出版社是新中国美术出版史上一座标志性的丰碑。本书以新中国成立之初的政治文化及历史语境为依托，以上海人民美术出版社为研究对象，旨在研究从1949年至1966年的十七年中，在风云变幻的社会环境中，新中国的美术出版体制是如何被建构的，以此探讨美术出版社作为新国家形象塑造者、新文化价值体系传播者的形成过程、生产机制、传播方式，以及艺术家在消失的"日常"中找寻个性抒发的现实路径，以此剖析新中国美术出版体制与艺术发展历程之间的互动关系。

　　用"建构"而非"建立"，是因为在本书中，"建构"更符合笔者对这段特殊历史时期的理解。在文化研究领域，建构是指在已有的文本上，建造一个分析、阅读系统，使他人可以运用一个解析的脉络，去拆解那些文本背后的因由和意识形态。不是虚构，更不是重构。这对于本书的书写初衷有着非常重要的意义。

　　本书虽是对特定历史时期美术现象的研究，但是抛弃了美术史研究中的风格论，而是希望探讨形成这些艺术作品的深层原因；虽然讲述的是上海人美社的十七年，但是并非从线性历史的角度对这段时期的历史材料进行梳理，而是尝试从社会学的视角探讨美术出版体制是如何被建构起来，又是如何参与到新中国国家形象的建构中。准确地说，本书意在探讨那些我们自认为熟知的现象背后的故事，并在整齐划一的集体主义中寻找艺术家个人身份的形成过程，以及中国形象与艺术创作的内在关联。在新中国的这段历史中，美术创作在总体上还是围绕着执政的中国共产党对新中国的认识、理解和期望的维度展开的。就此而言，新中国的美术出版，从本质上说，也是对新中国的认识和理解的总体思想观念中不可分割的一部分，是新中国形象的表达和象征，是国家大众传播最有力的工具和形式。[1]

值得注意的是，与当下出版社的功能仅仅是编辑、出版图书不同，新中国最初十几年的出版体制，尤其是美术出版体制，在建构国家形象、传播意识形态方面，承担着更重要、更复杂的作用和任务。它不仅仅是意识形态的传播者，它还是新中国国家形象的缔造者。新中国建立伊始，在出版社专业化政治政策的指引下，[2] 出版社被赋予更重要的政治使命。专业美术出版社的政治使命感尤为强烈，除了正常范畴的美术出版物之外，年画、连环画、宣传画（简称年、连、宣）的创作和发行，也被纳入到美术出版社的业务范围之内。

上海人民美术出版社作为新中国成立后在上海这座曾经有着"十里洋

---

[1] 邹跃进：《新中国美术史 1949—2000》，湖南美术出版社 2002 年版，第 3—4 页。
[2] 关于新中国出版专业化的详细资料，详见《出版总署关于国营书刊出版印刷发行企业分工专业化与调整公私关系的决定》，载中国出版科学研究所、中国档案馆《中华人民共和国出版史料 2》，中国书籍出版社 1996 年版，第 653—659 页。新中国成立前，中国传统的出版业是编写、印制、发行合并在一起的，由各书商独立完成。

场""东方巴黎"之称的城市成立的第一个专业美术出版社,[3]它所面对的问题、承担的责任以及未来的使命,远比成立于北京的人民美术出版社复杂和深远。作为中国年、连、宣的大本营,[4]上海人美社的艺术家们,也努力地响应当时主流意识形态的号召,积极地用自身行动"将消费的城市变成生产的城市",开始了个人在新政权下"红色转身"的历程。

  历史学家科林伍德认为一切历史都是思想史。这不仅仅是指历史写作的作者要用思想与历史对话,才能真正进入历史;更重要的是,历史上的每个人、每件事,都是存在于特定的社会中,都是鲜活的个体和生命,只有理解个体在当时情境中的思想、动机、期望和梦想,才能真正理解和建构历史。所以,本书也将从思想和观念的角度来描述、分析上海人民美术出版社体制的建立,以及体制下艺术家日常生活中的生存状态。本书将尽量规避对一种潮流、一种风格、一件作品,甚至对一个人做出非此即彼的判断,正如笔者在书稿最后的观点,1949年发生的政权更迭并没有切断

---

3. 其实,用一个词来定义上海是十分困难的。"十里洋场"出自茅盾《健美》一文:"我们这十里洋场实在还不过是畸形的殖民地化的资本主义社会。"可见,"十里洋场"一词在茅盾的笔下,并非一个对上海持肯定态度的词语。但是,当下社会对"十里洋场"的认知,已经摒弃了茅盾笔下对上海的否定,是繁荣和多元化的代名词。"Paris of the Orient"(东方巴黎)一词,最早出现在20世纪20年代一些旅居上海的外国人的游记中,不仅仅是"东方的巴黎","东方的芝加哥""东方的纽约"也都被用来形容上海,不过,拿来与上海对比最多的城市还是巴黎。
4. 连环画"大本营"一词被用在上海,首先是当时的文化部副部长夏衍提出来的,当时上海(主要是指上海人民美术出版社)的连环画销量巨大,年画、宣传画的创作和发行数量也远远高于其他出版社(关于发行量的详细资料见潘耀昌《走出巴贝尔续——艺术之桥》,上海书画出版社2011年版,第164—165页)。

中国现代社会发展的历史。对艺术家来讲，他们与其他人一样，也是社会中的人，事业的成功受到各种社会、历史、文化因素的影响，尤其是艺术体制的影响。新中国成立之后如此，成立之前，亦如此。

  作为本书的开端，笔者想先界定几个范畴：时间、地点与人。首先是时间。本书的研究时期限于1949年至1966年，这是因为，新中国成立之初的十七年，是新中国国家观念和意识形态建立的重要时期，推及到文化领域，有十七年文学、十七年动画、十七年电影、十七年话剧等文化现象的研究，可以说，各个文化类别都在各自领域中进行着对这段历史的解读和重塑。艺术史研究领域也不例外。十七年，它以新中国的成立为起始点，以"文化大革命"（简称"文革"）的爆发为终点。在这十七年中，年、连、宣作为新中国国家形象的载体，作为机械复制时代的艺术作品，提供给世人一种全新的视觉形式，去理解、认识和表达新中国的形象。在这十七年中，一大批优秀的年、连、宣作品被艺术家创造出来，这不仅体现在当时的各种画展上年画、连环画、宣传画在数量上占据了绝对优势，还体现在许多原来从事中国画、油画、版画的艺术家也加入到了年、连、宣的创作队伍中。可以说，这十七年是年、连、宣无限风光的十七年，是一大批年、连、宣画家创作了众多艺术作品的十七年，也是上海人民美术出版社获得众多荣誉的十七年。在这个时期，政治环境较为宽松，创作环境较为自由,虽有思想观念、艺术体制、政策制度的各种冲突,无论是脱胎于"旧上海"时期的画家也好,还是成长于新中国的艺术家也罢,他们都通过自己的画笔,来描绘他们心目中所理解的新中国形象,为新中国国家形象的建构,留下浓墨重彩的一笔。

其次是地点。上海,这座在新中国成立前充满梦幻的城市,这座令无数人无比向往的城市,这座存在着中国现代性道路上几乎所有矛盾和冲突的城市,这座在艺术领域独领风骚的城市,在新中国成立之后,一夜之间,成为大家口中的"旧上海"。什么是"新",什么是"旧",不是本书要探讨的问题;如何把"旧"改造成"新",如何将纷乱复杂的"旧上海",纳入到社会主义国家的轨道中,是新政府亟待解决的问题,也是本书写作的起点。

一直以来,炙手可热的海派文化研究,大多是以新中国成立之前的上海为研究基点,跑马场与舞厅、月份牌与《良友》画报、张爱玲的小说和百老汇,这些海派文化的代名词,在研究者的笔下,神秘而又有魅力。学术界对新中国成立初期上海的研究,与之相比,则相对较少。这其中的原因是多方面的。新中国成立后,人们对待上海的态度较为矛盾,既为深厚的海派文化所折服,又对上海的"旧"有所忌惮(在第一章有专门论述)。但是,这也从另一个方面说明了上海的独特性和它的魅力。在上海的艺术家们,能够以独特的工作模式探索出一种符合新中国"人民美术"出版需要的艺术样式与审美基调，为考察新中国美术在体制中的拓展与发展提供了鲜活的样本。

再次是人。在对上海人美社的考察中，笔者经常会惊叹于在这个位于长乐路 672 弄 33 号的院落里，曾经聚集着如此众多的艺术创作者，更惊叹于许多有着"旧"背景的艺术家，是如何在新的政权下一步步被纳入体制中，成为"体制"中的人。新中国成立初期，组建上海人美社的人员主要来源于三个方面：一是来自"旧上海"的艺术家，以丁浩、蔡振华等人为代表；一是来自艺术院校的毕业生，以哈琼文、游龙姑、杨文秀等人为代表；一是来自解放区的艺术家，以吕蒙、黎鲁、张乐平、沈柔坚等人为代表。之后，随着上海公私合营政策的展开，更有大批艺术家被纳入到体制中来。正是这些艺术家，在长乐路这个小小的院落里，在个人与集体的纠葛中，在创作要求与审美体验的矛盾中，在个体与群体的日常互动中，谱写着新中国视觉形象的画谱，也引发了我们对那段特殊历史时期能够创作出如此规模宏大的审美体验的兴趣。

需要特别指出的是，上海人民美术出版社的社名，在历史上出现了几次更迭，这其中有组建出版社背景复杂的原因，有政治因素的考量，也有社会发展的现实需要（在本书第二章有论述）。因而，本书在提及上海人民美术出版社之名称时，尽可能按照历史沿革采用当时的社名。

本书首先讨论了上海人民美术出版社体制的建构过程，亦即国家话语以及不同历史背景、政治背景的创作者和出版机构整合归一为新中国美术出版体制的建构过程；其次，讨论了作为新中国出版重镇的上海人美社的工作机制和出版及创作活动的展开过程；再次，重点梳理了上海私人画室传统、新华书店发行体系以及上海城市具备的国际文化传播角色等因素对上海人民美术出版社的出版及创作活动的现实影响；最后，通过对创作者个人及其日常生活情境的分析，讨论了作为创作个体的作者的"个人意识"是如何渗入作品中并在主流出版体制之下实现其个性抒发的。

本书是对1949年至1966年期间的上海人民美术出版社展开的个案研究，将其作为20世纪中国社会政治经济、文化艺术的历史性转变过程中的一个典型案例加以考察，并将其置于广阔的历史逻辑中对照分析。本书认为，20世纪五六十年代的上海人民美术出版社是20世纪中国社会文化转型及新文化出版体制中一个承上启下的关键性体制机构，在这个具有强烈的历史责任感和高度专业化的创新集体中，艺术家和出版策划者实践着新中国国家形象的集体想象，实践着新中国美术叙事话语与审美形式的最初拓展。与此同时，他们的出版活动也延续着民国时期上海出版业在现代文明探索、民族身份认同以及国民现代性塑造中的早期实践，书写了20世纪中期新中国出版史上不可忽略的篇章。

001 绪 论

008 目 录

011 **第一章** 出版体制中的翘楚

 第一节 《毛主席万岁》的背后 013
 第二节 美术出版体制的建构 025

031 **第二章** "新"体制与"旧"制度

 第一节 美术出版"专业化" 033
 第二节 "异质同构"期（1949—1952） 036
  一、美术工场 038
  二、《华东画报》 045
 第三节 从"华东"到"上海"(1952—1955) 054
  一、"新"出版体制的构想 054
  二、"人民"的新含义 056
  三、"旧上海"的转化 061
 第四节 从"正统"到"多样"(1956—1966) 065

079 **第三章** 步步为营

 第一节 作为资本主义温床的上海私营美术出版社 081
 第二节 对"温床"的社会主义改造 090
  一、对私营连环画出版社的社会主义改造 092
  二、对私营画片出版社的社会主义改造 097
 第三节 公私合营体制的建立 102

109 **第四章** 体制中的嬗变

 第一节 计划与创作 111
  一、创作任务的制定 112
  二、创作题材的选择 115
 第二节 审查制度 118
  一、三审制 118
  二、送审 120
 第三节 编室结构与创作 124
  一、创作编室的建立 124
  二、编室与创作方式 133

145 **第五章** 多种力量的结合

 第一节 私人画室 147
  一、土山湾画馆与上海私人画室传统 147
  二、出版社与新中国成立后的私人画室 152
 第二节 作为培训机构的出版社 159
  一、年画、连环画创作培训班 159
  二、社中"画室" 167
 第三节 对"外"教学 173

185　**第六章**　传播与交流

第一节　出版、创作与新华书店传播体系的建立　187
　一、流通体系的建立　187
　二、出版发行与创作　192
　三、发行覆盖与创作　195
第二节　期刊的尝试　200
第三节　莱比锡的新面孔　211

217　**第七章**　体制下艺术家的灵动

第一节　体制与创作者的日常生活　221
　一、体制下的艺术家　221
　二、日常生活中的艺术家　224
第二节　政治挂帅与创作自由　227
　一、对"红旗拳头枪"的批判　227
　二、在哪创作？　242
　三、读者趣味的考量　246
　四、体制的"内"与"外"　257
第三节　稿酬与创作　267
　一、折实单位制（1949—1952）　267
　二、印数定额制（1953—1958）　269
　三、月薪（工资）制（1958—1960）　274
　四、恢复稿酬制（1961年之后）　280

283　**结语**　体制建构中的断裂与延续

第一节　"新"中国与"旧"上海的断裂　285
第二节　在断裂中延续　288

295　**附录**

附录一　上海人民美术出版社1956年编室结构及人员名单　297
附录二　参考文献　299
附录三　上海人民美术出版社大事记（1949—1966）　305
附录四　上海人民美术出版社（1949—1966）人员访谈录　311

355　**后记**

010

第一章
出版体制中的翘楚

第一节 《毛主席万岁》的背后

1959年，新中国宣传画创作出版历史上最具典型性的作品之一——《毛主席万岁》发表，这是上海人美社宣传画画家哈琼文为纪念新中国成立十周年而创作的一幅作品。画面中的年轻母亲穿着黑色丝绒质地的旗袍，显得端庄而典雅，领口上点缀着镶着金边的宝蓝色领扣，更增添了人物的华丽和精致。在人物面部的刻画上，画家通过正侧面的描绘方式，把一位唇红齿白、双眸明丽的女子表现得得体而生动。耳朵上珍珠饰物以及发髻上粉色花朵的刻画，表明了她的城市女性身份。女子的肩头，是一位活泼可爱的女孩，蓝色的裙子与黄色的袜子形成强烈的色彩对比，女孩头上的蝴蝶结装饰以及手上粉色的花朵都与母亲发髻的装饰形成关照。画面中的母女与整个玫红色的背景融为一体，如果不是画面左上方的华表以及右上方的"毛主席万岁"五个字界定了这幅宣传画的政治意义，我们或许会认为这是某期《良友》画报的封面。

这幅宣传画作品自出版之日起即饱受争议。冰心曾以"用画来歌颂"作为标题，赞其曰："画笔十分生动，看过就不能忘怀。"[1] 但与此同时，对它的批评也不绝于耳。在1959年"促进宣传画创作的更大发展——十年宣传画展览会座谈会"上，有人就认为画中妇女"像资产阶级家庭妇女，不能代表广大劳动人民中的年轻母亲"。[2] 1966年"文革"开始不久，这幅作品即被攻击为"用心险恶"，画中年轻女性的衣着更被认为是资产阶级生活方式的罪证，作者哈琼文也因此在"文革"中屡受批判。

---

[1] 冰心：《用画来歌颂》，《北京晚报》1960年1月16日。

[2] 《促进宣传画创作的更大发展——十年宣传画展览会座谈会》，《美术》1960年第2期。

图 1-1
《毛主席万岁》
哈琼文
上海人民美术出版社
1959年

当然，这幅画及其作者后来所遭受的批判并非本书论述的重点，本书所关心的是，这幅有着所谓"资产阶级少奶奶"形象的、命运多舛的作品是怎样产生的？它为什么是在上海人美社而不是在别的出版社出现？它的产生关联着怎样的出版体制？而这种体制的出现对于上海而言，是偶然还是必然？

所有这些问题的解开，自然离不开它所产生的大环境——上海，以及这座城市的文化环境、出版环境、技术环境和它的历史传统。

作为中国最大的经济活跃城市、最早的国际贸易中心，上海从19世纪到20世纪上半叶，经历了一个从贸易中心到工业中心，从工业中心到商品消费和文化传播中心的变化历程。[3]有学者指出，上海之所以成为20世纪中国文化的主要生产地之一，不是因为它自己的城市文化认同，而是因为它接替生产其他城市的文化认同，[4]不断复制着影响其他城市生活的文化生产方式，比如本书所关注的印刷业、出版业。从19世纪末至20世纪初，印刷品是上海对内地输出的主要工业产品之一。上海出版，从一种媒体传播的功能迅速发展为城市的一种生活方式，更不能忽视的是，这种文化产品的生产与复制不仅服务于上海人，还传播到全国各地，如苏州、南京、武汉、广州、北京等城市和地区。Raymond Williams曾说过，19世纪的伦敦生产与复制全英国的社会现实，[5]这句话同样适用于上海，19世纪末20世纪初的上海以出版的现代化拓展着商业生存的空间，而1949年之后的上海，则以出版活动的领先性参与着国家的形象塑造。

不可思议的是，上海这种广义的印刷文化领先性，与中国革命重形象塑造与宣传的传统之间有着某种深层的对应关系。比如，在查阅中国革命史资料时，我们会发现，革命领袖毛泽东对视觉图像与"新中国"视觉形象，曾予以高度的重视，这一点从他20世纪20年代在广州农民运动讲习所（简称农讲

[3] 戴莎迪：《北京是上海的产品吗？》，载陈平原、王德威《北京：都市想像与文化记忆》，北京大学出版社2005年版，第234页。

[4] 戴莎迪：《北京是上海的产品吗？》，载陈平原、王德威《北京：都市想像与文化记忆》，北京大学出版社2005年版，第236页。

[5] Raymond Williams. *The Country and the City*. London: Oxford University Press, 1973: 148.

所）的一系列活动轨迹中就可见端倪。1926年，毛泽东在农讲所编《农民问题丛刊》中就曾指出："中国人不识字者占百分之九十以上……图画宣传乃特别重要。"[6]农民运动讲习所是一所政治学校，课程以无产阶级革命理论为主课，但为了使农讲所培养的干部能运用形象化、通俗易懂的美术宣传工具，毛泽东对美术课程也比较重视。他在确定农讲所培训课程中增设美术课时就强调说："不要叫美术课，也不要叫图画课，而叫'革命画'。"[7]根据毛泽东的指示，开设的"革命画"课程分为三个阶段进行。第一阶段教画工人、农民日常使用的工具，如画犁头、镰刀、铁铲等。第二阶段教画人物，指导学员要严格区分正派人物和反派人物，要求画工人、雇农、贫农等正派人物，要画得好，画出他们的革命精神，画出他们的勇敢和智慧。画土豪劣绅、贪官污吏、地主恶霸等反派人物，则要画出他们的凶残丑恶的反动嘴脸。第三阶段教画工人、农民受剥削压迫的现实情况，使"革命画"在革命运动中对群众起到更大的宣传教育鼓动作用。[8]从这一点来看，后来在中国革命进程中表现突出的"红色宣传画"，无论是其表现风格还是表现内涵，都与当年毛泽东对于"革命画"的要求有着先天的关联性。

三十年之后，毛泽东在广州农民运动讲习所倡导的"革命画"实践，出乎意料地在上海得到积极的响应与实践，而且成果引人瞩目。但不能忽略的是，这种实践得以积极展开的前提中，包含着对鱼龙混杂的20世纪前期上海多元文化结构的肃清与批判。其中原因是显而易见的。在某种意义上，上海意识形态的复杂性，在20世纪以来的中国社会有着特殊的代表意义，作为西方文明与工商业经济进入中国的桥头堡，上海多元文化结构的问题解决了，中国其他城市的文化建构也自然会找到一条可行的路，正是基于这一点，上海成为新中国出版体制的第一批"实验城市"。

[6] 毛泽东：《宣传报告》，《政治周报》1926年第六、七合刊。

[7] 转引自黄可《中国新民主主义革命美术活动史话》，上海书画出版社2006年版，第31—32页。

[8] 黄可：《中国新民主主义革命美术活动史话》，上海书画出版社2006年版，第32—34页。

第一节　《毛主席万岁》的背后

学者李欧梵曾经这样评述城市文化在西方现代文明建构与传播过程中的特殊意义："这种城市的模式是工业文明的产物，而西方人生活在工业文明过度发达的领域里，它所表现的一些心理上的失落、震撼和种种复杂的感情，我认为这正是西方现代主义的一个基础。"[9]西方经济强国在向东方输出它们的经济成功经验的同时，也将这种多元而百味杂陈的文化体验带到了上海，使得建立在东方大地上的这座中国现代城市，先天地具有某种"世纪末"的混杂与没落情绪，从而陷入一种"未老先衰"的文化困境。李欧梵在重新勾画上海的都市文化及现代性时，曾以"上海摩登"的名义，罗列了一系列既承载物质的现代性，又体现复杂的文化现代性的公共空间，如今天往往成为人们心目中的"上海标志"的外滩建筑、公园、咖啡厅、百货大楼、舞厅、跑马场以及"亭子间"等。李欧梵认为，这些物质载体作为现代性的重要标志，既是上海现代性的物质呈现，同时也营构了一种错综复杂、繁复多样的"上海摩登"。

而李欧梵所描述的"上海摩登"，正是毛泽东对上海这一地域文化多元内涵特别关注的地方。1942年发表的《在延安文艺座谈会上的讲话》中有这样的阐述：

同志们很多是从上海亭子间来的；从亭子间到革命根据地，不但是经历了两种地区，而且是经历了两个历史时代。一个是大地主大资产阶级统治的半封建半殖民地的社会，一个是无产阶级领导的革命的新民主主义的社会。[10]

当时的上海是"大地主大资产阶级"的"半封建半殖民地社会"的代表，但也正是这个"半封建半殖民地社会"的上海，蕴藏着创造新文化的巨大能量。以上海人民美术出版社为例，从20世纪40年代末到60年代中期，一个从无到有、集零为整的"人民美术"出版机构，在短短的十几年中成为中国历史上

[9] 李欧梵：《徘徊在现代和后现代之间》，上海三联书店2000年版，第118—119页。

[10] 毛泽东：《在延安文艺座谈会上的讲话》，载《毛泽东选集》第三卷，人民出版社1991年版，第876页。

发行数量最多、销售额最大、印刷质量最好、最受普通消费者喜爱的印刷品的文化出版重镇，它不仅为新中国美术出版体制增添了标志性的集群力量，而且以独特的工作模式探索出一种符合新中国"人民美术"出版需要的艺术样式与审美基调，为研究新中国美术在体制中的拓展与演进提供了鲜活的样本。

　　翻阅上海人美社历年出版的宣传画、年画，不能不为其惊人的出版量与发行规模所震撼。从1952年至1992年，上海人美社共出版过宣传画1655种，总印数达6000万张。[11] 其中，宣传画《毛主席万岁》(1959年) 推出之后，仅在出版的头一个月内，就连续印刷3次，1959年到1964年五年间先后重印20多次，累计印刷量达250万张之多，这还不包括以各种明信片、书刊封面、插页甚至以热水瓶、日历、铅笔盒等日用品方式出现的、多种形式的应用。[12] 一段时期，其他行业，如珠宝店也把此画作为"广告"热点，将原画剪裁加工，在画中人物颈上挂一串项链，陈列在橱窗里；眼镜店给画中人物戴上一副时髦的眼镜，招揽顾客；上海南京路第一百货商店则把这幅招贴复制放大，悬挂在大楼外墙上，覆盖了好几层楼面。[13] 而这一时期，直接将新生活信息传播至乡村城镇的年画的发行量更是惊人，仅1958年，上海地区初版、重版年画600余种，总印数1.1亿份，1959年初版153种，1960年初版143种，1961年初版77种，1962年初版110种，1963年初版100种，1964年初版

---

[11]《上海美术志》编纂委员会：《上海美术志》，上海书画出版社2004年版，第85页。

[12] 王明贤、严善錞：《新中国美术图史(1966—1976)》，中国青年出版社2000年版，第7页。

[13] 朱海辰：《哈琼文的宣传画艺术》，载哈琼文《哈琼文》，上海人民美术出版社2009年版，第73页。

图 1-2
《年轻的勇士》
卢汶
新美术出版社
1952年

14 上海通志编撰委员会:《上海通志》第九册,上海人民出版社2005年版,第6014页。

15 上海市美术家协会:《上海现代美术史大系·连环画卷》,上海人民美术出版社2010年版,第12页。

16 刘蒙之、谢妍妍、严丽雯《百年中国畅销书史(1912—2012)》,世界图书出版公司2015年版,第103页。

17 详细资料见刘蒙之、谢妍妍、严丽雯《百年中国畅销书史(1912—2012)》,世界图书出版公司2015年版,第104—106页;上海市美术家协会《上海现代美术史大系·连环画卷》,上海人民美术出版社2010年版,第208页。

第一节 《毛主席万岁》的背后

107种,1965年初版118种。"文革"结束后,1979年,年画重新出版,至1992年,共计出版年画3000种,累计总印数25亿份。[14]在这些惊人的数字中,虽无上海人美社年画创作、出版的确切资料,但是其作为上海地区唯一设有年画创作编辑室的出版社,可以推断其中绝大多数年画的创作和出版出自该社。

除了宣传画和年画,连环画的影响力和成就同样不可小觑。1952年至1953年间,上海人美社出版连环画222种,单本最高印数高达20多万册。由卢汶绘制的《年轻的勇士》(图1-2)印数近20万册,由周道悟画的《半夜鸡叫》(图1-3)印数为21.8万册。[15]1955年底,新美术出版社并入上海人民美术出版社之后,连环画创作编辑室成为当时全国最大的连环画编创部门(详见附件一),[16]聚集了上海当时几乎所有的连环画创作力量,在此后的十余年里,继续谱写着之前的传奇,创作了诸如《铁道游击队》《三国演义》《山乡巨变》《红岩》《红日》《林海雪原》《东周列国故事》《白毛女》等大量脍炙人口的连环画作品,其中,由丁斌曾、韩和平创作的10册套书《铁道游击队》(图1-4)是迄今为止印量最大的现实题材连环画,而《三国演义》(图1-5)共计60册、7000多幅图,既是迄今为止篇幅最多的连环画作品之一,也是迄今为止影响最大的连环画套书。[17]

应当看到,在这一特定历史时期出版的大量艺术作品,固

图1-3
《半夜鸡叫》
周道悟
新美术出版社
1953年

（第二册）35、睁眼一看，却是彭亮。老洪翻身起来，说："走，往三孔桥去！"彭亮抢过他手里的机枪背上，往回走了三四十步，又捡起两捆步枪。

（第五册）23、打了一阵，王强带领队员冲了出来。可是特务队的火力猛，驳壳枪就像小机枪，一挥就是二十响。刚冲到村头就有一个队员受了伤。

第一节　《毛主席万岁》的背后

（第五册）49、芳林嫂又向煎饼层里一抽，只听得"唰"的一声纸声，随着她的手一扬，一张"拥护中国共产党"的标语已经贴在墙头上了。

（第五册）106、老洪一扬手，只听见"当当当"三响，一串子弹打进了冈村的眉心。冈村带着椅子翻倒了。

图 1-4
《铁道游击队》
丁斌曾、韩和平
上海人民美术出版社
1955—1962年

桃園結義

虎牢關

（第一册）19．来到庄上，只见庄后有一座桃园，园中桃花盛开，景色宜人。张飞道："我三人既然志同道合，不如明日到园中祭告天地，结成异姓兄弟。"刘备、关羽都很赞同。

（第四册）69．刘备忍不住，舞动双股剑，也来助战。刘、关、张三人像走马灯似的围住吕布厮杀。八路人马都看得呆住了。

023

（第十六册）87、战不到三合，孟坦拨马便走，原要引诱关羽深入。不想关羽马快，早已赶上，只一刀，就把孟坦斩了。

（第二十三册）81、却说文聘引军追到长坂桥，见赵云过桥而去，张飞却倒竖虎须，圆睁环眼，手绰蛇矛，立马桥上。又见桥东树林之后，尘头大起，疑有伏兵，勒住马头，不敢近前。

（第四十五册）104、两人战了十几回合，姜维越杀越勇，赵云大惊，心想：『没料到此处有这般人物！』

图 1-5
《三国演义》
上海人民美术出版社
1957—1961年

然与那个时代的社会需求与政治导向相关，但毫无疑问，其中也包含着最初的"人民美术"艺术家们在一种新的政治体制之下所释放出来的、活跃的现代性想象。今天，在这些作品诞生半个世纪之后，探究这些带有某种"革命画"性质的"人民美术"出版物、印刷品，是如何通过对艺术表现手法的组合运用，来完成新中国艺术图景的建构；如何通过风格多样性的探求，通过对民族表现形式的研究，完成对新中国政治招贴形式的艺术探讨；如何通过年、连、宣的创作，参与到创建新中国热潮中的文化普及、经济成长和社会进步中来，均具有重要意义。本书希望通过对这些问题的思考，为新中国美术发展史提供更丰富的素材，同时也使人们再次感受上海在这一历史性转身中展现出来的游刃有余的文化创造性。

第二节 美术出版体制的建构

本书以1949年至1966年的上海人美社为例，探讨新中国出版体制对宣传画等艺术形式创作的影响，探讨新中国现代美术产生与发展过程中，社会文化机制的规范与拉动作用。书中所呈现的是年、连、宣被纳入国家出版体制后的一种特殊过渡形态。在新中国成立后至1966年的十七年中，整个美术活动被整合到高度统一、规范、秩序与制度化的政治运行机制当中，并且以一种国家组织化形态运行，理论界往往把这一特殊时期称为"政治一体化"时期。作为艺术招贴的创作、出版和传播机构，同时作为上层意识形态与下层人民大众的连接机构，出版社承担着重要的衔接和桥梁作用。许平认为，"国家体制之下的出版社与各级宣传机构在招贴设计中的组织作用与业务导向作用极为重要，它使得即使是政治招贴，也可能是一个宏观的主题引导下有着由组织者的审美趣味与业务水平所决定的创作空间"。[1]那么，"政治一体化"时期的上海，美术出版体制是如何建立的？从20世纪初就已开始在上海形成的民间出版资源是否融入了国家出版体制？上海城市固有的文化以怎样的方式参与到了这一出版体制的建设中？作为主流出版机构的上海人美社是如何通过体制的建构来引导"审美趣味"趋向的？这一体制性的出版与发行工作是如何运转的？又是如何通过自身的特殊身份影响和建构着新中国图像的主体话语并实现着"艺术服务于大众"的设想的？如此种种的设问，都是本书期望逐步解开的疑问。

《现代汉语词典》中对"体制"有如下解释，所谓"体制"，"指的是国家机关、企业、事业单位等的组织制度，如：经济体

---

[1] 许平：《平面设计的自觉及其主体现代性的建构》，载陈湘波、许平《20世纪中国平面设计文献集》，广西美术出版社2012版，第18页。

制、政治体制、教育体制等"。[2] 由此可以看出，体制指的是与国家管理、社会建设、事业发展、机构运作有关的、系统化的组织和制度。因此，所谓美术体制，其实就是与美术事业的发展相关的一整套组织形式和制度。

而针对新中国要建立一个什么样的美术体制，在毛泽东还没有宣布"中华人民共和国成立"之前即已开始规划。1949年夏中华全国文学艺术工作者代表大会（简称第一次全国文代会）的召开，则标志着对美术体制建立的最初设想。第一次全国文代会提出了在全国范围内建立文艺正规化组织机制的举措，成立了中华全国文学艺术界联合会（简称中国文联）以及各分会，如中华全国美术工作者协会（简称中国美协），把全国文联作为文艺方针、政策的贯彻机构，通过行政的方式对各协会进行管理。在中国文联章程中，规定了宗旨、任务。章程第三条规定文联的宗旨是：

> 团结全国一切爱国的民主的文学艺术工作者，和全国人民一起，为彻底打倒帝国主义、封建主义和官僚资本主义，建设中华人民民主共和国和新民主主义的人民文学艺术而奋斗。[3]

第一次全国文代会，仅北京、天津地区就有190人参加，南方地区共计有270人，[4] 以上海为主的华东代表团共计有49人参加，其中8人为美术方面的人员。人员配额的差异体现了全国文联在人员组成结构上的某种倾向性。190人参加第一次全国文代会，足以说明北京作为全国的政治中心，对艺术创作的思想性、政治性要求的重视程度。上海的情况相比北京而言较为复杂，但其特殊的地理位置以及人数众多的艺术创作群体，给予了远离政治中心的上海一定的创作自由以及出版政策调整的灵活性。第一次全国文代会之后，作为美术出版体制中的一

---

[2] 中国社会科学院语言研究所词典编辑室：《现代汉语词典》（第5版），商务印书馆2005年版，第1343页。

[3] 中华全国文学艺术工作者代表大会宣传处：《中华全国文学艺术工作者代表大会纪念文集》，新华书店，1950年版，第572页。

[4] 邹跃进：《新中国美术史1949—2000》，湖南美术出版社2002年版，第3页。

员，掌握着巨大创作力量的上海人美社，利用其历史背景和地域优势，在中国美术创作和出版历史上的辉煌地位逐步凸显。

文联和各协会的成立是新中国文艺发展进程中的重要里程碑，预示着文艺被纳入了国家体制的轨道，文艺家不再是自由的个体，而是被高度组织起来的集体。文代会结束后，新中国美术体制下的机构组建正式拉开序幕：美术家协会、美术教育机构、美术研究机构、美术展览机构、美术宣传出版机构相继成立。[5]

美术宣传出版机构，最先成立的是《美术》杂志的前身《人民美术》（图1-6），于1950年2月1日正式出版发行。作为现当代美术史上的一份重要刊物，从它身上可以看到美术刊物的话语表达与新中国的美术观念之间的复杂关系。[6] "人民美术"的称谓在杂志名称中没有保存下来，但在出版社系统却形成一种特有的体制称谓。人民美术出版社是新中国成立之后的第一家专业美术出版机构，1950年8月29日至9月10日，在北京召开了全国新华书店第二届工作会议，这次会议通过了分工专业化的政策方案，中央人民政府出版总署在之后发布了《关于决定成立人民美术出版社的决议》，决定在北京成立人民美术出版社。1951年9月15日，新闻总署摄影局、出版总署

[5] 1949年6月第一次全国文代会召开之后，当年的7月21日，中华全国美术工作者协会在北京率先成立，41人当选为全国委员会委员，徐悲鸿当选为主席，江丰、叶浅予当选为副主席，这个协会即是后来的中国美术家协会。一个月后的8月28日，中华全国美术工作者协会上海分会成立。第一次全国文代会筹备举办了"首届中华全国文学艺术工作者代表大会艺术作品展览会"，这次展览被认为是新中国的第一届全国美展，后来，中国美协成为全国性美展的组织机构。1949年11月，国立北平艺术专科学校与华北大学三部美术系合并，1950年1月正式定名为中央美术学院。1956年6月1日，最高国务委员会决定在北京、上海两地设立画院，标志着新中国画院体制的建立。以上详细资料详见余丁《试论一九四九年以来中国美术体制的发展与管理的变迁》，《荣宝斋》2010年第2期。

[6] 李朝霞：《新中国的美术观及其话语实践——以〈美术〉(1950—1966年)为中心》，博士学位论文，中国艺术研究院，2010年，第182页。

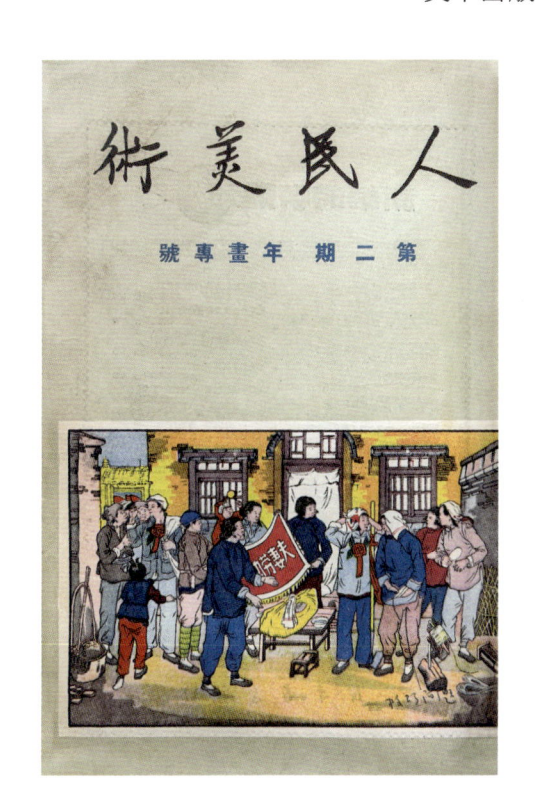

图1-6
《人民美术》第2期封面
1950年4月

出版局美术室，加之大众图画出版社抽调了部分人员，来自三方面的美术编辑和美术创作人员组建了人民美术出版社。[7] 出版社成立之后，各地相继成立了专业性的美术出版机构，并在相当长的一段时间内同样使用"人民美术"的称谓。

上海因其城市历史、文化地位的独特性、复杂性，上海人民美术出版社成立的过程要比人民美术出版社复杂得多。但是同北京一样，美术创作活动、出版事业从此都在统一规划的"人民美术"范围内进行，创作的题材、内容从原先比较倾向于商业选择而逐渐转向一种国家意志的体现。作为主流出版体制的使命，"人民美术"的出版要求，就是把美术家组织起来，统一到为社会主义事业服务、为人民服务的轨道上，美术创作不再是一种分散的、无组织的个体活动，创作力量被出版力量组织起来，成为一种重要的社会主义意识形态组成部分，体制之下的创作活动都有一个共同的目标：建构新中国国家形象。

建构的过程亦是体制发挥自身特质的过程。无论是艺术创作还是艺术出版，"人民美术"的出版机构有着自身的操作体系，从选题、组稿、创作、审稿，再到之后的出版、发行，都在一个有计划的、整体的运作体制之下进行，尽管在出版社与艺术家的磨合、专业性与大众性的趣味纠结、体制内与体制外的冲突中充满形形色色的矛盾，但在整体上，人们仍然在体制、人、国家形象之间探寻着一种和谐共生的状态。而从20世纪初以来已经领先于全国，提前进入现代出版领域的上海"出版人"凭借所具有的专业经验、信仰激情以及创新活力，[8] 在这种新出版体制形成过程中不断展现出他们的所长，正是这种独特的资源，促使上海人美社在新中国成立之后不久就进入全国最重要的美术出版社行列。

体制研究的话题最终还是要归结到"人"的话题，体制本身即是解决"人"的资源如何发挥能量的制度。事实上，作为

---

[7] 关于人民美术出版社成立前后的详细资料，详见《出版总署关于国营书刊出版印刷发行企业分工专业化与调整公私关系的决定》，载中国出版科学研究所、中央档案馆《中华人民共和国出版史料2》，中国书籍出版社1996年版，第653—659页；屈波《新中国成立初期人民美术出版社的图像生产与传播》，《美术》2019年第9期。需要指出的是，人民美术出版社的组建力量之一——大众图画出版社，成立于1949年底，社长是蔡若虹。大众图画出版社的成立初衷是为了能够尽快出版符合新中国宣传需要的连环画，掌控市场上连环画的题材和发行渠道，因此，主要的出版内容也是围绕着连环画的创作和发行展开的。1951年9月人民美术出版社正式成立之后，大众图画出版社并入其中，存在了一年零九个月的大众图画出版社完成了历史使命。详细资料参见宛少军《小人书的历史印记》，《中华文化画报》2008年第6期。

[8] 据朱联保编撰的《近现代上海出版业印象记》中记载，1949年之前，上海大大小小出版社共计500余家，从业人员数以万计，仅商务印书馆一家出版社巅峰时期的工作人员就达到三四千人之多，报纸、杂志、画册、画片鳞次栉比，综合性、专业性出版社分工细致，政治性、宗教性、商业性目的明确，文化名人如鲁迅、蔡元培、陈独秀、郑振铎等都曾经投身到当时的出版事业当中。

第二节　美术出版体制的建构

鲜活的个体存在的艺术创作主体，在服务于新意识形态的制度规则之下，如何实现专业经验与信仰激情的结合？如何实现作为个体存在的创作空间？作为"日常生活"中的个人又如何在统一的"政治话语"前提下实现生动而多样的艺术表现？这些不仅是当年创作活动中的难题，也是今天对作品进行合理解读中的难题。

尽管目前对体制的争议不绝于耳，但不可否认的是，1949年以来新中国美术所取得的成就，与美术工作体制的建构与发展有着密不可分的关系。诸如政治招贴这样有着明确的国家意志色彩的艺术产物，也都是随着"人民美术"出版体制的建构、完备而产生、发展和成长着。在新中国成立之初，新政权的建立和稳固需要一套适用于新意识形态内涵的图像系统，以此来取代旧的图像叙事系统。解放之前的上海，长期被禁锢在另一种完全不同的图像表述系统里，其中不乏以《良友》（图1-7）画报为代表的，传递消费主义的、摩登女性的、西方式的视觉表述；但同时也有上海在进步的文艺浪潮中形成的左翼美术力量，如中国左翼美术家联盟、中国左翼作家联盟、中国左翼戏剧家联盟，以及在其外围形成的带有左翼色彩的进步美术团体，如春地美术研究所、野风画会等。[9] 而这两种力量如何通过一个有效工作的体制而结合，并形成同一股创造性力量，是当时出版体制所要解决的核心问题。

[9] 详见黄可《上海美术史札记》，上海人民美术出版社2000年版，第187页。中国左翼美术家联盟成立于1930年7月，中国左翼作家联盟成立于1930年3月2日，中国左翼戏剧家联盟成立于1930年8月1日。

图1-7
《良友》画报封面
1931年

新中国成立之后，如果说在北京召开的第一次全国文代会是解放区进步艺术与国统区进步艺术两种力量的会师，那么上海面临的实际问题要复杂得多。聚集于此的海派艺术家除了要面临与解放区及国统区"进步艺术"的融合之外，还要完成上海自身商业美术历史传统的现代化变革。这一过程中，不仅要完成解放区美术图像表达系统取代生成于海派文化中的图像表述系统的任务，而且两种图像表述系统的转换和变迁，都还要满足新图像结构克服旧表述方式，从而主导新中国美术话语走向的现实需要。而美术出版社，则必然在其中充当组织者、选择者、改革者与践行者的多重角色。事实上，上海人美社在出版社组建的最初几年中，都不得不投入绝大部分精力完成以上重大课题，在经过公私合营、体制改造、工作室组建以及对出版选题的策划、对新生艺术家的教育和培训、政治图式的编解码等一系列高难度动作之后，最终完成新中国成立之后美术出版图像语义的转换，建构了一个相对完整的、人民喜闻乐见的视觉审美话语系统。

因此，本书的研究目的，除了前文提到的愿景之外，同时希冀探讨作为主流出版体制之一的上海人美社，如何通过对体制的建构和组合以及机构自身内部的改革、运作，完成图像范式的转换；又期望找寻艺术家在"整齐划一"的体制机制内，如何拥有作为个体存在的艺术观与审美趣味表现的创作空间，以此来折射新中国政治招贴艺术话语系统与审美范式的建构过程。

第二章 "新"体制与"旧"制度

第一节 美术出版"专业化"

在近现代上海出版印刷史上，美术出版的专业化分工问题一直存在。商务印书馆、中华书局都曾经设置过出版美术相关书籍的部门"美术部"，商务印书馆的美术部曾聚集过许多日后成为中国艺术大师的著名画家，如徐咏青、吴待秋、黄宾虹、黄葆钺等，都曾经被聘为美术部主任，负责美术图书的出版与编审工作。[1] 而进入商务印书馆美术部工作的书画家、商业美术家也有很多，如著名月份牌画家杭穉英、何逸梅、凌树人等作为徐咏青的学生，都曾在商务印书馆美术部工作过，画家张大壮、陈在新等也曾在美术部任职。[2] 商务印书馆旗下期刊《东方杂志》，除了是美术传播的重要载体之外，还曾在1930年1月推出《中国美术专号》一、二两号，专设文章讨论当时中国美术发展之方向。中华书局的美术部虽不及商务印刷馆美术部所取得的成就，但在郑午昌担任美术部主任期间，曾出版过许多令人称道的作品集，如由徐悲鸿编辑写序的《齐白石画集》及《徐悲鸿选画范》《悲鸿画集》，以及刘海粟编的《世界名画集》《中国绘画上的六法论》等著名书品。[3]

除了像中华书局、商务印书馆、世界书局、大东书局等综合类的图书出版公司，上海当时也出现了按照专业性质而设招牌的美术类出版机构。如果说美术部的成立是对美术图书专业性出版的小步尝试的话，那么上海专业性美术出版机构的出现则完成了出版专业化的目标，如徐胜记画片号、三一画片公司、寰球画片公司、正兴画片公司、陈正泰画片社、素绚斋画片店、华美画片社等，都因专门出版美术画片、月份牌年画而逐渐被人知晓。[4]

---

[1] 胡绳玉：《吴待秋为章某人卖老子》，《世纪》2008年第5期。

[2] 李松：《军功章的一半——美术出版·出版家杂谈》，《艺术沙龙》2008年第4期。

[3] 朱联保：《近现代上海出版业印象记》，学林出版社1993年版，第91页。

[4] 朱联保：《近现代上海出版业印象记》，学林出版社1993年版，第11页。

图书出版的专业化为日后上海出版业的兴盛提供了制度基础，同时，出版专业化使当时的上海对人才有着比其他地方更为强烈的吸引力。这种制度先行给行业带来的发展动力在美术界尤为重要，海派文化的兴盛自然也离不开美术界与出版界的良性互动，新中国成立前上海商业美术的兴盛、出版专业化是出版业兴盛的主要原因。

1950年8月29日至9月10日，在北京召开了全国新华书店第二届工作会议，时任中宣部副部长的胡乔木在这次大会上提出专业化分工的问题，要求把集出版、印刷、发行于一身的新华书店划分为三个职能独立单位，并尽快成立中央和地方的人民出版社。[5] 同年10月28日，中央人民政府政务院发布了《关于改进和发展全国出版事业的指示》，指出："书籍杂志的出版、印刷、发行是三种性质不同的工作，原则上应当逐步实现科学的分工。"[6] 在这两次政治性策略的制定及引导下，自1951年起，新华书店的出版与发行部门剥离开来，出版部门由新创建的人民出版社经营管理。而后，从1951年到1956年，全国省级行政区域的人民出版社基本上都建立起来了，各人民出版社内设政治、科技、教育、少儿、古籍、美术等专业领域编辑部门。

出版分工专业化不仅使得出版与印刷、发行分开，而且要求每个出版单位在出书范围上也按一定的专业方向发展。所以，在发布《关于改进和发展全国出版事业的指示》之后，各专业性出版社相继成立，在人民出版社以及人民文学出版社成立之后，1951年9月15日，人民美术出版社成立。在人民美术出版社成立一年之后，作为出版文化大本营的上海，其专业美术出版社——华东人民美术出版社，也正式成立。

前文提到，上海在解放前已经出现过专业性较强的美术出版部门或者出版机构，但这与新中国成立之后的美术出版社有

[5] 中国出版科学研究所、中央档案馆：《中华人民共和国出版史料2》，中国书籍出版社1996年版，第466—472页。

[6] 中国出版科学研究所、中央档案馆：《中华人民共和国出版史料2》，中国书籍出版社1996年版，第642页。

很大不同。由于建立在不同的政治体制之下，出版社的职能和作用都有所改变。首先，由于艺术的"自我"与"他者"发生了变化，所以艺术出版职能也随之发生了根本的变化，王公贵胄、文人墨客的审美观念已不再适合于新社会，出版界需要向世界展现的是社会主义的新变化。

沈鹏在谈及人民美术出版社成立大会之景象时说："几乎所有领导同志讲话，一致强调要重视启蒙。"[7]"启蒙"什么？在经历戊戌变法之后的中国，启蒙在当时的意义在于天赋人权、三权分立、自由、平等、民主和法制。显然，这种西方资产阶级革命的启蒙论调，与中国辛亥革命、新文化运动的资产阶级启蒙思想，与新中国之后的"启蒙"，有着根本的不同。这就牵涉到另外一个问题，即美术出版社在新中国成立后所承担的任务及功能。

其次，创作机制发生了根本性变化。前文提到，上海在新中国成立前就已经完成了出版专业化，专业化的好处在于使得出版社在聚集出版优势资源、提高出版质量方面，有着比综合出版社更强的优势，所以新中国成立前的美术出版无论在印刷品质还是出版物审美层次上，都达到了相当高的水平。而新中国成立后专业性美术出版社的建立，在集中主要优势资源、提高出版物印制水平以及艺术层次上有着更强的专业优势。

---

[7] 沈鹏、祁旺：《沈鹏谈人民美术出版社六十周年》，《中华读书报》2011年6月1日。

第二节 "异质同构"期（1949—1952）

瞿秋白说："文艺现象是和一切社会现象联系着的，它虽然是所谓意识形态的表现，是上层建筑之中最高的一层，它虽然不能够决定社会制度的变更，它虽然结算起来始终也是被生产力的状态和阶级关系所规定的，——可是，艺术能够回转去影响社会生活，在相当的程度之内促进或者阻碍阶级斗争的发展，稍微变动这种斗争的形式，加强或者削弱某一阶级的力量。"[1] 瞿秋白的一席话不但可以看作是新中国成立之后全国文艺运动的发展方向，也可以看作是整个社会文化事业的发展方向：艺术不再单纯为艺术而存在，艺术已经有了新的使命。姜节泓认为，20世纪中国的大众艺术分为两个相互连接的发展阶段，一个"自上而下"，另一个"自下而上"。"自上而下"，更多地着眼于艺术的功能性，是"为了大众的艺术"；而"自下而上"，则更多地关注大众艺术家参与艺术活动的主动性，可谓"为了艺术的大众"。我们姑且赞同其论点，艺术家与大众身份的转换使得艺术以新的使命出现在新中国成立之初的历史舞台上，艺术家的使命也在新时期被赋予了新的意义。如列宁在《党的组织和党的文学》中说："文学事业应当成为无产阶级总的事业的一部分，成为一部统一的、伟大的、由整个工人阶级的整个觉悟的先锋队所开动的社会民主主义机器的'齿轮和螺丝钉'。"[2] 而毛泽东显然认同这种艺术的从属性，他强调说："在现在世界上，一切文化或文学艺术都是属于一定的阶级，属于一定的政治路线的。为艺术的艺术，超阶级的艺术，和政治并行或互相独立的艺术，实际上是不存在的。"[3] 那么，如

---

[1] 瞿秋白：《文艺的自由和文学家的不自由》，载《瞿秋白文集·文学编》第三卷，人民文学出版社1989年版，第58—59页。

[2] 中国人民大学科学社会主义系：《马克思恩格斯列宁斯大林论科学社会主义》第5册，中国人民大学出版社1980年版，第3167页。

[3] 毛泽东：《在延安文艺座谈会上的讲话》，载《毛泽东选集》第三卷，人民出版社1991年版，第865页。

第二节 "异质同构"期（1949—1952）

果艺术具有了这种功利性，如果艺术需要为"一定的阶级"和"一定的政治路线"更好地服务的话，采取什么样的艺术样式便如同适用的语言一样至关重要。因此，毛泽东认为："一切种类的文学艺术的源泉究竟是从何而来的呢？作为观念形态的文艺作品，都是一定的社会生活在人类头脑中的反映的产物。……人民生活中本来存在着文学艺术原料的矿藏……它们是一切文学艺术的取之不尽、用之不竭的唯一的源泉。"[4] 因此，现实主义的文艺路线也成为当时唯一的革命路线。

与寻找适合新中国建设的艺术语言同样重要的问题是：作为一种"自上而下"的、有着新使命的艺术，如何能够完成"为了大众的艺术"的历史使命？至此，新中国成立之后，具有大众传播能力的艺术出版社的重要作用凸显出来。旧上海深厚的出版文化历史及背景在新中国伊始本应顺理成章成为全国艺术出版效仿的场域，但是由于新中国成立之后定都北京，随着政治、文化中心的转移，上海出版业在各个方面都发生了较大的变动，表现在：第一，与20世纪二三十年代大量文化精英聚集在上海的情况恰恰相反，由于首都北京政治、文化中心的感召，大批的文化精英开始离沪北上，上海的人才优势受到巨大影响；第二，出于对新中国的敌视，国际上对新中国进行了严厉的经济制裁和严密的外交封锁，这使得上海由原来对外开放的口岸不得不转为面向内地的工业基地，丧失了中西文化桥梁的作用；第三，出于地区发展平衡的考虑，商务印书馆总馆、中华书局、开明书局等大型出版机构陆续迁往北京，削弱了上海作为全国出版中心的固有力量。

1950年9月，出版总署在北京召开第一次全国出版工作会议，要求"公私出版业均应争取条件逐步实现出版与发行的分工，出版和印刷分工和出版专业化的方针"。按照这个决定，1951年1月，新华书店华东总分店正式划分为三个独立单位，

---

[4] 毛泽东：《在延安文艺座谈会上的讲话》，载《毛泽东选集》第三卷，人民出版社1991年版，第860页。

专管发行的仍称新华书店华东总分店;印刷方面,成立新华印刷厂华东管理处;出版方面,成立华东人民出版社。[5]华东人民出版社的成立为华东(上海)人民美术出版社的成立奠定了基础,也为华东人民美术出版社的建立组建了一个雏形。即便如此,华东人民美术出版社的成立并非朝夕之间完成,其组建跟随新中国成立的步伐经历了曲折的过程,而这个过程中,不得不提到三个主要的组建部门,除了前文提到的华东人民出版社之外,美术工场、《华东画报》这两个部门的组建和出版活动,也对日后上海人民美术出版社的成立进行了探索和试验。

一、美术工场

建构什么形象的新上海才能符合新中国经济、文化建设的需要?如何把国民党统治的上海转变为人民的、民主的上海,进而奠定上海在新中国成立之后发展的政治基础?要解决这些问题,解放初期中国共产党对上海的接管与治理无疑起着关键性作用。而在这个过程中,上海市军事管制委员会(图2-1),作为当时上海最高权力机关,则起着主导性作用。军事管制委员会,简称军管会,是中国在解放战争时期和新中国成立初期,为在新解放的城市或地区建立革命的新秩序,由中国人民解放军对有关城市、局部地区或特定系统的单位进行接管,实行军事管制而设立的机构。[6]上海市军事管制委员会成立于1949年5月27日,是当时上海市最高权力机关,主要负责城市的接收与管理工作。随着城市接管工作的顺利进行,军管会逐渐把城市管理的权力转交给市政府,由市政府实施相关的管理职能,军管会的职能开始弱化。直到1953年上海民主建设工作基本完成,上海市人民政府机构建设趋于完善,军事管制委员会完

[5] 陈伯海:《上海文化通史》,上海文艺出版社2001年版,第598页。

[6] 姜士林、鲁仁、刘政:《世界政府辞书》,中国法制出版社1991年版,第36页。

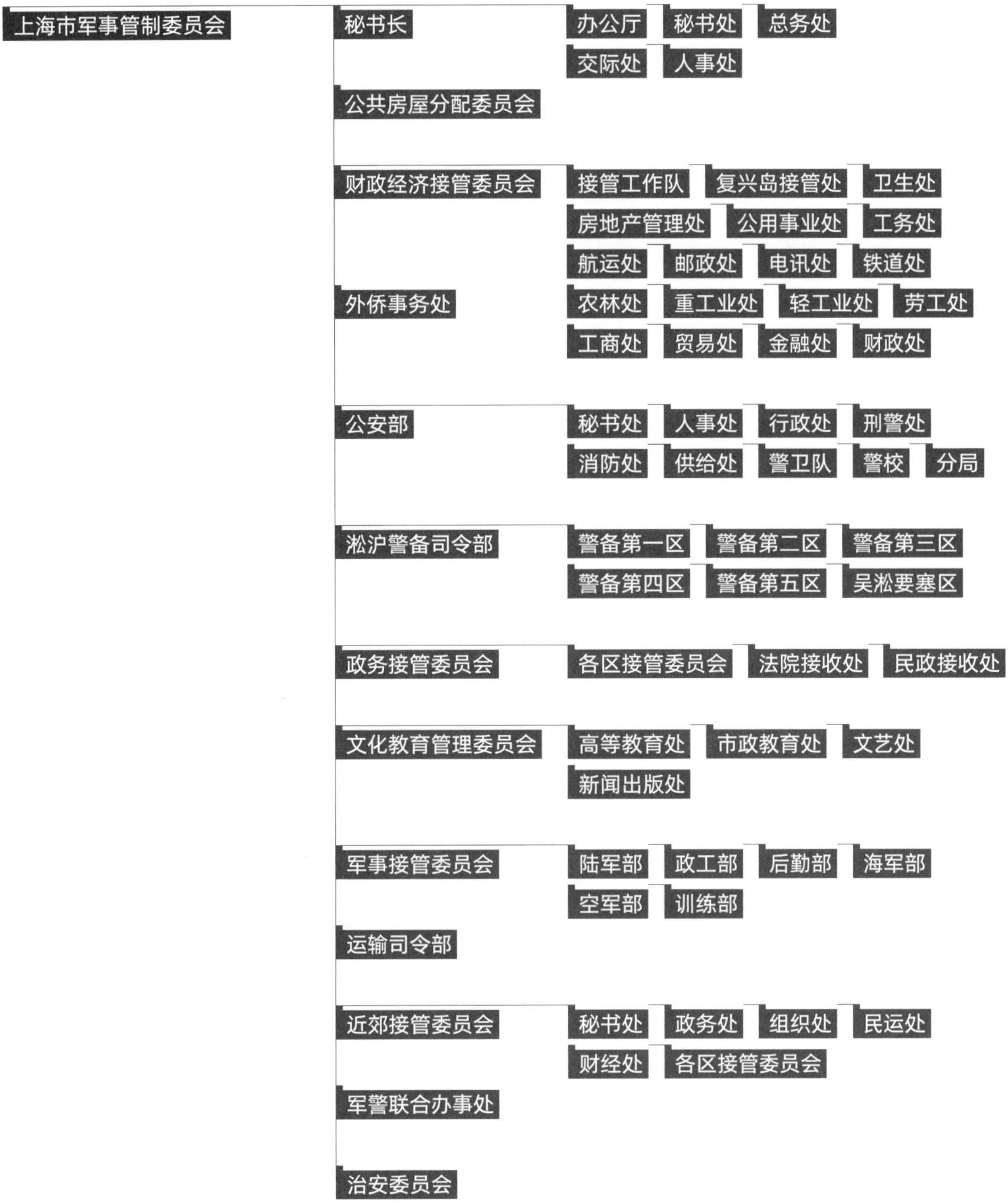

第二节 "异质同构"期（1949—1952）

上海市军事管制委员会
- 秘书长
  - 办公厅
  - 秘书处
  - 总务处
  - 交际处
  - 人事处
- 公共房屋分配委员会
- 财政经济接管委员会
  - 接管工作队
  - 复兴岛接管处
  - 卫生处
  - 房地产管理处
  - 公用事业处
  - 工务处
  - 航运处
  - 邮政处
  - 电讯处
  - 铁道处
- 外侨事务处
  - 农林处
  - 重工业处
  - 轻工业处
  - 劳工处
  - 工商处
  - 贸易处
  - 金融处
  - 财政处
- 公安部
  - 秘书处
  - 人事处
  - 行政处
  - 刑警处
  - 消防处
  - 供给处
  - 警卫队
  - 警校
  - 分局
- 淞沪警备司令部
  - 警备第一区
  - 警备第二区
  - 警备第三区
  - 警备第四区
  - 警备第五区
  - 吴淞要塞区
- 政务接管委员会
  - 各区接管委员会
  - 法院接收处
  - 民政接收处
- 文化教育管理委员会
  - 高等教育处
  - 市政教育处
  - 文艺处
  - 新闻出版处
- 军事接管委员会
  - 陆军部
  - 政工部
  - 后勤部
  - 海军部
  - 空军部
  - 训练部
- 运输司令部
- 近郊接管委员会
  - 秘书处
  - 政务处
  - 组织处
  - 民运处
  - 财经处
  - 各区接管委员会
- 军警联合办事处
- 治安委员会

图 2-1
上海市军管会组织系统表（重制）
原件由上海市档案馆藏
档案编号：B1-1-995
1949年6月

成其历史使命逐渐退出历史舞台。[7] 对后来的上海人民美术出版社的成立起主导作用的文艺处即从属于军事管制委员会下属机构——文化教育管理委员会，在上海解放初期协助军管会完成新旧上海文艺形式的过渡和交接任务。军事管制委员会文艺处（以下简称军管会文艺处）下设音乐室、戏剧室、美术室、文学室四个部门，美术室由陈叔亮[8]分责。在上海市档案馆保存的一份有关军管会文艺处美术室部门职能的文件中，明确了美术室在当时的职能和任务。

关于美术室的工作方针任务：
一、美术室的任务是在军管期间施行行政权力，管理美术方面有关创作、出版、邀稿、发行、供应美术宣传，并协助政府办理调整工作；
二、当前军管期间组织推动，将来配合美术运动，团结及改造美术界，通过审查个别同志之活动及画报之影响达到组织指导之作用；
三、办好党的画报，宣传党的政策。[9]

在学者王震编著的《20世纪上海美术年表》一书中，则对当时美术室的任务进一步作了修正：

（一）基本任务：
（1）指导全市美术工作、团体、创作、出版及其他活动事宜。
（2）配合组织推动美术界群众组织及活动。
（3）编刊画报、宣传政府的政策。
（4）建立美术供应机构。
（二）确定报名《华东画报》，其目的、对象、版期、版式、发行及最近一期中心内容。
（三）确立美术工场的建立计划。[10]

虽然上述两处表述的美术室的职能和任务有所不同，但是基本上都实现了在毛泽东文艺思想指导下基本形成一整套新文艺管理模式的目标，既有指导原则、组织框架，又设宣传窗口、供应机构，给新民主主义国家的艺术工作者指明了艺术作品的创作方向和艺术理想的实现方式。

---

[7] 任冬梅：《解放初期上海市军事管制委员会研究（1949—1953）》，硕士学位论文，华东师范大学，2010年，第23页。

[8] 陈叔亮（1901—1991），名寿颐，浙江黄岩人，著名工艺美术教育家、书画家。20世纪30年代毕业于上海美术专科学校。曾任中、小学教员。"七七事变"后，带领一些爱国青年奔赴延安。1938年赴延安鲁迅艺术学院任教，曾参加延安文艺座谈会。1946年任山东海滨画报社社长，1951年起历任华东军政委员会文化部艺术处副处长，中央文化部艺术局美术处处长、艺术教育司副司长，1958年后任中央工艺美术学院副院长、院长等职。在军管会文艺处，陈叔亮负责其下属机构美术室的领导工作，但不久就调离。

[9] 《军管会文艺处美术室工作方针》，上海市档案馆藏，档案编号：B172-1-3，1949年5月。

[10] 王震：《20世纪上海美术年表》，上海书画出版社2005年版，第600页。

第二节 "异质同构"期（1949—1952）

11 最早采用"工场"一词作为机构名称的系上海土山湾孤儿院美术工场，之后就是解放区的延安鲁迅艺术学院（简称鲁艺）。鲁艺在创建之初设置戏剧、音乐、美术、文学四个系，1941年改设戏剧部、音乐部、美术部和文学部，美术部下设美术系和鲁艺美术工场，二者负责创作。古元曾在1941年担任美术工场木刻组组长。

12 郑工：《演进与运动——中国美术的现代化》，广西美术出版社2002年版，第76页。

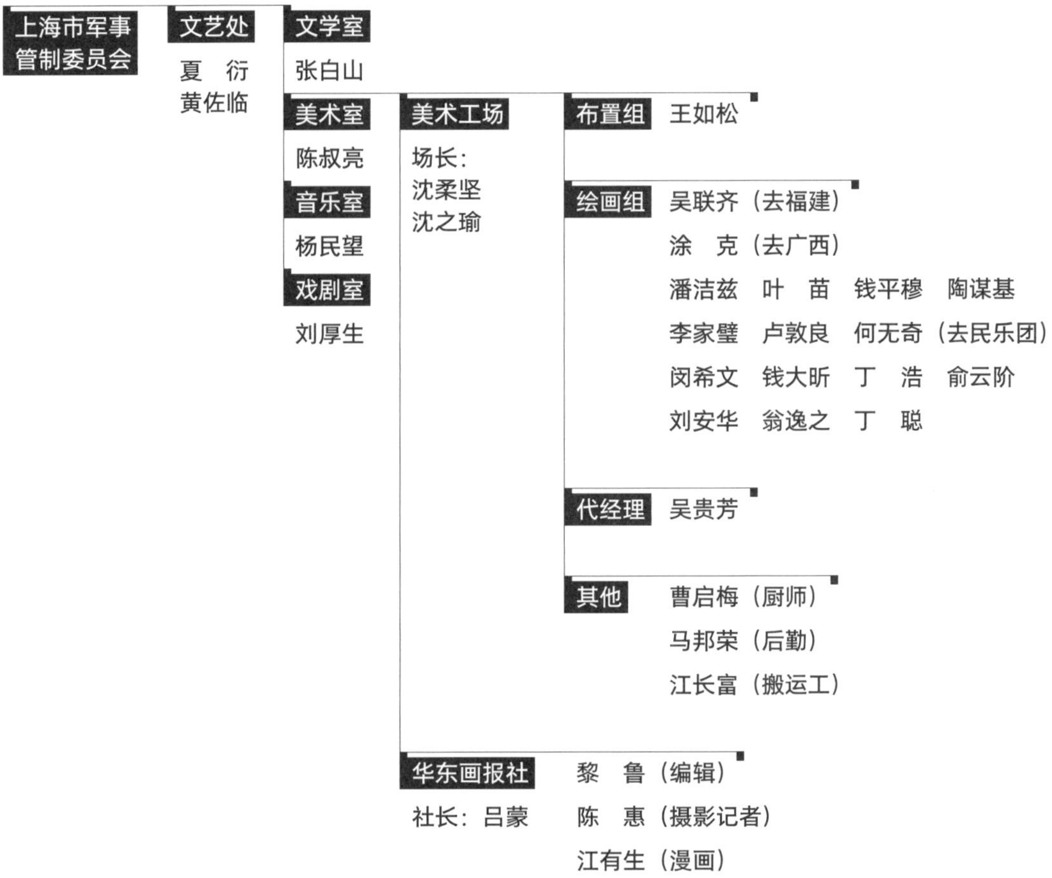

军管会文艺处美术室下设两个机构，美术工场就是其中之一。军管会文艺处的机构设置沿用了鲁迅艺术学院在成立之初的机构设置模式，而美术工场同样也是沿用解放区部队的艺术创作机构的名称，是部队创作机制在进入城市之后的延续。[11] 中文"美术"一词系19世纪由日本转译至中国，其词义几乎等于工艺，[12] "工场"是指手工业者集合在一起生产的场所，是带有资本主义性质的生产组织形式，不等同于世界近代史中泛指的资本主义机器大生产的"工厂"。从"美术工场"的词义中，我们大体可确定其艺术创作的方式，在物资匮乏的年代，解放区利用石版版画的手工制作特点来达到宣传推广革命思想的目的，创作空间的"场域"性质鲜明。但是美术工场到了上海之后，形式和意义都与解放区鲁迅艺术学院的"美术工场"有所区别。

上海市军事管制委员会	文艺处 夏衍 黄佐临	文学室 张白山		
		美术室 陈叔亮	美术工场 场长：沈柔坚 沈之瑜	布置组 王如松
				绘画组 吴联齐（去福建） 涂克（去广西） 潘洁兹 叶苗 钱平穆 陶谋基 李家璧 卢敦良 何无奇（去民乐团） 闵希文 钱大昕 丁浩 俞云阶 刘安华 翁逸之 丁聪
				代经理 吴贵芳
				其他 曹启梅（厨师） 马邦荣（后勤） 江长富（搬运工）
		音乐室 杨民望		
		戏剧室 刘厚生		
			华东画报社 社长：吕蒙	黎鲁（编辑） 陈惠（摄影记者） 江有生（漫画）

图2-2
上海美术工场组织结构图（重制）
1950年
原件由李家璧提供

上海美术工场成立于1949年9月,[13]全称为"上海市人民美术工场"(参见图2-3),可以说它是解放初美术界最早成立的美术机构之一,场址设在新闸路近常德路的一座旧式洋房内。根据闵希文回忆,当时的美术工场有三个主要任务:画领袖像、布置会场以及创作宣传画。画领袖像的任务由闵希文、刘安华以及李家璧三人担任,创作宣传画是由来自解放区的陶谋基、叶苗等人担任,他们是有着丰富革命经验并且思想端正的美术工作者。由于上海解放初期的各种政治活动如火如荼,会展布置也成为美术工场的主要任务之一,由王如松和王长林等人负责。美术工场的正副场长,则分别由来自解放区的沈柔坚、沈之瑜(也有资料记载美术工场副场长为涂克)担任(图2-2)。

　　对于经过解放战争洗礼的上海,美术工场的成立无疑使百废待兴的上海美术界看到了一丝曙光。虽然当时美术工场的主要工作内容都是画领袖像、画宣传画等适应宣传需要的政治性题材,这对之前沉浸于商业美术创作的上海艺术家来说无疑是一种新鲜命题,但能够继续进行艺术创作无疑更具有吸引力。美术工场的出现,为艺术家提供了一个相对和平、稳定的创作环境。所以,当时美术工场的主要创作人员除吸纳闵希文、刘安华、李家璧等刚从艺术院校毕业的学生(闵希文系国立杭州艺术专科学校毕业,刘安华系苏州美术专科学校毕业,李家璧系国立中央大学艺术系毕业)以及来自解放区的美术工作者(如沈柔坚)之外,旧上海的商业美术画家也是美术工场后来重要的人员组成部分。李家璧根据回忆而写的《解放初期美术工场遗补》一文[14]中谈到,当时经常到美术工场"走动"的画家有丁浩、俞云阶、顾炳鑫、江帆、张乐平、杨可扬、赵延年等人,他们中的很多人在旧上海从事商业美术广告画绘制工作,之后被吸纳到上海人美社,成为专职创作人员。

　　美术工场可以说是上海人美社成立之前的试验基地。美术

---

[13] 对于美术工场成立的具体时间,《上海美术志》记载为1949年8月,但据李家璧、闵希文回忆是1949年9月。

[14] 目前关于美术工场的资料来源有限,除了李家璧的《解放初期美术工场遗补》以及闵希文的《怀念上海人民美术工场》两篇文章之外,再就是保存于上海市档案馆的几份当时美术工场与军管会文艺处之间的往来文件。

上海市人民美術工場
出版物目錄

領袖偉人像　對開重磅道林七彩精印

毛澤東主席	4500元	劉少奇副主席	繪製印刷中
朱德總司令	4500元	周恩來總理	繪製印刷中
斯大林	4500元	馬克斯	繪製印刷中
金日成	4500元	恩格斯	繪製印刷中
孫中山	繪製印刷中	列寧	繪製印刷中

30×42吋重磅道林七色精印毛澤東主席像……7000元

世界革命領袖像　對開重磅道林雙色套版紅邊

馬克斯	3000元	貝魯特（波）	3000元
恩格斯	3000元	哥德瓦爾德（捷）	3000元
列寧	3000元	皮克（德）	3000元
斯大林	3000元	喬治烏德治（羅）	3000元
毛澤東主席	3000元	拉科西（匈）	3000元
孫中山	3000元	契爾文科夫（保）	3000元
朱德副主席	3000元	喬巴山（蒙）	3000元
劉少奇副主席	3000元	霍查（阿）	3000元
周恩來總理	3000元	德田球一（日）	3000元
金日成（朝）	3000元	嘉斯特（英）	3000元
胡志明（越）	3000元	波立特（英）	3000元
多列士（法）	3000元	伊巴露麗（西）	3000元
托里亞蒂（意）	3000元		

普及版單色領袖像

毛澤東主席	700元	朱德總司令	在印刷中

政治宣傳畫（對開重磅道林六色精印）

走向祖國最光榮的崗位上去……3600元
絕不允許美國武裝日本再行侵略……7000元
美英對日「和約」是準備新戰爭的條約（米谷張樂平等十七人集體創作）（重磅招貼紙五色精印）……2500元
（尚有八種在繪製印刷中）

明信片（道林卡六色精印）

敦煌莫高窟唐人壁畫（潘絜茲臨）	800元
敦煌莫高窟唐人壁畫（潘絜茲臨）	800元
無敵於天下（沈柔堅作）	800元
分農具（張樹雲作）	800元
勝利腰鼓（俞雲階作）	800元
朝鮮人民歡迎援朝志願軍（趙延年作）	800元
大豐收（楊可揚作）	800元
光榮歸於援朝志願軍（沈柔堅作）	800元

新華書店華東總分店總經售
1951年9月25日編

图2-3
上海市人民美术工场出版物目录
1951年

工场的任务除了进行与新政权相关的会场布置，绘制用于会场及游行宣传的领袖像之外，再则就是利用上海特殊的印刷环境及技术条件进行出版物的印制与发行。在1951年的美术工场出版物目录中，我们可以清楚地看到当时美术工场绘制和出版的印刷品已初具规模（图2-3），出版物除了领袖像之外，政治宣传画、明信片也在业务范畴之内。印刷工艺的选择脱离了解放区时期对木版印刷、石版印刷技术的依赖，而是利用了上海有利的印刷环境和印刷技术，精印、套色印刷、六色印刷等印刷工艺被充分采用，纸张的选择也随之丰富起来。另外一个值得关注的现象是，出版物除了进行与新政权、新国家相关的宣传，经济利益在当时亦进入考量范畴之内。在图2-3中，我们可以看到印刷品按照印刷工艺、纸张大小、纸张选择的不同，定价从800元到7000元（旧币）不等，印刷品在新政权下的作用再也不仅仅以宣传、推广的目的出现，对于经济利益的考量充分说明新政权在进入城市之后所做的政策调整。

1953年底，随着上海市政权交接的逐步完成以及城市管理步入正轨，军管会也完成了它的使命，退出历史舞台。[15] 在此之前（据考证，确切时间为1950年4月），军管会文艺处随着上海市人民政府的正式成立而转变为上海市文化局，美术工场也在1952年底通过合并转入到华东人民美术出版社，它在特定时期所被赋予的任务和意义也随之结束。在上海市档案馆保存的一份历史文件中可以看到，美术工场绘画科在1952年12月按计划转入到华东人民美术出版社，绘画科15名工作人员也随之转入，展览科19名工作人员转入布置展览科，即上海美术设计公司的前身。[16]

上海市人民美术工场是在特定历史时期衍生的特殊机构，它的出现和存在不但为新政权在城市中的发展提供了视觉图像上的支持，而且为新中国的美术出版事业提供了体制基础。作

15　孙涛、王日国：《解放初期上海市军管会组织系统研究》，《黑龙江史志》2008年第23期。

16　据《上海美术志》记载，布置展览科在1952年并入文化广场，1956年5月改建为上海美术设计公司。这也是新中国成立以来第一个专门负责展览展示的公司，业务范围主要包括展览陈列、大型集会和市容设计布置、室内外装饰设计布置、模型制作、绘画制作等。

第 二 节　　"异质同构"期（1949—1952）

为新中国第一个美术机构，它的建立也为华东人民美术出版社的组建提供了经验和参照，同时对新中国第一家美术出版社——人民美术出版社也具有参照意义，[17] 更是新政权下艺术出版机构建构的探索和试验。美术工场的另一个作用在于，为当时处于变动环境中的艺术家提供了创作场所，也为旧上海的艺术家提供了继续进行艺术创作的体制和环境，更在包容性、开拓性地吸收创作人员，对新政权进入城市之后的艺术发展起到了积极的桥梁作用，为以后上海各美术机构吸收旧上海艺术家提供了一个范本和模式。在并入华东人民美术出版社之前，美术工场在编的绘画创作人员增至15人，其中还不包括通过美术工场的间接桥梁，调至其他艺术机构的旧上海商业美术画家，[18] 而这些画家在华东人民美术出版社成立后的艺术创作和出版方面做出的贡献功不可没，为新中国创造了许多能够传承的艺术作品。

二、《华东画报》

另一个对华东人民美术出版社的组建起到决定作用的机构是《华东画报》。用画报进行意识形态的宣传无论是在国统区还是在解放区，以及建设新中国的历程中都发挥过重要的作用。民国时期的上海画报产业，除了众所周知的《良友》画报之外，其他的画报如《点石斋画报》《瀛寰画报》《时事画报》《上海画报》《大众画报》等共计190种，[19] 虽然许多画报仅仅办了几期，但是这并不影响上海成为创造这种极具现代性观念的"文化产品"的中心——一个集中了中国最多数量的画报、报纸和出版社的城市。

按照本尼迪克特·安德森那本广被征引的著作《想象的共同体》的理论，"新中国成立"这个词的表征含义之下，所隐藏

---

[17] 人民美术出版社成立于1951年9月，是新中国成立之后的第一家美术出版社，单从成立时间来讲，晚于上海市人民美术工场两年左右。

[18] 当时的上海市人民美术工场除了正式在编人员之外，旧上海商业美术家如丁浩、俞云阶、丁聪、张乐平、程十发、赵延年、吴耘、江有生等都通过美术工场的间接指引进入新中国的美术创作体制，继而得以有机会继续进行艺术创作。

[19] 据《上海美术志》记载，1877年到1949年之间，旧上海存在过的与美术相关的画报有145种，报纸美术副刊有45种。

的意义在于建立一个想象的民族共同体,"新中国成立"正是在一个"合时"的背景下被"想象"出来的。安德森认为,一个"民族"在成为一个政治现实前,首先是一个"被想象的社区",这个新"社区"本身即给予"同时"这个概念,并"借时间上的巧合来标记,由钟表和日历来度量"。[20] 按照安德森的说法,代表这个"想象性社区"的技术媒介,就是出版文化的两种形式——报纸和小说。虽然安德森并没有深入地描述这两种形式是如何被运用于民族想象的建构过程,即便他引用了两篇菲律宾小说,但是这个困境在新中国成立之初的画报建构上得以完成,而《华东画报》则把这种"想象性社区"以图像的形式充分地展现出来。

对于《华东画报》的论述零散地记录于几位曾供职于《华东画报》的工作人员的回忆录中,在《上海美术志》的词条中,则对它的历史有了相对完善的总结:

> 《华东画报》前身是抗日战争年代在敌后抗日根据地出版的《山东画报》。解放战争开始后,《华东画报》改属华东军区政治部,改名为《华东画报》,出版了49期后停刊。在华东地区大部分解放后,于1949年12月1日在上海复刊了《华东画报》,为月刊,由华东画报社编辑出版,吕蒙任社长。自1949年12月至1952年8月,共出版了32期,其中第1至第24期为10开本,第25至32期为8开本。1952年移归至上海(华东——笔者注)人民美术出版社编辑出版,自第33期改为半月刊,直至1953年2月出至第41期终刊。《华东画报》是上海解放后出版的第一本大型画报,继续保持早先《山东画报》的摄影作品和绘画作品并重的特色,融新闻性与艺术创作性于一体,报道和反映了中华人民共和国建立初期,华东地区的恢复生产、土地改革、民主改革、抗美援朝等各方面的发展动向和人民日常生活的景象。[21]

从上述材料中我们得知,《华东画报》的前身《山东画报》诞生于抗日战争时期。在新中国成立前,《华东画报》除出版了

---

[20] [美]本尼迪克特·安德森:《想象的共同体——民族主义的起源与散布》,吴叡人译,上海人民出版社2011年版,第8—9页。

[21]《上海美术志》编纂委员会:《上海美术志》,上海书画出版社2004年版,第229—230页。

第二节　"异质同构"期（1949—1952）

一份对开（一度也曾出版过16开的画册）、不定期的单张画报外，还出版了一种32开、名叫《战士文化》的小册子以及对敌的宣传画等。《华东画报》在没有进入上海之前，可谓是解放区中的"上海"，它集中了当时八路军和北上的新四军中的美术和摄影骨干力量：主编是龙实，副主编是吕蒙和鲁岩，[22] 当时的画家、记者、编辑有涂克、吴耘、亚明、黎鲁、江有生、邹建东、郝世保、晓植、邵锡武等，1949年进入上海后又增加了黎冰鸿、杨可扬、赵延年等人。[23]《上海美术志》对于《华东画报》所做的梳理，让我们对于《华东画报》的整体出版思路有了大致的了解：曾为解放战争服务的、以摄影和绘画作品为主的、介绍新中国发展动向以及人民日常生活的画报。单从《华东画报》所采用的表现形式以及办报目的来讲，我们很容易将其与《良友》画报联系起来。所不同的是，《良友》画报以展现一种"新"的都市生活方式为主，反映"摩登"生活的都市口味；换言之，《良友》画报是基于城市，为城市读者而设计的，它对旧上海20世纪二三十年代大量电影明星、文化名人的介绍使得读者通过画报完成了都市想象。

当《良友》画报在上海书写其光辉的时候，中国共产党的活动正从城市转入乡村，所以可以猜想《华东画报》（包括没改名之前的《山东画报》）在进入上海之前展现的内容还是以农村题材居多。《华东画报》进入上海之后，城市和农村"想象"之间的鸿沟并没有完全消除，第3、第5、第10期采用的仍旧是与农村题材相关的封面。[24] 即便如此，我们还是能从其他几期的封面以及画报内容上看到从农村转入城市之后所做的关于城市"想象"的努力。比如，1949年12月1日第1期《华东画报》的封面就以国际饭店为背景，饭店的外墙上悬挂着两幅巨大的标语——"中华人民共和国万岁"和"维护世界和平"。标语红底白字，从国际饭店的顶端直垂到二楼。

---

[22] 鲁岩为《华东画报》在解放区时期的领导人，日后成为新中国美术运动的主要发起人；龙实在新中国成立后曾任四川美术学院院长；吕蒙在新中国成立后任上海人民美术出版社第一任社长，后曾任上海画院院长、上海市美术家协会副主席。

[23] 王素：《话说姜维朴》，江西美术出版社2006年版，第178页。

[24] 复刊后的《华东画报》，第3期封面是展现农村秋收的场景，第5期封面为展现华北农村秋种的场景，第10期的封面是全国劳动模范张富贵手提玉米种子准备春耕的镜头。

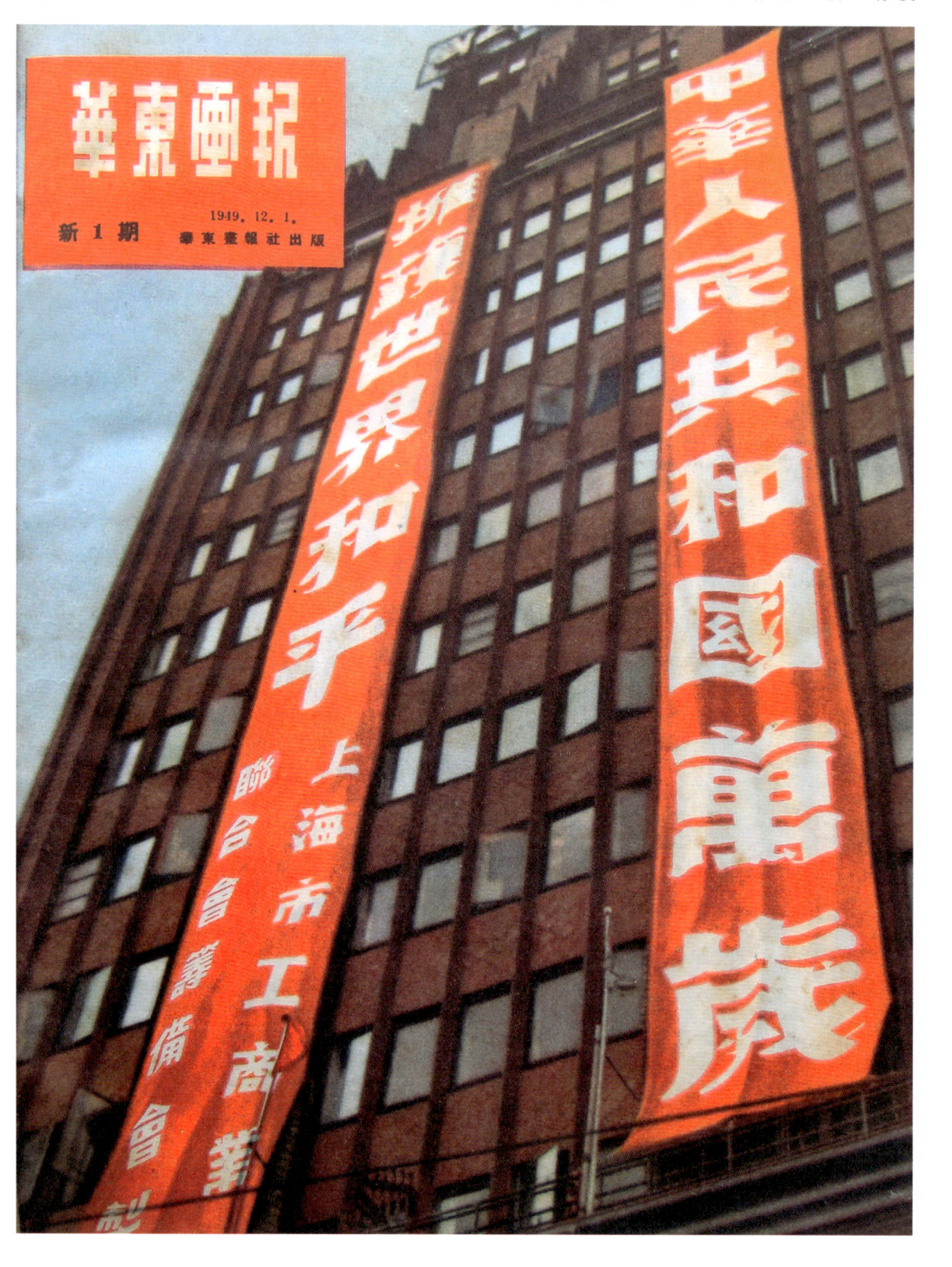

图 2-4
《华东画报》第 1 期封面
1949 年 12 月

第 二 节　　"异 质 同 构"期（1949—1952）

选用国际饭店作为背景是非常值得深思的。国际饭店是当时上海的标志性建筑，也是上海最年久的饭店之一，曾经保持"远东第一楼"的称号达半个世纪之久，一度也是上海这座远东第一大都市的象征。与当时上海其他具有代表性的建筑不同，国际饭店虽是由匈牙利人设计，但却是由中国人自己筹资建造的第一座摩天大楼。[25]笔者相信，在选择第1期封面的时候，许多政治因素都被考虑进去，而国际饭店基本上满足了当时《华东画报》进入上海之后的政治性和视觉上的需求。在第2期封面上，作为城市代表的无产阶级工人形象被用来建构新中国的城市想象，封面上是南京下关机车厂的劳动模范鞠占华及其战友的形象。他们以标志性的站列方式被记录下来，背景是由拍摄的工人修理火车头的远景剪贴而成，这个封面的标题是"展望新中国的新工业"（图2-5）。在此后几期的封面上，无产阶级工人形象以不同的方式展现出来，例如在第4期的封

[25] 陈燮君：《上海历史文物建筑》，上海教育出版社2008年版，第90—94页。

图2-5
《华东画报》第2期封面
1950年1月

图2-6
《华东画报》第4期封面
1950年3月

面上，虽然没有出现具体的工人形象，但是以"上海市工人代表大会"为主标语的会场照片，同样能使读者感受到新政治体制下无产阶级工人地位的改变。(图2-6)《华东画报》第1期的"征稿"要求，也充分说明了这一点：

《华东画报》欢迎有关下列内容的稿件：照片、绘画（连环画、漫画、木刻、年画、油画）、文字（通讯、诗歌、故事、快板、活报）、歌曲等。

（一）工业的恢复与建设，工人阶级政治地位的提高，工会、青年团的活动，新的劳动态度的建立，生产节约范例，新的发明与创造，政治文化技术学习，劳资团结的事例，文娱福利等事业。（二）新农村的反恶霸，废保甲，建立民兵和基层民主政权，减租减息，组织农会；老区的增产运动，劳动互助，兴修水利，防洪防旱，发展畜力，救济灾荒，农村合作社业务等。（三）公私贸易，市场的建设，投机奸商的取缔，交通的恢复与建设，城乡物资交流等。（四）部队的作战、剿匪、练兵、爱民、生产及人民海空军的建设。（五）城乡人民支援前线的各种活动。（六）青年、学生、妇女的政治文化学习及其他活动。（七）医务卫生事业。（八）各工厂、部队、机关、学校的出色英雄、模范、功臣们的事迹介绍。（九）文化艺术（包括文学、戏剧、电影、音乐、美术等）的活动。

这份征稿函件基本上概括出《华东画报》自1949年12月复刊伊始至1953年2月停刊，共计41期画报的主要刊登内容。[26] 1952年9月《华东画报》由月刊改为半月刊，增加了连环画的数量，与此同时，这期的《致读者》一文中说："祖国大规模经济建设即将开始，工农业生产空前提高，更多的发明创造的英雄模范像雨后春笋到处涌现，要把这些伟大事迹更生动更深刻反映出来，给读者更大启发和教育，鼓舞人民向社会主义前途迈进，迎接新的历史任务，本期起改为半月刊，内容除图片外增加图画，主要是连环画。"虽然在《华东画报》复刊伊始，连环画就占据了相当多的版面（图2-7），但如果说之前的编排形式、内容还处于举棋不定的阶段，那么从这期开始，画报

[26]《上海美术志》编纂委员会：《上海美术志》，上海书画出版社2004年版，第229—230页。

第二节 "异质同构"期（1949—1952）

的整体风格导向已经有了明确的目标——以连环画的形式来反映新中国经济文化建设。这对以往以摄影为主要表现形式的风格是巨大的调整，编辑思路的调整也直接导致《华东画报》在此后的停刊。[27]因此，从事新闻摄影的记者们在画报改刊的同时调至北京的《人民画报》，至此，《华东画报》在见证了新中国成长的三年里完成了它的历史使命。

《华东画报》作为新中国成立之后在上海出版的第一份画报，从价值体系上来讲，它完成了在1949年复刊之前的《华东画报》所没有完成的新民主主义革命的愿景。复刊之前的《华东画报》所呈现的景观仅止于"景观"，只是一种想象性的、基于视像的、对一个中国"新视像"的呼唤，这种景观想象先于制度化和民族建构，新的政治体系的建立使所有的想象性镜像得以有制度的依托，同时，画报在城市这个公共空间的出版，使得现代性的问题同时彰显出来。

同样作为军管会文艺处的分支机构，华东画报社与美术工场一样，对华东人美社的组建功不可没：华东画报社的主干力量在华东人美社成立之后仍旧担任主要领导职务，除了北上的摄影记者，画报社余下的人员也参与到新中国美术出版事业当中，并取得相当大的艺术成就，如华东画报社社长吕蒙此后担任华东人美社第一任社长，而跟随画报进入上海的解放区美术工作者，除了在上海人美社继续用画笔完成新民主主义革命的

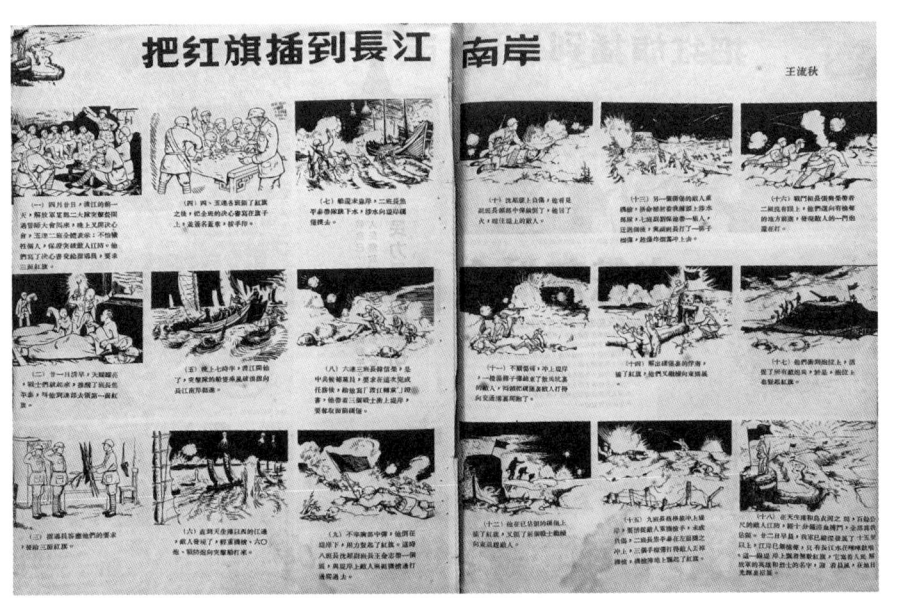

---

[27] 确切的说应该是改为《工农兵画报》继续出版。1953年，华东人民美术出版社已经成立，所以《工农兵画报》依托于该社继续出版，杨可扬为主编，画报侧重以连环画的形式宣传全国各条战线上新英雄人物的事迹，于1953年9月25日出至第14期之后停刊。

图2-7
《华东画报》1949年复刊号里刊登的连环画

构想之外,在后来的创作生涯中仍保持着对想象的图像性显现能力。

虽然《华东画报》仅存在了三年多的时间,但是作为新中国成立之后上海的第一份画报,它所展现的图像也影响着全国人民对新中国的所有构想,这对上海这个具有特殊历史和政治地位的都市空间所呈现的意义,是其他城市公共领域所无法比拟的。在此,笔者想用《华东画报》的复刊词对它的意义做总结:

华东的人民,在共产党的领导下,打垮了国民党的反动统治,随着经济建设高潮和文化建设高潮的即将到来,《华东画报》在上海复刊了。

在抗日战争时代,在敌后游击的残酷环境下,《山东画报》(《华东画报》前身)以画笔和木刻刀来打击了日寇,鼓舞了军民抗战到底的意志;在人民解放战争时代,在蒋匪向山东军民疯狂的"重点围攻"的岁月中,《华东画报》依然坚守了它的岗位,用摄影、绘画为解放战争服务。现在,全华东除待解放的台湾外全部都解放了,我们除了老解放区的部队和农村的老朋友之外,又添了大量江南新解放区城市和农村的新朋友,我们的读者增加了,我们的责任更重大了,让我们更加努力,使这画报成为新民主主义文化建设的一部分力量,来正确地反映出我们华东人民的生活和愿望,以成为我们广大工友们、农民们、战士们、同学们以及各界人士们所喜闻乐见的画报。

我们相信,在经历了无数年代磨难的华东人民,他们的文化渴望是十分迫切的,他们的精神食粮是十分贫乏的,而在军事战线、在生产战线、在文化战线上又存在着极端丰富的斗争史实,我们应该用画笔把它描绘出来,用镜头把它拍摄下来,以这灿烂的斗争史实,照亮我们,鼓舞我们为建设新中国而更向前进!这是一块没有开垦过的荒地,它的前程也就是不可限量的,让我们共同开拓吧!

图 2-8
吕蒙照

另有一段历史不得不提。人民出版社成立之后，华东地区进步出版力量自然要追随，1951年3月，华东人民出版社成立。在其成立后不久，华东画报社并入华东人民出版社，对于这次合并的原因，亲历者黎鲁回忆道：

《华东画报》办到1951年，机构变了。华东画报社这个单位取消了，当时是张春桥的主张。张春桥告诉吕蒙要合并，吕蒙还不想合并到华东人民出版社。张春桥动员他，说华东人民出版社他们是拿工资的。我们当时还是供给，所谓供给制，就是管吃管住，一个月发二三十块钱吧。而拿工资的话，就六七十块钱了。

我们最后合并，并不是想拿钱，是感觉到原来这个单位太小，我们羡慕华东人民出版社的政治水平，他们到底政治水平比较高。在我们小画报社，吕蒙是领导，六七个人，很难弄。到那里可以轻松一些。[28]

可以看出，从"华东"到"人民"的转变，并不仅仅意味着机构体制的转变，更意味着向国家政治话语中心又靠进了一步，同时，也为在体制之内建立上海的"人民"美术出版社创造了可能性。华东画报社并入华东人民出版社之后，又相继创办《工农画报》，成立连环画科，之后，三个部门组成华东人民出版社美术编辑部。三个科室分工明确：《华东画报》以摄影为主；《工农画报》则由《华东画报》的人员杨可扬、吴耘等负责，编辑内容涉及宣传画、连环画的创作；原社内的连环画科划归新设立的美术编辑部，改成美三科。[29] 但是这次合并的插曲并没有维系多长时间，1951年华东人民出版社的建立，为华东地区建立区域范围内的出版社建立了标杆；1952年8月，美术编辑部的两个科室从华东人民出版社分离出来，组建成立华东人民美术出版社。

---

28 资料来源：2010年4月黎鲁采访录音。

29 宛少军：《20世纪中国连环画研究》，广西美术出版社2012年版，第80页。

第三节 从「华东」到「上海」(1952—1955)

一、"新"出版体制的构想

1952年8月，华东人民出版社美术编辑部第一、第二科和美术工场的一批职工合在一起，在巨鹿路的一座花园洋房里成立了华东人民美术出版社，这就是上海人民美术出版社的前身。历经七十多年的时代变迁，长乐路672弄33号的这座花园洋房也见证了上海人民美术出版社在成立七十多年的风雨中所建构出来的新中国视觉图像。在华东人民美术出版社成立之后第二天，《文汇报》做了如下报道：

图 2-9
1952年8月
华东人民美术出版社成立时
全体员工合影

华东人民美术出版社昨日正式成立，并于上午在该社举行了成立大会。这是根据中央人民政府出版总署出版分工专业化与精简机构的原则及上级的指示，将原华东人民出版社美术编辑部第一、第二科与上海市人民美术工场绘画科合并成立的一个美术出版专业机构。由于解放后华东、上海没有公营的美术出版专业机构，因而在大力推广和组织美术创作出版上都还远落在人民群众的需要后面。而私营投机出版商便乘机大量出版粗制滥造的作品。"三反"后，更暴露了美术出版部门在分散状况下的缺点。如以出版政治书籍为专业的华东人民出版社，因为美术部门的业务占了相当大的比重，在发展上便受到了影响，增加了业务领导困难。上海文化局人民美术工场也因人力分散而发生困难。针对这些情况，华东人民美术出版社的成立，将基本解决这些存在着的问题。

该社行政领导直属华东新闻出版局，业务上接受华东文化部和上海文化局的领导。该社现有工作人员六十四人。其决定配合时事政策宣传的任务，以严肃的态度绘制、出版适合工农需要的富于思想性和艺术性的绘画、图片等普及的美术品，通过艺术形象宣传共产主义思想，反映新中国的现实。启发群众的阶级觉悟，培养新的道德观念，鼓舞人民的爱国和建设热情。为了做好人民的美术出版工作，工作同志除加强马列主义和毛泽东思想的学习外，更将有计划地加入到群众的火热斗争中去，丰富自己的生活，改造自己的思想。

该社以年画、政治宣传画、画报、领袖像、示范性连环画等为主要专业范围。年内工作重点则在《华东画报》的革新与新年画的出版。一九五三年十种新年画的创作提纲和绘画人员已拟定，约于九月份可陆续付印。《华东画报》决定改为半月刊，每月十日、廿五日出版，并改革内容。要求加强刊物的地方性、专题性、艺术性和多样化的内容。每期图片占十分之七，图画（主要是连环画）占十分之三，并酌量刊载与内容有配合作用的诗歌、通讯、民谣等通俗文艺作品。现改版后的第一期《华东画报》决定九月廿五日出版。《工农画报》决定出至三十六期后停刊。[1]

《文汇报》作为新上海政治语境中的官方组织，对华东人民美术出版社成立的报道基本上确立了该社作为上海解放后成立的第一家官方美术出版社的地位，成立的目的、意义和以后的创作发展方向。作为人民美术出版社成立之后新中国的第二

---

[1]《华东人民美术出版社成立》，《文汇报》1952年8月17日。

家专业美术出版社，华东人民美术出版社作为专业类出版机构的成立值得我们深思，而"人民"的概念在新中国传媒视野中的内涵更值得我们关注。

二、"人民"的新含义

无论是人民美术出版社还是华东人民美术出版社，除了都以"美术"界定其出版属性之外，另一相同的界定词即"人民"。早于人民美术出版社的建立，在新中国成立伊始，"人民"的出版社即相继建立，如1950年12月在北京成立人民出版社，紧接着1951年1月成立山东人民出版社，1951年3月在上海成立华东人民出版社等，各地"人民"的出版社陆续建立起来。同一时间在北京，以人民出版社为主成立了按学科、对象和文种分类的专业出版社，人民文学出版社、人民音乐出版社、人民美术出版社等则是按照学科分类而成立的专业性出版社。"人民"出版社在各地以及各学科的建立，使我们不得不探讨与此相关的两个问题：一、新中国"人民"的概念；二、"人民"对出版社及出版物的建构。

1. 新中国"人民"的概念

首先要确定的是，"人民"一词并非新中国成立之后的特定名词，而是古已有之。我国传统的民本思想，最早可以追溯到商周时期。据《尚书》记载，商朝就出现了"重我民"的民本思想的萌芽。西周时期，以周公旦为代表的周朝统治者，更是从殷商灭亡的历史教训中得出了重视民众力量的清醒认识，民本思想已初步形成。周公旦要求国君"知稼穑之难，闻小人之劳"，意即要善待和关怀民众。在此基础上，他提出了"民惟邦

第三节 从"华东"到"上海"（1952—1955）

本，本固邦宁"的思想。[2]在这里，他指出人民才是国家的真正根本，是国家赖以存在和发展的基石所在，人民的安定团结是国家长治久安的根本保障。《管子·七法》曾提到："人民鸟兽草木之生物"[3]，这里的"人民"泛指整个人类。人民也指平民、庶民、百姓，如《周礼·地官司徒第二·大司徒》云："掌建邦之土地之图，与其人民之数。"管仲之后，孔孟也曾对"人民"概念做了自己的注解。孔子那句人尽皆知的"水所以载舟，亦所以覆舟"的论述，把人民在社会历史发展中的地位和作用做了详尽诠释，为民本思想做了最符合中国儒家哲学的解释。之后，孟子也提出"诸侯之三宝：土地、人民、政事"，并进一步提出"民为贵，社稷次之，君为轻""得乎丘民而为天子"。[4]

综上所述，中国古代对"人民"的认知，多是文人士大夫的言论中提出的"民本"思想，并基于执政哲学所阐发的民众为社稷之根本的论断。西方世界里，"人民"的概念被更广泛使用，但往往与公民、国民等词混用，泛指社会的全体成员。马克思主义诞生后，"人民"这一概念才有了意识形态基础上的确切含义。历史唯物主义认为"人民"是一个历史的、政治的范畴，其主体始终是从事物质资料生产的广大劳动群众。毛泽东继承和发展了马克思关于"人民"的历史唯物主义观点，如果"人民"属于历史的范畴，那么在毛泽东思想里，不同的国家、不同的历史时期，"人民"这个概念有不同的内容，如中国的抗日战争时期，一切抗日的阶级、阶层和社会集团都属于人民；解放战争时期，一切反对帝国主义、地主阶级、官僚资产阶级的阶级、阶层或社会集团都属于人民；新中国成立之后，人民的范围更加广泛，不仅包括工人、农民和知识分子，而且包括一切拥护社会主义的爱国者和拥护祖国统一的爱国者。

毛泽东强烈要求中国的社会基础，即农民、工人和党的干部，是中国工业化和现代化的主人和主体，他担心的是农民、

---

[2] 朱建亮：《〈伪古文尚书〉研究》，光明日报出版社2017年版，第174页。

[3] 孙中原：《管子解读》，中国人民大学出版社2015年版，第39页。

[4] 梁涛：《孟子解读》，中国人民大学出版社2010年版，第377页。

工人以及没有文化的所谓工农干部被边缘化而被置于中国工业化、现代化之外。[5] 所以在后来的"人民"观里，理解毛泽东对于"人民"的观点，就不难理解新中国成立之后作为大众传媒体系中最重要的环节——出版机构，为何在意识形态的传播体系中注重"人民"概念的传递，这种观点也在后来影响了整个艺术文化精神层面的建构。

这里，我们就不得不关注毛泽东思想中"人民"的另一个重要特征，即"人民"的政治性。作为新中国的主要缔造者，毛泽东的人民观是和其政治理念融合为一体的，我们有时甚至可以把政治性定义为毛泽东人民观的独具特色之处。把其界定为政治概念而非社会学概念，有其特殊的历史内涵，这是一个体现民主意识和政治归属感的重要概念，尤其对20世纪后半期的整个中国社会而言，人民和国家的命运之间有着不可分割的密切联系。"人民"的概念中既包含着明确的普遍性意义，又有着特定的区隔性，其复杂的内涵同样在那个时代的招贴中多姿多彩地表现出来，成为一代人难以忘却的集体记忆，并将永远地在国家的精神史上留下深刻的烙印。[6] 而出版社在建构"人民"的内涵和外延属性上扮演着重要的角色，"人民美术"出版社的建立则使"人民"的内涵和外延得以实现图像性的想象性建构。

2. "人民"对出版社及出版物的建构

"人民"对于新中国出版社的建构，首先要从名称开始，而名称的不同，也从侧面反映出出版社的出版属性。解放之前的上海出版业，从出版社的名称中也可窥其性质归属。书局之名，始于清政府官僚办的印书机关，如江南官书局、浙江官书局、直隶官书局、广雅官书局等，以后商人开的印书机构亦称书局或图书局。至20世纪三四十年代，随着民风的开放以及商业

---

[5] 甘阳：《通三统》，生活·读书·新知三联书店2007年版，第30页。

[6] 许平：《平面设计的自觉及其主体现代性的建构》，载陈湘波、许平《20世纪中国平面设计文献集》，广西美术出版社2012年版，第11—12页。

第三节　从"华东"到"上海"（1952—1955）

气息的浓厚，称书局的店家逐渐增多，"书局"由此变成商业名词，如后来位列上海五大出版商的中华书局、世界书局、大东书局的名称即源于此。

"出版社"的名称，则是译自日本出版业，[7]对于"出版"一词在中国出现的时间和语境，学界曾做过一些考证。王益指出，中国人最早使用"出版"是在1899年12月（见梁启超：《汗漫录》）。[8]此后吉少甫又著文，称梁启超最早使用"出版"，是在1899年8月，梁启超在日本为其《自由书》写序时，首次讲到"出版"一词。梁启超援引西方名人名言的中译说法："西儒弥勒曰：'人群之进化，莫要于思想自由、言论自由、出版自由。'三大自由皆备于我焉，故以名吾书。"[9]

需要指出的是，当"出版"还没有成为一种大众传播形式，也就没有与"公众"联系起来时，"出版"仍不是现代意义上的"出版"。[10]出版的现代性意义的赋予是与印刷技术联系在一起的，西方先进印刷技术的传入使得"大众"的传媒成为一种可能，手工操作的方式转变为近现代机械工业运作方式，为日后李欧梵所谈及的"印刷文化与现代性"的建构提供了技术条件。

新中国成立之后，始于日本的"出版社"成为我们认知中国出版组织的基础，出版社被冠以"人民"头衔，历史唯物主义观点与毛泽东思想体系中"人民"概念的特殊性是其碰撞的主因，但为何出版社会与"人民"一词联系在一起，而不是其他词汇？这一社会现象有其历史渊源，1921年9月"人民出版社"成立，这是中国最早以"人民""出版社"命名的有组织和有规模的书刊印制机构。"人民"以及"出版社"两个概念的结合，不再沿用以往的刻书局、书局和书馆等旧式的称谓，"出版"一词的全新理念也对后来中国出版业的发展产生了决定性的影响。虽然当时毛泽东的"人民"概念尚不完全成熟，但"人民"一词的使用，确定了人民出版社的基本出版诉求。

---

[7] 王益：《"出版"再探源》，《出版发行研究》1999年第6期。

[8] 朱光暄、薛钟英、王益：《"出版"探源》，《出版发行研究》1988年第5期。

[9] 诸葛蔚东在《"出版"起源考》中指出，王益曾著文称"出版"一词出现在我国书刊印制中应是在1890年或1895年，比梁启超最早使用"出版"早四年或九年。同时，他又引述其他观点，认为1833年8月1日在广州创办的《东西洋考每月统计传》，其编辑序言中就两次使用了"出版"一词。

[10] 诸葛蔚东：《"出版"起源考》，《国际新闻界》2009年第1期。

1921年9月1日出版的《新青年》第九卷第五号登载了《人民出版社通告》，阐明其宗旨和任务：

> 近年来新主义新学说盛行，研究的人渐渐多了，本社同仁为供给此项要求起见，特刊行各种重要书籍，以资同志诸君之研究。本社出版品的性质，在指示新潮的趋向，测定潮势的迟速，一面为信仰不坚者袪除根本上的疑惑，一面和海内外同志图谋精神上的团结。各书或编或译，都经严加选择，内容务求确实，文章务求畅达，这一点同仁相信必能满足读者的要求。[11]

《新青年》作为20世纪20年代中国共产党最重要的一份宣传杂志，对"人民出版社"的基调言论基本奠定了出版社之后的发展轨迹。新中国成立之后，为了延续这一历史传统，1950年12月在北京重建新的"人民出版社"，虽然建立在不同的政体之下，但从名字的沿用至少可以看出在所传承的价值体系中政治归属的一致性，是20世纪20年代人民出版社的继续及其在新的历史时期的发展。

"出版社"自身特有的词义，再加上"人民"这一限定词，对新中国成立之后出版社在新时期的任务有了基本的界定：利用出版技术来大量印刷和传播社会主义的革命思想和文化，其所强调的是印刷品的生产、传播、集体色彩和大众性。"人民"是一个政治概念而非社会学概念，是20世纪50年代中国社会生活最为重要的组成部分，它代表一种具有政治归属感的人的集群和结构组成。以人民的名义创作、以人民的名义发行、以人民的名义传播。[12]

而政治性的归属对于新中国出版社的建构是非常重要的，这也影响着新中国美术出版社的整体建构和对制度性的集体想象。由此，也不难理解新体制下美术出版社的特殊历史使命，相对于人民美术出版社，华东人民美术出版社因其"上海"

---

[11] 夏雨：《我党的第一个出版社》，《文史月刊》2009年第9期。

[12] 许平：《平面设计的自觉及其主体现代性的建构》，载陈湘波、许平《20世纪中国平面设计文献集》，广西美术出版社2012年版，第16页。

地理位置的限定有着更为特殊的创建背景,除了要完成对新时期政策的图像化、大众化的生产传播之外,还要整合旧上海特殊的印刷以及艺术创作优势,这也是本书后面的章节要讨论的问题。

三、"旧"上海的转化

成立于上海并自囿于政治话语中心的出版社,在20世纪50年代都经历了名称的转变,如华东人民出版社于1955年1月更名为上海人民出版社,华东人民美术出版社于1955年1月更名为上海人民美术出版社。名称改变的直接原因,源于1954年6月19日中央人民政府委员会第三十二次会议,[13]该会议决定撤销六大行政区域,因此华东行政区也随之撤销。[14]对于行政区域的划分,我们需要明确的是,它是建立在政治话语体系之下的行政区域划分,不看重人文和自然的属性。

13 梁玥:《行政组织法典汇编(1949—1965)》,山东人民出版社2016年版,第123页。

14 新中国建立初期,我国曾设华北、东北、西北、中南、华东、西南六大行政区,为当时一级行政区。其中,华东行政区的辖区相当于如今的上海市、江苏省、安徽省、浙江省、福建省、山东省和台湾省。行政委员会驻上海市,由饶漱石担任行政委员会主席。

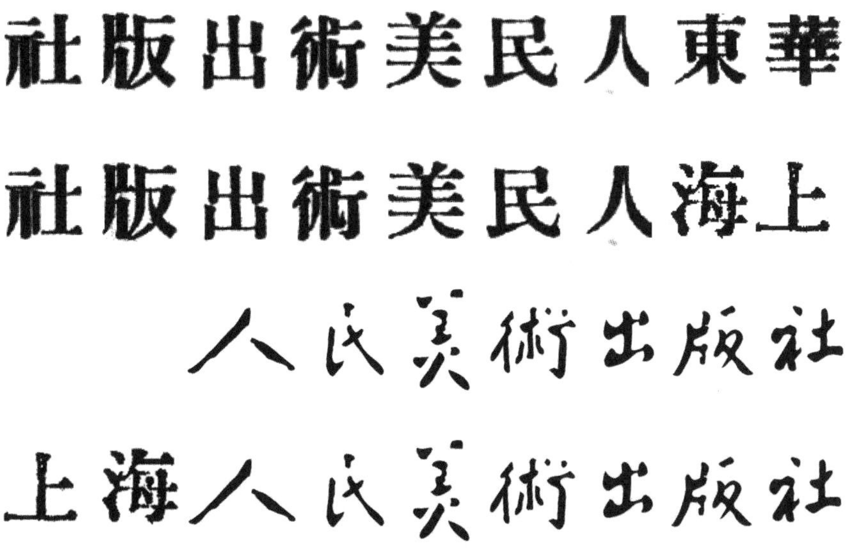

華東人民美術出版社社标
1952年

上海人民美術出版社社标
1955年

周恩来题写
(北京)人民美术出版社社标
1951年

沿用至今的
上海人民美术出版社社标
1956年

图2-10
上海人民美术出版社
社名演进历史

《中国大百科全书》把"行政区域"纳入政治学与法学两个不同的范畴。在政治学里，行政区域是指"为国家行政机关事项分级管理而进行的区域划分"；而在法学里，是指"国家行政机关实行分级管理的区域划分制度。国家为了实现自己的职能，便于进行管理，在中央统一领导下，将全国分级划成若干区域，并相应建立各级国家行政机关，分层管辖的区域结构"。从概念形成我们可以得知，行政区域的划分，其存在目的是为了便于国家政权建设以及行政管理。

六大行政区域的撤销，对上海这座饱经沧桑的城市来说，完成了一次转化，即由"华东"向"上海"的转变，由此上海完成了它的地方性转化。这种转化我们也可以从其出版社标志使用略窥一二。1952年华东人美社成立之初，选用"老宋体"作为名称标志，这种字体也是当时广泛使用的一种官方字体。由于品牌意识的淡漠，所以当时几乎所有出版社在选择字体作为形象标识时，都会选用这款字体。1954年随着华东行政区域的撤销，存在于上海的出版社名称都面临弃"华东"用"上海"的问题。因此，出版社名称由"华东人民美术出版社"改变为"上海人民美术出版社"。另外，与之一起改变的还有出版社形象标识。对于这次变化的历史背景，黎鲁在《连坛回首录》中也有所提及：

15 参见黎鲁《连坛回首录》，上海画报出版社2005年版，第148页。黎鲁在书中并未提及使用人民美术出版社社标作为上海人民美术出版社社标的具体时间，但通过对吕蒙工作履历进行查询发现，他1956年7月至1957年8月在中央高级党校学习。查阅资料得知，上海人民美术出版社出版物最早使用并沿用至今的社标是从1956年初开始使用的，因此可以推断，应该在1956年就已经开始改变社标。

我有个"大一统"思想，自从北京的人民美术出版社用了周总理题字为社招牌后，我主张把上海招牌和北京招牌相一致。这时吕蒙正在北京学习，出版科的陆元勋常找我联系工作，我和他商议后即决定以后出版物上的社名字体由原来的仿宋铅字改为总理字体，这办法沿用至今。

……当时我本能地、自觉地感到全国应一盘棋，地方服从中央。因此，凡是北京的人民美术出版社要求上海协助的事，我无不乐于从命。因为北京就是延安的继续。[15]

第三节 从"华东"到"上海"(1952—1955)

"地方服从中央""北京就是延安的继续"等政治思想,可以看出北京作为政治话语中心对上海建构艺术出版物的指导和统帅作用。对于上海人民美术出版社来讲,采用人民美术出版社的社标以及名称的转变对于出版社自身政治意义的建构具有相当重要的意义,至少可以看到对上海从属地位的身份认知。但是上海人民美术出版社在其后几年的发展与辉煌远远超脱了黎鲁"向北京看齐"的设想,无论是创作的艺术作品数量还是出版物总量,都取得了辉煌的成就,成为新中国首屈一指的美术类创作和出版机构。究其原因,虽然上海的海派文化根基、人文传统、技术优势以及后来新中国文艺方向的转变都是重要影响因素,但是"上海"特定区域概念的凸显亦产生了不可忽视的影响。正如杨东平在《城市季风》中所认为的,"上海没有像北京那么庞大的、集中居住的、具有强大的政治能量、人格力量和文化辐射力的高级干部阶层 …… 地理的差距影响到中央和地方的关系中,在高度集中、计划管理的经济体制内,对地方的管理和要求实际上发生了变化"。[16]

我们或许可以把这段话的意思理解为:北京是政治中心,具有浓烈的政治氛围,上海远离政治中心,有着比北京相对更自由的政治和经济环境。投射到上海人民美术出版社,即使有着向北京看齐的政治理想,却也不可避免地利用自身的地理优势及文化背景,创造出大量的优秀美术出版物。

[16] 杨东平:《城市季风:北京和上海的文化精神》,东方出版社1994年版,第313页。

图 2-11
《争取更大的丰收 献给社会主义》
钱大昕
上海人民美术出版社
1958年

第四节 从"正统"到"多样"(1956—1966)

1956至1966年间,是上海人民美术出版社创造辉煌历史的十年。在这十年间,年画、连环画、宣传画的作品层出不穷,很多单品销量达到百万甚至千万张,许多流传至今,在设计、艺术领域常被提及的作品也是在这十年间完成,政治招贴如钱大昕的《争取更大的丰收 献给社会主义》(1958年)(图2-11)、《列宁——无产阶级革命的伟大导师》(1960年)(图2-12),哈琼文的《毛主席万岁》(1959年)和《学大庆精神》(1965年)(图2-13),蔡振华的《共同劳动·共享成果》(1957年)(图2-14),周瑞庄的《世界人民反帝斗争必

图 2-12
《列宁——无产阶级革命的伟大导师》
钱大昕
上海人民美术出版社
1960年

图2-13
《学大庆精神》

图 2-14
《共同劳动·共享成果》
蔡振华
上海人民美术出版社
1957年

胜》(1963年)(图2-15)和《越南南方人民越战越强 坚决打击美国侵略者直到胜利》(1965年)(图2-16)等作品，都在新中国政治招贴历史上留下了浓重的一笔。仅在1958年，上海人美社就出版宣传画166种，占出版社成立以来宣传画出版品种总数的70%多，总印数达400万张，是前六年印数总和的50%。[1]

年画创作在此期间也达到顶峰。1958年上海年画初版、重版将近600种，印数达1.1亿多份，占当年全国年画发行总数的3/4。[2] 上海人美社的连环画创作，虽然在此之前已经有多部优秀作品出现，但在1963年第一届全国连环画创作评奖中，上海人美社有13部获奖作品，有近10部是在1956年之后

[1] 《上海美术志》编纂委员会：《上海美术志》，上海书画出版社2004年版，第83—86页。

[2] 《上海美术志》编纂委员会：《上海美术志》，上海书画出版社2004年版，第74页。

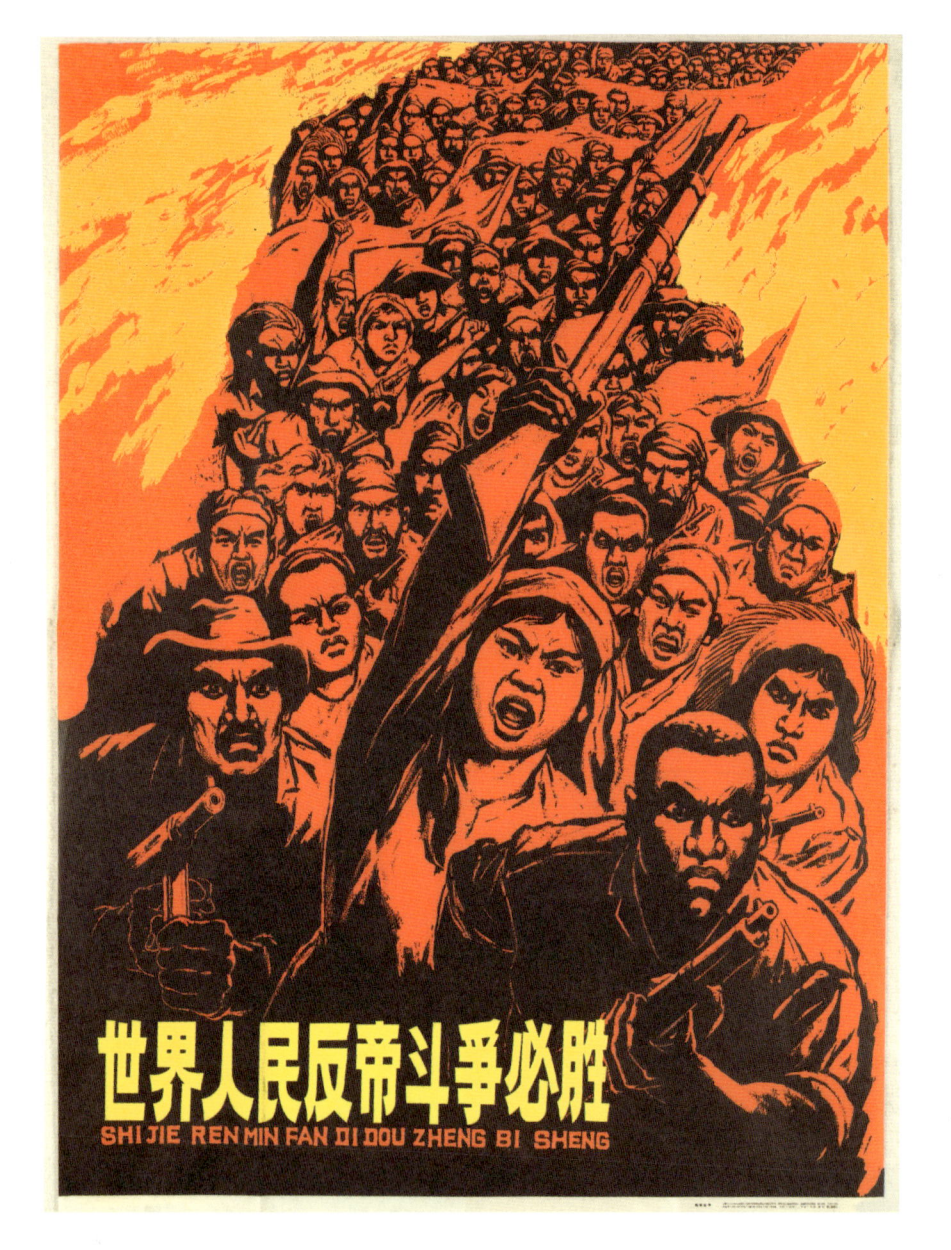

图2-15
《世界人民反帝斗争必胜》
周瑞庄
上海人民美术出版社
1963年

第四节 从"正统"到"多样"（1956—1966）

图2-16
《越南南方人民越战越强 坚决打击美国侵略者直到胜利》
周瑞庄
上海人民美术出版社
1965年

创作的，而获绘画一等奖的3部作品，如贺友直的《山乡巨变》（1961—1965年）（图2-17），赵宏本、钱笑呆的《孙悟空三打白骨精》（1963年）（图2-18），丁斌曾、韩和平的《铁道游击队》（1955—1962年）（图2-19），均是在这十年间创作完成。如此集中出现这么多优秀的艺术作品的原因，大致有以下几方面。

首先，文艺政策风向的转变，"百花齐放，百家争鸣"文艺方针的提出，引发对月份牌、年画等诸多艺术形式的探讨。1956年毛泽东"百花齐放，百家争鸣"文艺方针的提出，是新中国成立后整个文艺风向转换的分水岭，再加上"大跃进"和人民公社化运动等的推进，宣传画的创作、出版和发行由此进入高峰时期。自20世纪50年代起，毛泽东相继发表了许多对中国传统文学和艺术遗产的看法。比如，他认为"我们民族好的东西，搞掉了的，一定都要来一个恢复，而且要搞得更好一些"，艺术表现"要有民族形式和民族风格"，"应该学习外国

(第一册)9、秀梅快走几步，向她打听乡政府的地点。那姑娘放下水桶，揩了揩汗，一双乌溜溜的大眼睛打量了秀梅一阵，才指着远处山边一座大屋说："那就是乡政府。同志，你哪里来的？"

第四节　从"正统"到"多样"（1956—1966）

（第一册）36、淑君先走了，月辉帮秀梅挑着行李，走了一里多路，到了亭面糊家里。面糊笑着迎出来，连说："我们是熟人，我们是熟人，欢迎，欢迎。把那间正屋腾着给邓同志住。"

（第一册）84、这天以后，清溪乡涌起了宣传合作化的高潮。每天天不亮，姑娘们就带了标语，挟着喇叭筒，踏着露水，爬上山岗，贴标语的贴标语，喊话的喊话。

图 2-17
《山乡巨变》
贺友直
上海人民美术出版社
1961年

第二章 "新"体制与"旧"制度

16、八戒勉强闭着眼睛,饿得嘴里直淌清水。忽然听到清脆的念佛声,闻到香喷喷的馒头味,睁目一望,不由得满心欢喜地站了起来。

25、原来悟空寻山回来,望见那女子正和师父说话,仔细一看,认出她是个妖精,悟空飞窜下来,举起金箍棒,对准那女子当头一棒。

第四节　从"正统"到"多样"（1956—1966）

78、八戒又急又恼，拍着胸脯大叫道："好，好，我老猪绝不贪生怕死，跟妖精拼个死活去！"说着，一头冲出洞，走了。

103、大家正在惊疑,那妖形怪状的金蟾大仙,一转眼变成威风凛凛的孙悟空,手中高举金箍棒,向白骨精当头打去。

图2-18
《孙悟空三打白骨精》
赵宏本、钱笑呆
上海人民美术出版社
1963年

075　　　　　　　　第四节　从"正统"到"多样"（1956—1966）

（第一册）49、一刹时，屋子里的桌椅撞击声，鬼子的嚎叫声，像翻了天似的。王强心头微微发慌，赶快一步跨进，只见两个鬼子已经死了，剩下一个鬼子用被子裹着头，在地下乱滚乱叫。

（第二册）33、这时，车头上的汽笛吼叫起来，老洪知道快到王沟站了，他急忙又丢了两捆，然后胁下夹了一捆，像一阵风似的跳下车来。

图2-19
《铁道游击队》
丁斌曾、韩和平
上海人民美术出版社
1955—1962年

的长处,来整理中国的,创造出中国自己的、有独特的民族风格的东西"等。同时,中苏关系恶化也激发主流话语走向对中国自己的社会主义发展道路的认识,这一历史、政治背景是我们研究当时政治招贴艺术创作形式民族化追求的基础;也正是在这一背景之下,上海人美社,更确切地说是全国的宣传画创作团体,都相继开始了对艺术民族化形式的追求。对民族化形式的探讨也带动了创作者对多种艺术风格的尝试、对画家自身趣味的追求。

而以月份牌为特色的上海人美社的年画创作,也因艺术风向的转换而逐渐被主流话语所接受。1958年,薄松年在新中国艺术主流话语平台《美术》上,发表了《为月份牌年画说几句话》一文,文中认为:

> 《美术》月刊从来没有介绍过一幅月份牌年画,好像这种形式应该摒弃于画坛之外似的;很多文艺干部轻视它,理论家不谈它,即便附带几句也是不加研究轻率地加以否定。不信,有例为证:何溶同志在《试谈年画的特点及其发展问题》(《美术》1956年8月号)中,没有研究月份牌年画,然而谈到年画形象的类型化时,却认为如今的月份牌"使人物所谓'美化',而其实质是在散播低级趣味"。这种提法是值得商榷的。[3]

这篇文章发表于1958年,但从薄松年的行文中我们注意到,他写这篇文章的时间是在1956年,如他提到"从今年(1956年)二月份美协举办'新旧年画展览会'以后"。1956年,中国美协举办的新旧年画展览会把新年画与月份牌年画同时展出,但是在这次展会上,月份牌年画和以前一样受到了主流媒体的批判。[4]而风向标在两年之后的转变则源于时任中宣部副部长周扬的上海之行。1958年2月,周扬到沪考察,其间,与上海美术界举行座谈会,会上公开肯定了月份牌艺术,他说:"既然月份牌受到广大群众欢迎,就应该发展。"[5]由此,薄松年"为

---

[3] 薄松年:《为月份牌年画说几句话》,《美术》1958年第8期。

[4] 这次展会之后,《美术》相继发表了陈伊范的《看新旧年画——一个敲响了警钟的展览会》(1956年4月)、何溶的《试谈年画的特点及其发展问题》等文章,批判月份牌年画"不健康",是在"散播低级的审美趣味"。1957年,《美术》又发表《〈试谈年画的特点及其发展问题〉读后》,继续推进对月份牌年画的批判。

[5] 转引自薄松年、王树村《十年来我国新年画的发展和成就》,《美术研究》1959年第2期。

第四节　从"正统"到"多样"（1956—1966）

月份牌说几句话"的主张得以发表，《美术》亦在1958年展开了肯定月份牌年画艺术价值的讨论。为月份牌年画的"拨乱反正"，是在一种文艺风向转换的大背景下进行的，加上主流媒体的文艺评论与推动，才得以使其绽放光芒，成为上海人美社的十年成就的"三驾马车"之一。

其次，对多种社外资源的合并。取得成就的另一个原因在于对"社外"力量的吸纳和招募。新美术出版社、上海画片出版社分别于1955年和1958年并入上海人民美术出版社，虽然此前三个出版社社长均由一人（吕蒙）兼任，但是上海人民美术出版社由于"人民"这一词的限定，主要出版"政治意识强""具有标杆示范作用"的作品。因此，这一限定或多或少会影响其艺术风格的选择。而随着新美术出版社、上海画片出版社的加入，上海人民美术出版社不但吸收了来自不同背景的艺术创作人员，更把多种艺术风格纳入到"人民"美术的出版体制中。

再次，编室结构的调整。出版社的合并必定会导致编室结构的调整，而与全国各地"人民美术出版社"所不同的是，当时上海人美社的"摄影编辑室"是全国唯一出版摄影读物的编辑室。摄影编辑室是1956年在赵家璧的主持下创建的。[6] 摄编室的建立为政治招贴创作的多样化表述增加了可供选择的形式。1956年4月，苏联英雄卓娅的母亲来上海访问时，摄编室出版了一张由郑光华拍摄、题为"我们都是卓娅妈妈的好孩子"的摄影宣传画作品，此后数年中陆续出版的摄影宣传画作品大约有68种。[7] 不但如此，摄编室在赵家璧的推动下，将电影、戏剧等演出照片，编辑成一本本剧影连环画，印成挂画、画册。在最初三年半中，摄编室共出版摄影连环画257种，印数有近900万张之多，而由其出版的摄影画片，共计125种，印数达420多万张。[8]

---

[6] 赵家璧（1908—1997），中国编辑出版家，作家，翻译家。1908年10月27日生于上海松江。在光华大学附中时，即主编《晨曦》季刊。大学时期，为良友图书印刷公司主编《中国学生》。1932年从光华大学英国文学系毕业后，进入良友图书印刷公司工作，历任编辑、编辑室主任。其间，结识鲁迅、郑伯奇等左翼作家，陆续主编"一角丛书""良友文学丛书"等，以装帧讲究闻名。1936年，组织鲁迅、茅盾、胡适、郑振铎等著名作家分别编选出版《中国新文学大系》，由蔡元培作总序。新中国成立后，作为晨光出版公司的资方代表进入新美术出版社。进入上海人民美术出版社后任副总编辑，创建了摄影编辑室，兼任编辑室主任。在此期间，编辑出版了16册的画册《苏联十六个加盟共和国》，同时出版了许多优秀的摄影读物，如《摄影艺术选集》《景康摄影集》等。

[7] 《上海美术志》编纂委员会：《上海美术志》，上海书画出版社2004年版，第84页。

[8] 施晓燕：《赵家璧画传》，载《珍藏的记忆——上海人民美术出版社60年文献集》，上海人民美术出版社2012年版，第29—30页。

1956至1966年，上海人美社通过对出版机构的合并和吸收、对编辑室架构的调整，在整个文艺风向转变的背景下，走过了几乎无与伦比的十年，所取得的成就在中国出版历史上难以超越。这十年，不仅仅是整个上海人美社人员结构、组织构架最丰富、最完善的十年，同时也是其艺术创作最活跃、最开放的十年。即使在政治路线不断调整的情况之下，上海人美社依靠自身特殊的历史背景、地理位置及人员构成，依然影响了新中国美术史的书写方式。

第三章
步步为营

上海人民美术出版社体制的建立，与上海私营美术出版社有直接关联。上海解放后，活跃于旧上海的数百家私营出版社并未销声匿迹，而是通过多种渠道、多种途径继续在新中国出版领域里摸索前行。私营美术出版社同样如此。

1950年10月，出版总署对出版社进行了明确的分工和分责，各个出版社根据自己不同的专业职能进行出版。[1] 按照这个要求，上海把解放前的600余家出版社进行了重组和改造，这其中自然包括对美术出版社的重组与改造。从此，以专业性质命名的出版社逐步发展起来。在600余家出版社中，经营美术画片、月份牌的出版社有100余家，[2] 而黎鲁在《新美术出版社始末》中说，出版业中私营画片（包括月份牌、连环画）出版商占整个上海出版社总数的25%至30%。[3] 面对数量如此众多的出版社，如何进行社会主义改造？上海人民美术出版社作为上海解放后唯一一家国营美术出版社，与私营美术出版社之间有何渊源？私营美术出版社是如何实现公私合营直至成为新中国文化体制的一部分？私营美术出版社对于新中国美术发展有何影响？这些问题其实也正是新中国成立初期制度和文化转型的过程中所面临的一系列问题。本章通过对1949年至1956年间上海美术类出版社公私合营过程资料的整理，[4] 来梳理私营美术出版社以及公私合营后的美术出版社被逐步纳入新中国美术出版体制的过程。

---

[1] 相关的政策文件详见《出版总署关于国营书刊出版印刷发行企业分工专业化与调整公私关系的决定》，中国出版科学研究所、中央档案馆《中华人民共和国出版史料2》，中国书籍出版社1996年版，第653—659页。

[2] 对于解放前后上海到底有多少家画片出版社，不同的出版工作者在回忆当时的情况时有着不同的看法。朱联保在其编撰的《近现代上海出版业印象记》一书中，对解放前后上海出版业的兴衰变迁做了比较全面的整理。在谈到当时上海美术出版状况时，朱联保记录了90家出版公司，比较有名的是：三一画片公司、三民图书公司、正兴画片公司、华美画片社、良友图书印刷公司、陈正泰画片号、素绚斋画片店、徐胜记画片号、寰球画片公司等。余嘉在《建国初上海书店、出版社情况摘编一十一》中写到，上海解放以后公营私营出版发行机构共有510家，在登记中注明自身经营连环画业的有110家。黎鲁在《新美术出版社始末》一文中谈到，解放初期经营连环画的私营单位绝不止110家，有很多经营画片、连环画的出版单位并没有列入到这110家范围之内。

[3] 黎鲁：《新美术出版社始末》，《编辑学刊》1993年第2期。

[4] 根据对旧上海出版档案的整理，上海在公私合营过程中，对于"美术"出版社的改造范围包括与连环画、月份牌、画片、画报等相关的出版社的社会主义改造，本书所谈到的美术类出版社所包括的范围与此一致。

第一节 作为资本主义温床的上海私营美术出版社

1949年以前的上海是全国出版业的中心，其中心地位表现在，不仅出版机构的数量超过全国其他地方的总和，而且几乎所有全国最重要的出版机构都集中在上海，同样，上海也囊括了全国最重要的美术类出版社。虽然当时经营画片、月份牌的出版社总数有100余家，但是规模比较大的公司不多，有三一画片公司、三民图书公司、正兴画片公司、华美画片社、良友图书印刷公司、陈正泰画片号、素绚斋画片店、徐胜记画片号、寰球画片公司等，这几家大型画片公司的画片数量占到市场上总画片数量的78%。这些出版商大多在上海四马路（今福州路）开设画片发行所，徐胜记画片号更是在香港庄士敦道开设分店，供应港、澳及南洋群岛（即今日的东南亚）的客户。[1]

由于抗日战争的爆发，解放之前的上海出版业与抗战之前已不能同日而语，受常年战乱、物价飞涨的影响，几家大的出版社举步维艰，《国文月刊》编辑周予同在与友人的通信中，诉说了抗战时期出版社的艰难："中华书局在辛亥革命以后；开明书店是在'五四'以后才成立；生活书店是在民国十年以后成立而鼎盛的；而目前却都在不安中，苦闷达于极点，而光明似又不在眼前，若再这样发展下去，我实在无法工作下去了。"[2]

虽然周予同谈到的只是他的一些个人感受，还不足以说明当时出版业的现实处境，但从当时官方公布的数据中能明显看出时局变化对出版业的影响。据《中美周刊》对1936年上海出版物的统计，[3]当年上海出版书籍、报纸、杂志的总数为

---

[1] 徐志放：《月份牌的发展与演变》，《印刷杂志》2009年第6期。

[2] 《出版业概况》，《大公报》1948年4月26日。

[3] 《中美周刊》(1939年9月—1941年12月)创刊于上海租界，由上海美商罗斯福公司出版。它表面上聘美商施高德为董事长，实际则由国民政府派出的吴任仓负责，是国民党中央宣传部利用洋商招牌创办的杂志。对于当时上海出版物的数量，"汪伪政府"掌控的《申报年鉴》统计数据显示，1936年上海出版物数量为9483种，并估计"七七事变"以前，在上海一地所刊行的图书一类之出版物，占全国出版图书的70%以上，所发行的报纸和杂志，占全国出版杂志的80%以上。考虑到当时的上海仍然是在国民政府的统治之下，所以《中美周刊》的数据更具说服力。

5853种，其中书籍5721种，占全国出版物总数的82%。而一组1946年至1947年全国出版物的统计数据反映出，这两年全国的出版物数量分别是1344、1389种，[4]通过对比1936年上海出版物的数据，就不难理解周予同对当时出版界的评价，以及出版物数量的骤减对出版人心灵的巨大冲击。

虽然时局的变化给出版业带来了冲击，但却给画片类出版物的发展提供了契机，战后，经营月份牌、年画、连环画的出版商如雨后春笋般涌现出来。从笔者目前掌握的资料来看，没有关于画片出版物总数的统计资料，但陈东林在《战后两年来的中国出版界》一文中有言，1946年和1947年，上海文学艺术出版物的数量分别为573和548种。虽然这组统计数据中包含文学出版物，但从行文中，我们仍然不难发现战后文学艺术或者更具体的说画片类出版物独占鳌头，几乎占全部出版物的一半。

画片类出版物的编辑、出版、发行工作在抗战之前主要集中在几家规模较大的出版社，如商务印书馆、中华书局，都有画片出版的业务。商务印书馆曾在1921年至1925年期间聘任黄宾虹担任美术部主任，[5]负责金石书画的编辑及整理；广告部更是汇集了金梅生、杭穉英、郑曼陀等著名的月份牌画家。[6]商务印书馆日后能够发展成中国数一数二的大型出版社与它的画片业务有很大关系，在其成立初期，它的主要业务就是名片、画片、广告之类的印刷品，随着印刷业务的不断扩大以及新型印刷设备的购置，商务印书馆逐步发展为集编辑、印刷、发行于一体的出版发行企业。[7]中华书局最大的业务是教科书的编辑与出版，但在经营方式上实行"一业为主、多种经营"的方针，除经营教科书、一般图书杂志外，它还承印书籍、股票、证书、招贴、地图、传单、商标、钞票等，有些分局夏季卖折扇，年底前卖日历、日记、贺年片等。

---

[4] 参见陈东林《战后两年来的中国出版界》，《中华教育界》1948年复刊第2卷第2期。

[5] 钱普齐：《黄宾虹父子和商务印书馆》，《出版博物馆》2007年第6期。

[6] 杭穉英（1901—1947），1913年通过考试进入商务印书馆图画部（练习生），深得徐咏青赏识，学习了徐咏青严谨的造型技能和素描色彩技法，1922年离开商务印书馆自立门户，成立穉英画室。金梅生与杭穉英一同在商务印书馆学成后留在广告部工作，但是在商务艺术馆的任职时间无从考证。根据丁浩《美术生涯70载》记载，金梅生与杭穉英在商务印书馆广告部工作期间曾研究郑曼陀月份牌画法并加以改进，影响了之后月份牌广告画的格局。郑曼陀是中国近代广告擦笔绘画技法的创始人，正是因为在商务印书馆工作的便利条件，金梅生与杭穉英才有机会去印刷厂研究郑曼陀的原稿。郑曼陀为商务印书馆工作的时间目前也无从考证。

[7] 黄宝忠：《近代中国民营出版业研究——以商务印书馆和中华书局为考察对象》，博士学位论文，浙江大学，2007年，第53页。

第一节　作为资本主义温床的上海私营美术出版社

抗日战争之后紧接着是内战的爆发和升级，很多大型出版社举步维艰，处于破产的边缘。商务印书馆的处境亦很艰难，虽无精确的统计数据，但从1947年初张元济致胡适的一封私人信件中可略窥一二。信中写道："二十余年前商务印书馆曾在北平购得藏文经集，似即为吾兄介绍。后为俄人岗和泰君借阅。归还之日东方图书馆已毁于倭寇。……汇为九十二包。"[8] 这些书都是海内仅存的孤本，因为印刷这些书的寺院已毁于战火，经版业已无存。他请求胡适代为售出，以获得一些资金帮助商务印书馆渡过难关，信中接着说："东方图书馆恢复无期，且此间亦无要求阅读之人……如能得价，颇拟售出，以疗商务目前之贫。"[9]

1949年上海解放前后，商务印书馆已很难维持庞大的运营体系，濒临破产的边缘。1948年2月6日，经理李拔可给张元济的信中说："闻公司年终负债已达三百亿，分馆同人待遇亦照生活指数计算，而盈亏并计，再不努力，前途殊为可虑。"[10] 同商务印书馆一样，其他几家大型出版社，如中华书局以及成立稍晚一些的开明书店等，也面临生死攸关的抉择。虽同样是处于内战的社会环境下，不同的出版机构，或者说不同规模的出版机构所遭受的冲击和压力是不同的，相对而言，抗战之前以及之后兴起的小型画片出版社虽然命若转蓬，旋起旋灭，但因资金投入少、设备简单、人员少、开支节省，再辅之灵活的策略，反而能够在动荡的时局中维系下来，并且所编辑的出版物更加灵活，也更能反映读者的兴趣和爱好。[11]

出版物作为历史叙事方式表达的载体，能够反映当时的社会面貌和现实状况。为什么在时局如此不稳定的情况下，画片出版物会迎来一个出版高峰，甚至影响到新中国成立后中央政府对画片类出版物的政策？对于这一现象背后的原因进行分析，可以了解当时上海画片类出版社在特殊历史时期所面临的特殊境遇。

8　海盐县政协文史资料委员会、张元济图书馆：《出版大家张元济——张元济研究论文集》，学林出版社2006年版，第676页。

9　海盐县政协文史资料委员会、张元济图书馆：《出版大家张元济——张元济研究论文集》，学林出版社2006年版，第676页。

10　张树年：《张元济年谱》，商务印书馆1991年版，第529页。

11　周武：《从全国性到地方化：1945至1956年上海出版业的变迁》，《史林》2006年第6期。

首先，抗战前成熟、完善的印刷体系为画片类出版物的发展提供了成熟的技术支持。1920年5月1日，《新青年》第七卷第六号刊登文章称："上海印刷工厂很多，约一万余印刷工人，最大的商务、中华，每厂千余人；中等的如彩文、大中华、商文、华胜等，每家约百余人；小的数十家，每家三四十人，十余人也有。"[12] 20世纪初的上海，出版业与商业美术都随着新的印刷技术的传入而出现相应的变化，书籍报刊的封面、月份牌、香烟牌子、报纸广告、产品包装等以纸为媒介的出版或商业美术门类，都受到特定时期印刷技术条件发展的不断刺激，努力摆脱原有技术的制约求得更为领先的发展。[13]

这种"更为领先的发展"率先表现在石版印刷技术在中国的传播。自墨海书馆于1843年最早采用石版印刷技术印制宗教书籍与圣母图画宣传品，[14] 石版印刷技术就此改变了中国印刷技术的格局，[15] 使得传统雕版印刷技术逐渐衰退并被淘汰。从清末到民国，石版印刷业从宗教出版延展到文化出版领域，全国各地采用石版技术印书的机构迅速增加，达上百家。[16] 石版印刷通过照相缩印而实现快速制版，具有节省出版工序、出版速度快、保存书籍原貌、降低印刷成本的优势，所以最开始在翻印古籍出版方面崭露头角，同时石版印刷技术的广泛使用扩大了图像传播的范围，提高了图像制作的速度，催生了图像类出版物在中国的出现，开启了图像大量制作与传播的新时代。[17] 随着印刷技术的不断发展，石版印刷技术最终逐渐被珂罗版印刷技术与胶版印刷技术所取代。[18] 毫无疑问的是，由石版印刷技术所引领的出版界印刷革命不可小觑，20世纪的上海之所以能够出现像《良友》画报、《时代画报》、《美术生活》等印刷精美、印制技术高超的画报，出现以印制画片类出版物为主要业务的画片社，并率先使用了珂罗版、铜版、胶版印刷技术，皆与石版印刷技术为老上海的图片类印刷业务做出的贡

---

12 《新青年》第七卷第六号，1920年5月1日。

13 张馥玫：《20世纪初上海商业美术环境研究——以上海的"画报"为例》，硕士学位论文，中央美术学院，2011年，第31页。

14 墨海书馆是清道光二十三年（1843年）由英国传教士麦都思在上海成立的一家铅印出版机构，这也是上海第一家有铅印设备的印刷机构，同时也是我国最早采用西式汉文铅印活字印刷术的印刷机构。对于墨海书馆的研究，胡道静的《印刷术"反馈"与西方科学第二期东传的头一个据点：上海墨海书馆》、熊月之的《西学东渐与晚清社会》等文章和书籍中，对墨海书馆的出版物做了全面细致的列举与分析。墨海书馆为西方近代科学技术和基督教文化在中国的传播做出了极其巨大的贡献，为中国培养了最早的一批精通西学的近代知识分子，同时也对中国印刷出版事业的进步和发展产生了积极的影响。

15 石版印刷技术1798年由奥匈帝国人逊纳菲尔德发明，是一种早期的平版印刷术。其原理是利用油、水不相溶的原理，在磨平的石版表面复制出图纹部分形成亲油膜层，空白部分形成亲水膜层，通过对版面供墨、供水，图纹部分吸油抗水，空白部分吸水抗油来进行印刷。基本制版方法有两种，其中一种是用脂肪性的转写墨直接把图纹描绘在石面上，或绘在转写纸上再印于石面，经过处理，即成印版。印刷时，先试之以水，水未干时，即滚油墨，覆纸压印即成。

16 曹之：《中国古籍版本学》，武汉大学出版社2002年版，第456页。

17 张馥玫：《20世纪初上海商业美术环境研究——以上海的"画报"为例》，硕士学位论文，中央美术学院，2011年，第33页。

18 珂罗版技术是以玻璃为版基的照相制版印刷工艺，用重铬酸盐加入明胶胶体，在玻璃版上涂布感光胶膜，将阴文干片与感光胶质玻璃版密合晒印，胶膜经曝光发生光化反应而引起硬化，经润湿后胶膜吸水膨胀则与之成反比，版面上因而形成与底片密度高低构成相对应的纤细皱纹，在纸上印刷能保留笔墨的浓淡层次效果。珂罗版印版耐印力低，印刷数量小，每一个印版印制300或500张左右，最大功用在于复制中国古代书籍与美术作品。胶版印刷是将印版上的图文墨迹先印到包上滚筒表面的橡皮布上，再由橡皮布转印到纸张上。胶版印刷速度快、耐力高，比起珂罗版、铜版的技术又前进了一步，层次更丰富细腻，为大批量的印刷提供了条件。

献有着直接或间接的关系。

其次,艺术审美趣味的转变。上海开埠之后引起的绘画艺术的变革主要体现在两个方面:一是绘画风格的变化,再者是绘画观念的转变。这两点在"海上画派"团体上得到充分体现。海上画派使绘画从文人绅士的雅玩转变为贴近大众的、市民的艺术,以清新、活泼、通俗的形式,突破了传统绘画超逸、绝俗、不食人间烟火的隐逸情调。[19]"在国画领域,任伯年似乎显露出与传统高雅有某种离异的上海滩的脂粉味,又仍然清秀可喜。吴昌硕跨越了扬州八怪,泼辣的色彩和金石味的骨力,似乎宣告传统在走向终结。"[20]这段文字是李泽厚从文艺研究的角度对20世纪中国所经历的思想变迁的评述,对由心灵的转换历程所折射出来的时代变迁做了总结评述,主要的评述对象也大多集中在文学领域,但显然他并没有忽视思想转变对艺术的影响:在色彩和审美趣味方面,表现为色彩绚烂、装饰意味浓;在题材内容方面,人物故事由封建伦理道德的说教一变而为喜庆、富贵、吉祥的氛围,花鸟则由梅、兰、竹、菊的清高典雅一变而为玉堂富贵、白头偕老的寓意;在技法方面,水墨写意变为重彩写意,目的是为了既便于画家快速创作又符合买家的欣赏口味。

风格和观念变化的影响是深远的,艺术的目的再也不是追求淡薄的艺术境界,古代文人画家所追求的超越世俗的艺术精神和任游山水之间的超然自逸在这个"十里洋场"已经没有存在的社会基础,孤芳自赏、富贵小资的市民精神和欣欣向荣的商业气象在上海已经扎根。这种变化显然不仅仅体现在艺术创作领域,印刷领域的变化也最直接反映了审美趣味的变化。以连环画出版为例,清末民初时期连环画都由比较正规、资金较为雄厚的书局或画报社出版发行,这些书局或画报社所出的连环画,在选题、编辑、绘制等方面都能遵循基本的出版规范,

---

[19] 王飞:《海派绘画的商业化由来》,《美术观察》2006年第10期。

[20] 李泽厚:《中国现代思想史论》,生活·读书·新知三联书店2008年版,第229—230页。

有一定的质量要求，而且在改进书籍形式、提高绘画和装帧质量等方面，都起到了积极的作用。这在一定程度上保证了连环画能在一个良好的、自我不断完善的道路上向前发展。[21]而这其中以上海世界书局为代表，在20世纪20年代，上海世界书局先后出版了《连环图画三国志》《连环图画水浒》《连环图画西游记》《连环图画岳传》等6部连环画，[22]其出版印刷的营业额已占到全国出版印刷总营业额的1/20，[23]成为继商务印书馆、中华书局之后的第三大出版商。但是到了20世纪三四十年代，连环画的出版主要集中在由连环画出租摊主发展而来的出版商手中，[24]1932年左右，类似的书商已经发展到30余家，基本上把持了连环画的出版。[25]

宛少军认为出版主体的变化是由出版发行方式的转变引起的，连环画在书摊上由原先的出卖或代售转为出租，从而吸引了大量的读者，由此引发了出版格局的变化。但是仅仅出版发

21　宛少军：《民国时期连环画的社会形象》，《美术观察》2008年第2期。

22　《上海美术志》编纂委员会：《上海美术志》，上海书画出版社2004年版，第77页。

23　张静庐：《中国出版史料补编》，中华书局1957版，第279页。

24　宛少军：《20世纪中国连环画研究》，博士学位论文，中央美术学院，2008年，第31页。

25　赵家璧：《鲁迅与连环图画》，《连环画论丛》1981年第2期。

作为资本主义温床的上海私营美术出版社

行方式的转变显然还不足以引发巨浪,连环画发行方式的转变确实是一定的影响因素,但是读者艺术观念的转变应是这一变化的主要原因。艺术已经不再是少数文人墨客的独享资源,艺术创作和欣赏主体延伸至普通人群,进而扩大了对艺术品的需求。这一转变对之后上海画片类出版物的发展起到了决定性的作用,使得画片类出版物不再是少数出版社的专利,越来越多的小出版商投身到画片类出版物的编辑出版中,出版商主体发生了转变。

再次,谈到画片类印刷物的兴盛,就不得不提及这些精美印刷品背后的制作群体——出版人、文人、画家,[26]他们共同创作了画片类出版物,并激发了其背后的诉求。在中国近现代历史上,没有哪一座城市比上海更具吸引力,"各种新鲜舶来品、雪铁龙汽车、电灯和电扇、无线电收音机、洋房、沙发、雪茄、香水、高跟鞋、美容厅、回力球馆、法兰绒套装、一九三〇年巴黎夏装、日本和瑞士表、银烟灰缸、啤酒和苏打水,以及各种娱乐形式:狐步和探戈舞",[27]按照马克思主义经济基础决定上层建筑的观点,所有这些生产方式的构造者——"经济基础"决定了生活方式的构造者"上层建筑",繁华的经济带来了生活方式的变化,由此吸引了大批人来大城市实现他们的梦想:

一批又一批的青年知识者开始由四面八方汇集到大中都市来"漂泊""零余",为谋生,也为理想。……与传统的告别,对未来的憧憬,个体的觉醒,观念的解放,纷至沓来的人生感触,性的苦闷,爱的欲求,生的烦恼,丑的现实,个性主义、虚无主义、人道主义……所有这些都混杂成一团,在这批新青年的胸怀中冲撞着、激荡着。[28]

这段话是李泽厚在《中国现代思想史论》中对当时文艺青年进入城市之后的心理状态的描写。当时的青年知识分子内

[26] 根据黄剑的研究,"画家""艺术家"这两个概念在民国时期关乎着两个不同的群体。中国传统社会的画家包括那些业余的文人画家、在市场上以卖画获利的职业画家、在朝廷中任职的宫廷画家等几类。民国时期的"画家"一词仍然沿用了传统的含义,意指那些具有绘画专长的人,并没有赋予其更多的含义,尽管那时候画家的实际地位和角色已经不同于传统社会的画家了。民国时期的画家基本上实现了职业化,因此,"画家"主要是指具有绘画专长、以绘画谋生的人,"画家"的称呼仅仅表明了某类人的专长和职业类别,并没有更多地反映其职业性质和职业声望等要素。"艺术家"的称呼来自西方,是在清末民初之际随着"美术""艺术"等外来词汇一起输入到中国而逐渐被中国人所接受的,是指那些从事艺术创作或表演而卓有成就的人。"艺术家"的称谓要比"画家"更能体现出绘画职业在性质和声望方面所获得的优势,意味着艺术家已经获得一定的社会地位,它是对那些现代艺术事业中的优秀人才的尊称,而不是像"画家"那样仅仅用来指称那些有一技之长的人。(参见黄剑《美术场域"艺术家"角色的建构——对民国时期(1912—1937)上海美术活动的社会学研究》,博士学位论文,上海大学,2007年。)

[27] 这段描述是李欧梵在《上海摩登:一种新都市文化在中国 1930—1945》中总结茅盾小说《子夜》中所表现的现代性的物质表征。李欧梵强调这些舒适的现代性设施和商品显然不是一个作家的想象,恰好相反,这是一个作家所描绘和理解的真实世界。

[28] 李泽厚:《中国现代思想史论》,生活·读书·新知三联书店 2008 年版,第 231 页。

图 3-1
世界书局出版的
《连环图画三国志》等书书影

心应该是非常矛盾的,尤其是对青年艺术家来说,带着对宇宙、人生、生命的自我觉醒式的探索来到上海,但是生计是摆在他们面前的首要问题。绘画再也不是文人士大夫染毫泼墨、修身养性、寄托情思、展示才华的途径,近现代的上海缺失了人文画家生存的社会基础,儒家的隐匿情怀在这里被无限增长的市民消费文化所取代,由此改变了艺术家的文化活动和表达方式。青年艺术家必须要适应这种转变,而且他们也更加愿意适应这种转变,纯绘画的需求毕竟是少数达官富人的专属,青年艺术家的实力也无法与更为年长的海派艺术家抗衡,新兴的印刷文化建构体制为他们找到了另一条出路。

绘制月份牌、连环画、漫画的艺术家大多学徒出身,拜师学艺。以连环画为例,20世纪20年代末期,由于连环画发行方式、读者群体的变化,连环画的市场需求日益增长,逐渐形成了一个相对稳定的连环画行业,同时连环画的出版逐渐被控制在具有封建帮会性质的小书商手中。连环画有了市场需求,作者人数自然逐渐增多。有志于绘画的青年是以学徒的方式进入连环画行业的,招收学徒的或者是书店老板,或者是较有名的连环画作者。

需要说明的是,这些画家的思想情感和人生观已经转变为对新的人生、新的世界的憧憬,而对茫然不可知的前途的恐慌、困惑、苦闷、彷徨,也是当时艺术家创作的灵感来源,表面上指向社会,实际上观照自己。张乐平的《三毛流浪记》,叶浅予的《王先生与小陈》《小陈留京外史》,与其说是对社会的反讽,不如说是作者对自己人生的观照。叶浅予在《叶浅予自传:细叙沧桑记流年》中谈到怎么能创造如此典型的现代小市民形象时说:"就上面所接受任务的过程来看,有它的偶然性;而七八年来坚持不懈,愈画愈有劲,也有其必然性。我把自己的灵魂融化在王先生的个性中,王先生就是我,我就是王先生。"[29] 张

---

[29] 叶浅予:《叶浅予自传:细叙沧桑记流年》,中国社会科学出版社2006年版,第64页。

第一节

作为资本主义温床的上海私营美术出版社乐平1946年创作的连环漫画《三毛流浪记》，自1947年开始在《大公报》连载，[30] 不可否认，"三毛"的成功一部分原因是由于对当时现实社会的折射，但是作者的创作初衷与"国民党反动统治区重要的宣传战斗作用"的目的相差甚远，《大公报》作为国统区当时一家中立的报刊发行机构，也没有把更为深刻的政治意图渗透在报纸的编辑发行中，所以我们有理由认为，《三毛流浪记》更是画家个人情绪表达的一种途径和方式。

[30] 《大公报》，1949年之前中国最著名的日报之一，1902年由英敛之在天津创办，抗日战争期间停刊。抗战胜利后，《大公报》上海版于1945年11月1日复刊。

第二节 对"温床"的社会主义改造

如何把数量众多的画片社纳入到中国共产党领导之下的新体制中是新中国文化体系建设亟待解决的问题。毛泽东在中国人民政治协商会议第一届全体会议的开幕词中说:"随着经济建设的高潮的到来,不可避免地将要出现一个文化建设的高潮。"毛泽东对文化建设的希冀成为新中国成立后激励出版工作领导者的座右铭。[1] 与此同时,出版工作的方向也随之发生转变,从为革命军事服务、为人民政治斗争事业服务转向为生产建设事业服务,成为时代发展的必然需要。而这一点在《中国人民政治协商会议共同纲领》(简称《共同纲领》)中也有所提及,它在谈到新国家出版事业时称:"发展人民出版事业,并注重出版有益于人民的通俗的书报。"对于什么是"人民出版事业",第一任出版总署署长胡愈之做出了这样的解释:"人民出版事业应该指国营的出版事业。在人民民主专政的国家,出版事业为人民民主专政的工具,出版事业的领导权必须操控在人民政权管理下的国营出版业的手中。"[2] 对私营出版社的社会主义改造由此拉开序幕。

1949年上海出版工作者协会的成立是对旧上海私营美术、画片出版社改造的第一步。1949年6月29日,在上海八仙桥青年会酒楼举行出版行业"解放后第一次聚餐会"。但这次活动显然没有吸引私营出版社积极参与,仅有27个单位32人参加。紧接着在1949年9月5日,上海出版工作者协会举行第二次聚餐会,这次到会的私营出版社为41个,代表51人。1949年9月30日,在八仙桥青年会酒楼召开上海出版工作者协会的

---

[1] 朱晋平:《1949—1956年中国共产党对私营出版业的改造》,博士学位论文,中共中央党校,2006年,第21页。

[2] 以上资料来自《全国出版事业概况》,详见中国出版科学研究所、中央档案馆《中华人民共和国出版史料1》,中国书籍出版社1995年版,第257页。

第二节　对"温床"的社会主义改造

成立大会，到会代表78人，大会推选吉少甫为主席，组建由卢鸣谷、张静庐、吉少甫、徐启堂、储烨、方学武、刘季康、王德鹏、谢仁冰、金兆梓、王子澄、范洗人、吕叔湘、董秋斯、姚蓬子、万国钧、张明养、陈原、叶水夫、叶籁士、胡水萍21人组成的筹备委员，并把"建设为大众服务之文化而努力"定为协会的工作方针。同时，上海出版工作者协会还举办了"通联学习演讲班"和"通俗出版业学习讲演班"两次为期七天的演讲学习班，[3]课程包括《共同纲领》、"新出版史略"等为巩固新政权而设置的内容。（见表1）

上海出版工作者协会所做的工作，迈出了私营出版社以及私营美术出版社社会主义改造实践的第一步，但是由于参与人数相对较少，并没有达到预期效果，而上海复杂的私营出版环境也并非出版工作者协会能够驾驭。因而，1950年8月2日，为了"了解上海市公私营出版业各方面的情况，并征求他们对于改进全国工作的意见"，华东新闻出版局与上海市新闻出版处召开了"上海市公私营出版业座谈会"，共计有250余人出席。[4]座谈会向出席会议的私营出版社代表阐述了希望达到的目标：

[3] 《上海出版工作者协会筹备会1949年工作概况》，载中国出版科学研究所、中央档案馆《中华人民共和国出版史料1》，中国书籍出版社1995年版，第633—634页。

[4] 《上海市公私营出版业座谈会情况报告》，载中国出版科学研究所、中央档案馆《中华人民共和国出版史料2》，中国书籍出版社1996年版，第432页。

表1　"通俗出版业学习讲演班"课程

时间	主讲人	课程内容
1949年10月26日	卢鸣谷	两大文献——《共同纲领》、文教政策
1949年10月28日	张静庐	怎样做一个出版工作者
1949年10月31日	姚蓬子	新出版业史略
1949年11月2日	金兆梓	怎样搞通俗读物
1949年11月4日		检讨会
1949年11月	黄　源	关于改革通俗读物
1949年11月	王　益	认真作好出版工作

（1）了解出版、发行、杂志、印刷业的情况及其各项困难问题。

（2）了解本市公私出版业的关系。

（3）听取上海出版业对政府有关出版工作方面的意见，并征求改进的意见。

（4）传达总署对出版、发行和出版事业中合理调整公私关系的方针，作为全国出版会议的准备。

（5）研究并酝酿出席全国出版会议代表的名单。

（6）征集有关出版的资料及展览品。[5]

从这次座谈会的分组情况看，对通俗画（年画、画片）、连环画的调查是其主要内容。对这次座谈会的总结报告认为，上海市出版业有"稿源缺乏""出产无计划，盲目生产""资金困难""纸张问题""销路呆滞"等问题，因此，"组织联营机构、请政府派员参加指导，并与作者订立集体合同，及发行专业的分工，以减低成本"成为座谈会讨论的结果。[6]

一、对私营连环画出版社的社会主义改造

迄1952年"五反"运动结束时的三年时间里，上海存在着四种不同类型的连环画出版机构：（一）崛起于20世纪二三十年代的老连环画出版商；（二）与进步美术界有联系的、成立于1949年5月底的大众美术出版社；（三）20世纪40年代建立于老解放区的出版单位，一是新华书店华东总分店，一是华东画报社；（四）新中国成立后新开办的私营连环画出版社，此类出版社数量甚多，不少于80家。[7]对于这四种不同性质的出版社，应该分别采取什么方式对待呢？1948年12月29日，《中共中央对新区出版事业的政策的暂行规定》发布，可以说是中国共产党关于私营出版机构最早的明文规定。这个规定对当时的出版机构做出了清晰的划分，一部分是国民党反动派的出版

[5]《上海市公私营出版业座谈会情况报告》，载中国出版科学研究所、中央档案馆《中华人民共和国出版史料2》，中国书籍出版社1996年版，第438页。

[6]《上海市公私营出版业座谈会情况报告》，载中国出版科学研究所、中央档案馆《中华人民共和国出版史料2》，中国书籍出版社1996年版，第443—448页。

[7] 黎鲁：《新美术出版社始末》，《编辑学刊》1993年第2期。

第二节　对"温床"的社会主义改造

机关，一部分则是民营及非全部官僚资本所经营的书店。由于这两部分出版机构的政治归属不同，所以对二者有着不同的处理办法，前者要没收一切资产，后者则仍准许其继续营业。[8] 据《1949年全国公私营图书出版业调查录》所示，在全国302家私营出版机构中，上海占215家，但是到了1950年，上海的出版社已增至368家。[9] 这里先不谈出版社的数目是否真实准确，但是有一个不争的事实就是解放后的一两年，上海的私营出版社数量呈上升的态势，出版物也随着解放后的局势稳定不断增加。上海私营出版业在新政权建立后仍然获得了较大的生存空间与发展空间，与上文所提到的政策不无关联，这也从侧面反映出政府对众多出版社管控的决心。

因此，成立国营出版社摆上议事日程。1949年12月30日，《人民日报》第三版曾刊登"大众图画出版社成立"的消息，并推举楼适夷、蔡若虹、邹雅、赵树理、苗培时、张仃、胡蛮、王朝闻、刘建庵等负责大众图画出版社的日常工作，同时对出版社之后的工作方向和目标亦作出规定，"预计明年将出版新连环图画120种，并将配合编印年画、月份牌及其他通俗图画读物"。[10]

据姜维朴回忆，大众图画出版社是在毛泽东的亲自指示下组建起来的。早在1949年底，毛泽东就曾找到当时担任中宣部副部长、文化部副部长的周扬谈话，说"连环画不仅小孩看，大人也看，文盲看，有知识的人也看。你们是不是搞一个出版社，出一批新连环画，把神怪、武侠、迷信那些旧东西去掉"。[11] 周扬根据毛泽东对连环画的意见和指示，找来时任文化部艺术局美术处处长的蔡若虹商量，让他来执行对连环画改造的任务，由此，蔡若虹便筹建了大众图画出版社。大众图画出版社是新中国成立之后的第一家国营画片类出版社，后来并入1951年9月成立的人民美术出版社。大众图画出版社虽然主

---

[8] 《中共中央对新区出版事业的政策的暂行规定》，载中国出版科学研究所、中央档案馆《中华人民共和国出版史料1》，中国书籍出版社1995年版，第1页。

[9] 《上海出版志》编纂委员会：《上海出版志》，上海社会科学院出版社2000年版，第131页。

[10] 王素：《话说姜维朴》，江西美术出版社2006年版，第250—251页。

[11] 转引自上海市美术家协会《上海现代美术史大系·连环画卷》，上海人民美术出版社2010年版，第20页。

营是画片出版物,但是其特殊性决定了它的纯国营身份,也就是说,它没有掺杂任何私营出版社的股份在里面,这与其特殊的政治身份有关,也与新中国成立前北京私营出版社的发展缓慢有关。纵使上海当时拥有全国大部分的出版资源、画家、编辑,但北京作为新中国的政治、文化中心,第一家国营画片类出版社也必须落户在这里。

上海的改造则从新美术出版社的建立开始,它的成立是上海解放后画片类出版社公私合营的第一步,有着特殊的意义。(图3-2)与大众图画出版社有所不同的是,新美术出版社虽是上海解放后最早成立的国营画片类出版社之一,但是因为上海在中国近现代出版史上的特殊地位,使得它不仅仅是单纯的国营画片类出版社,也是新中国出版社公私合营的最好例证。新美术出版社留存下来的资料并不多,时任新美术出版社总编辑的黎鲁后来写了一篇回忆文章《新美术出版社始末》,[12] 详细介绍了新美术出版社的建立经过,为出版社公私合营研究留下了一份难得的史料。在新美术出版社成立之前,对私营出版社的社会主义改造先通过私私联营的方式进行,据朱联保回忆,出版连环画的私营出版社先组成连环画联合书店(简称连联书店)、长征出版社等,而后并入新美术出版社。[13]

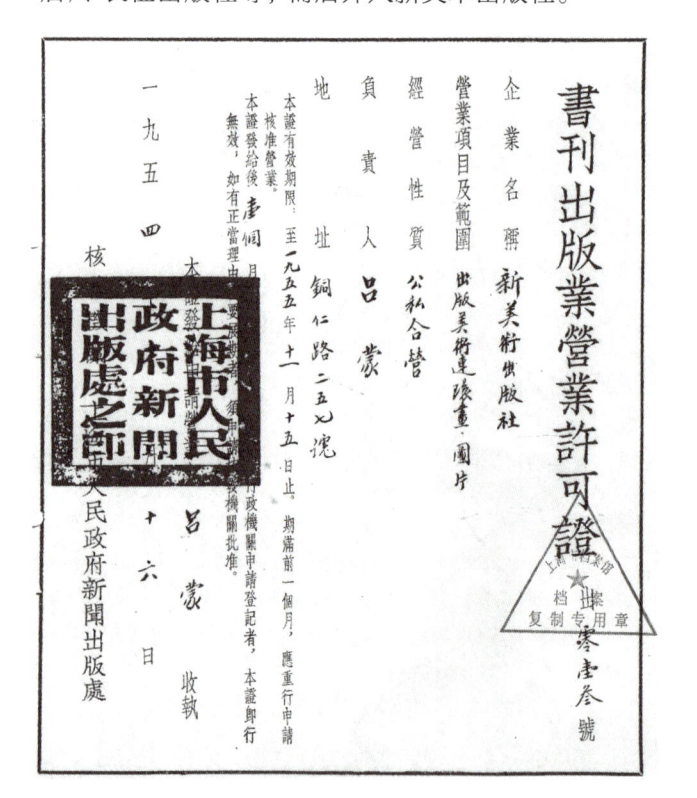

[12] 黎鲁:《新美术出版社始末》,《编辑学刊》1993年第2期。

[13] 朱联保:《近现代上海出版业印象记》,学林出版社1993年版,第21页。

图3-2
新美术出版社书刊出版营业许可证

第二节　对"温床"的社会主义改造

1950年左右，连环画出版数量迅速猛增，仅《白毛女》这一种连环画竟出现了17种版本。成立连联书店的目的，其一就是为了避免各个私营出版社之间重复竞争，避免资源浪费，使各个出版社之间合理安排出版内容；另一目的也是为公私合营做好前期准备，100多家画片类出版社纳入到国营体系中，需要长期、逐步完成改制过程，而私营出版社之间的联合是出版社公私合营的第一步。1951年冬，公私合营的新美术出版社已经在酝酿筹建过程中。据黎鲁回忆，当时大众美术出版社[14]的资方黄仲明联合教育出版社的赵而昌、群育出版社的王希槐、文德书局的陈光普及灯塔出版社、华东书店、兄弟图书公司、一迅出版社、雨化出版社共9家的负责人，完成了新美术出版社的初步组建。[15]1952年5月3日，华东新闻出版局召开会议，专门讨论成立新美术出版社。除了上述9家私营出版社作为私营股份入股之外，会议决定将华东人民出版社的全部连环画及书稿作为公营资金，投入到新美术出版社，至此，新美术出版社的前期筹建组织工作基本完成。1952年7月10日，新美术出版社宣布正式成立。

在新美术出版社1955年12月31日正式并入上海人民美术出版社之前，除了上述的9家私营出版社以及原华东人民出版社美三科参与合并之外，从1953年至1955年底，每年都有私营出版社并入新美术出版社，如福记、兴华、泰兴、电化、全球、影华、群生、华商、美华、立化、同康、长江、一知、长征、建文、中心、学林、大方、三民、北斗、宝山、通力、连环等。[16]1951年，新美术出版社仅有工作人员20多人，1955年12月并入上海人民美术出版社之前，已发展成为具有21名文字编辑、79名连环画家、装帧设计人员及美术编辑、13名摄影编辑、11名编务干部的庞大出版机构。[17]1956年初，新美术出版社并入上海人民美术出版社之后，私营连环画出版社已经完

14　大众美术出版社由黄仲明创办，黄仲明是前商务印书馆职员，上海解放之前，进步美术家为了迎接上海的解放，在黄仲明开办的印刷厂——中联印刷厂印制一套版画，所以，大众美术出版社属于进步美术出版社的范畴，曾约请陈叔亮（军管会文艺处美术室主任）、江丰（中央美术学院华东分院副院长）、陈烟桥（著名木刻家）为该社主编。

15　黎鲁：《新美术出版社始末》，《编辑学刊》1993年第2期。

16　黎鲁：《五十年代中前期上海连环画工作杂忆》，《连环画艺术》1989年第4期。

17　黎鲁：《新美术出版社始末》，《编辑学刊》1993年第2期。

新美术出版社成立三周年纪念全体工作人员留影 一九五五年九月一日

图 3-3
新美术出版社成立三周年纪念
全体工作人员留影

成了它的社会主义改造而不复存在。

　　针对以连环画为主业的出版社的社会主义改造，早于以年画、月份牌为主业的出版社的社会主义改造，究其缘由，与解放前连环画出版的混乱有关，也与连环画同左联、鲁迅之间的渊源有关。新美术出版社的成立使得连环画的出版、编辑、发行纳入国营体系的范畴之内，改变了之前连环画出版市场的混乱格局。新美术出版社合并的是以连环画为主要业务的私营出版社，那么经营年画、月份牌的私营出版商在公私合营中的状况又如何呢？

二、对私营画片出版社的社会主义改造

　　1949年11月26日，文化部下发《关于开展新年画工作的指示》，要求"各地政府文教部门和文艺团体应当发动和组织新美术工作者从事新年画制作，告诉他们这是一项重要的和有广泛效果的艺术工作，反对某些美术工作者轻视这种普及工作的倾向"。[18]《关于开展新年画工作的指示》发布之后，对各地文教机关和美术团体的创作出版活动的影响是非常深远的，这可以说是新中国成立之后发布的第一份关于美术创作活动的中央性质的指导文件，各地的文教机关和美术团体积极组织新年画的创作和出版工作，全国各地的出版机构和美术工作者先后投入新年画的制作中，以年画这种群众所喜爱的艺术形式进行新政权、新意识形态的推广与宣传活动。而北京作为主流政治话语的传播地，对此首先做出表率，1950年初即在中央美术学院召开年画座谈会，对《关于开展新年画工作的指示》中所倡导的新年画表现内容和艺术创作形式作了初步的探讨。而作为美术家聚集地以及出版活动相对较为集中的上海，则在该指

---

[18]《文化部关于开展新年画工作的指示》，载中国出版科学研究所、中央档案馆《中华人民共和国出版史料1》，中国书籍出版社1995年版，第557—558页。

示发布后不久,就召集上海新旧年画制作者召开了具有动员性质的年画创作会议和年画出版会议。

可以说上海组织的这次动员活动和年画出版会议的最终结果是卓有成效的。据1950年2月初的不完全统计,1950年春节期间,全国印制的新年画达到300余种,在三个月的新年画工作周期内,北京与石家庄合印新年画50余种,上海一处即印制新年画92种,而西安、天津及苏北等14个地区加起来,占据总数的另一半数据,[19]这也就意味着这年春节期间,上海美术界所创作的新年画约占全国新年画总数的1/3。

那么新年画运动是如何在上海展开的?上海市军管会文艺处美术室于1949年12月邀请了40位新老美术工作者(大多为月份牌年画作者)召开年画创作会议,会议的目的即商讨新年画的创作问题。与在中央美术学院召开的北京新年画工作会议不同,上海的这次会议不但拟定了新年画的表现内容和艺术创作形式,而且还给每位新年画创作者分配了一定的创作任务。不但如此,创作者在完成初稿之后,美术室又召开了观摩会,进行了集体研究并提出修改意见,之后才上色付印。[20]可以说,上海美术界对于中央的指示是极为重视的,统一分配、分头创作、集体观摩、研究修改、上色付印的工作流程,能够较快集中人力,满足大型政治宣传活动的需要,从这种工作业态也能看出上海在解放后对创作适合新中国需要的艺术形式的态度和执行力。

虽然在新年画改造运动中取得了一定成效,但这并不代表上海的新年画创作已经取得了令人满意的成绩,成为全国进行新年画创作运动的学习楷模和标杆,恰恰相反,对上海新年画运动的批判声不绝于耳,整个画片行业饱受非议。与90余种新年画相比,上海1950年的彩印图画总数共计有800多种,[21]也就是说,新年画的产出仅占上海年画总数的1/10。上海市

---

[19] 蔡若虹:《一九五〇年新年画工作概况》,《人民日报》1950年2月11日。

[20] 蔡若虹:《一九五〇年新年画工作概况》,《人民日报》1950年2月11日。

[21] 陈烟桥:《关于上海彩印图画的发行与制作的一些问题》,《文汇报》1950年9月18日。

第二节 对"温床"的社会主义改造

新闻出版处认为出现这种情况是因为"当时由于旧年画出版商未能认识新年画的政治重要性而大量出版发行了旧年画,和新年画的计划准备工作不足,出版较迟,发行无组织,以致推销工作未能很好开展,销行数量不大"。[22]

从政府的这份报告中我们可以看出,新年画推进运动中出现的问题主要表现在两个方面:一是对旧年画出版商的改造和引导工作组织得不够;二是新年画的创作、出版、发行工作没有占领"旧年画市场",没有控制发行渠道,因而导致新年画发行量与旧年画相差甚远。因此,上海市新闻出版处在1950年成立了两个机构解决新年画创作和发行中出现的问题,这两个机构分别是分管创作的上海彩印图画改进会与分管发行的通俗出版业联合机构(简称通联书店)。

上海彩印图画改进会,又名上海年画改进会,成立于1950年8月1日,是新中国成立之后有组织地对私营画片出版业进行社会主义改造的第一步。据《上海美术志》记载,该改进会的发起人是孙雪泥、徐聚良、徐志仁等人,由孙雪泥任理事长,杨俊生、王念航为副理事长,分绘画(杨俊生负责)、印刷(石寿鸿负责)、研究(沈同衡负责)、制版(张宇澄负责)、出版(黄仲明负责)、福利(钱福林负责)六个部门。[23]但实际上,这是上海市文化局领导的新年画推进机构,由文化局文艺处陈烟桥[24]负责与改进会的沟通并指导工作。

在这一新年画运动试验田里,上海彩印图画改进会通过多种途径配合上海市文化局文艺处美术室的年画工作,包括新年画题目拟定,联系年画作者和年画出版家进行年画创作。与此同时,1950年至1953年,改进会组织和领导了上海几乎全部新年画的创作和出版任务。如在1951年,出版新年画99种,印刷184.5946万张,1952年和1953年分别出版新年画146种和133种。[25]

---

[22]《上海市人民政府新闻出版处关于开展新年画工作的报告》,上海市档案馆藏,档案编号:B1-1-1990,1951年。

[23]《上海美术志》编纂委员会:《上海美术志》,上海书画出版社2004年版,第325页。

[24] 陈烟桥(1911—1970),中国版画家。1928年入广州市立美术专科学校西画科。1931年入上海新华艺术专科学校西洋画系,不久开始版画创作,并从事进步艺术活动,加入中国左翼美术家联盟。1932年冬,与陈铁耕、何白涛等在校组织"野穗木刻社"。1933年与鲁迅通信,在鲁迅的鼓励与支持下,继续从事版画创作。1939年赴重庆工作,先后任育才学校绘画组主任、《新华日报》美术科科长。1949年后历任华东军政委员会文化部美术科科长、中国美术家协会上海分会副秘书长。1958年后任广西艺术学院副院长、中国美协广西分会主席、中国美术家协会理事、广西文联副主席等职。

[25]《上海市人民政府关于1953年上海年画工作情况及存在的问题》,上海市档案馆藏,档案编号:B-172-4-243-30,1954年。

在组织新年画创作与出版的同时，改进会还要协同上海市文化局进行旧年画的改造清理工作。据《上海市人民政府新闻出版处关于发展新年画工作的报告》记载，"清理旧年画，克服年画出版工作中的混乱现象，是为新年画清扫道路的必要工作……旧年画的大量出版和发行，严重影响了新年画的顺利发展"。[26]因此，为了宣传主流意识形态，占领被旧年画统治的销售市场，首先要对旧月份牌年画创作机构进行改造和清理。1951年5月，上海彩印图画改进会、中华全国美术工作者协会上海分会（简称上海美协）、新国画研究会三个单位合作组建专门负责新年画创作以及旧年画出版商清理的机构——上海新年画创作推进委员会。这种转变的意义在于把原来由私人发起的改进会纳入国家体制之内，由此拉开了私营画片出版社"私"转"公"的序幕。

但这并没有扭转私营画片出版社在上海画片出版市场上占主导地位的局面。1953年，上海私营画片出版社共计出版画片初版334种，重版363种，总印数为5200余万张，而上海的国营及公私合营出版社出版的画片，总印数仅为50余万张，仅是私营出版社总印数的1%。私营画片出版社均无编辑机构，画稿是根据出版社的意向向画家约稿，在创作题材上，多以胖娃娃、历史故事、民间故事、风景花卉、美女等为主。[27]虽然这些创作题材在群众中广受欢迎，但在"艺术要反映政治要求"的理念下，此种题材显然不符合国家形象建构的要求。

上海月份牌年画在中国年画销售市场的独特地位，使得其公私合营的过程比其他行业更为复杂，时间也更长。私营画片出版社发行总量大、发行覆盖面积广，更为重要的是，它们有广泛的受众，所以对它们的社会主义改造要晚于连环画出版社，在政策的执行上慎之又慎。1953年初，上海私营画片出版社共有22家，经过公私合营，至1953年底仅存13家。[28]上海市

[26] 《上海市人民政府新闻出版处关于发展新年画工作的报告》，上海市档案馆藏，档案编号：B1-1-1990，1951年。

[27] 《对上海私营画片出版业、发行业合并改组为公私合营机构的计划（草案）》，上海市档案馆藏，档案编号：B168-1-23-4，1953年。

[28] 13家私营画片出版社分别是华美画片社、艺辉画片商店、寰球画片公司、徐胜记画片号、庐山画片号、陈正泰画片社、达华印刷厂、彩画第一联营社、正兴画片公司、万如工业社、三一画片公司、素绚斋画片店、长春书局。

第二节 对"温床"的社会主义改造

档案馆藏《对上海私营画片出版业、发行业合并改组为公私合营机构的计划（草案）》中记载，根据经营态度，这13家画片出版社大致分为三类：一是出版物印制质量较好尚能靠近政府的，有彩画第一联营社（即彩画一联）、徐胜记画片号、庐山画片号、三一画片公司4家；二是原业印刷，但印刷业务不能维持开销，所以采取画片出版以弥补亏损的出版社；三是旧式画片商号自恃经营业绩好，在出版、印刷、发行上均不依赖国营经济的画片出版社。与私营连环画出版社一样，画片类出版社在社会主义改造过程中也是先进行私私联营，成立彩画第一联营社，[29]之后，彩画一联与三一画片公司、庐山画片号、徐胜记画片号三家出版社在1952年下半年开始进行私私合并。[30]通过逐层私私联营，至1954年，在对私营出版社的私私联营、公私合营完成之后，这13家画片出版社完成社会主义改造，与上海新年画创作推进委员会中的新年画画家一起，共同组建了公私合营机构——上海画片出版社。[31]

---

[29] 朱联保：《近现代上海出版业印象记》，学林出版社1993年版，第21页。

[30] 《对上海私营画片出版业、发行业合并改组为公私合营机构的计划（草案）》，上海市档案馆藏，档案编号：B168-1-23-4，1953年。

[31] 对于上海画片出版社由哪几家私营出版社合并而来，目前的研究是有分歧的，之前的研究认为仅是彩画一联与三一画片公司、庐山画片号、徐胜记画片号4家出版社合并而成上海画片出版社，但是在《对上海私营画片出版业、发行业合并改组为公私合营机构的计划（草案）》中所提到的上海画片出版社成立始末来看，这种说法显然存在偏颇。而上海市档案馆藏《上海画片出版社组织结构图》显示该社是由9家私营机构组建。本书以《对上海私营画片出版业、发行业合并改组为公私合营机构的计划（草案）》中提及的私营画片社为准，暂定为9家。

第三节 公私合营体制的建立

前文提到，上海私营出版业在新中国成立后仍获得较大的生存与发展空间，跟中央人民政府出版总署成立之初所制定的关于私营出版社的政策有关，也与"人民出版事业"力量的薄弱有关。公私合营的方式使得大部分的出版力量掌控在政府手中，壮大了国营出版社的实力，但是面对数量如此众多的私营出版社，如何实现公私合营？怎样才能"有条不紊"转换私营出版社性质？原私营出版社人员、设备、资金如何安置？1951年10月，中宣部《关于出版工作向中共中央的报告》中明确了改造私营出版业的原则："分别对象，采取积极的措施，对真正愿意为人民的出版事业而努力的力量，促使其联合经营或公私合营，确定其专业方向，务必于五年内将其中大部分改为公私合营。"[1] 这个文件为上海公私合营确立了初步的方案和时间表，而后，通过"联营""合营"的方式，在1956年之前完成私营出版社的社会主义改造。

新美术出版社与上海画片出版社是上海在解放后先后成立的六家公私合营出版社中的两家，[2] 它们的成立不但是上海艺术类出版社社会主义改造的典范，也是整个上海私营出版社公私合营的最好例证。既然把私营出版社纳入到国营体系之中，允许私营出版业的股份继续存在，那么在新中国的出版格局当中，私营与国营出版业应处于什么样的地位呢？1949年，胡愈之在向中央汇报自己关于新中国成立后出版事业的设想时明确提出："总原则应以国营事业处领导地位，民营出版及印刷业应在党领导之下。"[3] 这一点在出版社由谁领导、由谁负责中得到最好验证。大众美术出版社在并入新美术出版社之前，曾

---

[1] 许力以：《共和国初年出版领域的发展图景》，《出版史料》2009年第9期。

[2] 上海先后成立的公私合营出版社有1952年成立的新文艺出版社、新美术出版社、少年儿童出版社，1954年成立的上海画片出版社、新知识出版社，1955年成立的上海文化出版社。

[3] 胡序介：《回忆伯父在出版总署的工作》，《编辑学刊》1996年第4期。

因资金困难接受了中央美术学院华东分院资助的资金1000余元，但是这次联营使得大众美术出版社的领导层做出了结构性调整：

人事方面则由艺专校长刘开渠担任社长，原有创办人员黄仲明、王景球担任副社长，艺专副校长江丰担任编审委员会主任委员，文化部艺术处副处长陈叔亮担任副主任委员……除副社长二人外，其余如社长、编委等均不支薪。编辑部二人执行编稿及初步审查画稿业务，由国立艺专做最后核决。[4]

黄仲明原本是商务印书馆襄理（高级职员），家中藏画无数，有着极高的人文修养，对艺术类出版物的编辑发行有着丰富的经验，大众美术出版社即是其卖掉一幅黄公望的画作所得资金而创建的。[5]即便如此，国营股份的加入掌握了大众美术出版社组稿、编审等重要位置的话语权，主要领导位置也由国营股份人员占据，虽然不"支薪"，但是决定了大众美术出版社的出版方向由"过去以世界名著及文艺作品梳理的题材改编为连环画"转为"深入工农兵群众体验生活，自己创作"。新美术出版社成立后，黄仲明仍旧是新美术出版社的副社长，负责图书的发行工作，其他几位资方，如王希槐（群育出版社创办人）担任出版科科长，鲁崇礼（雨化出版社创办人）担任财务科科长，陈光普（文德书局创办人）担任总务科科长。由于新美术出版社政治上的特殊性，对于由谁担任社长经过了长时间的斟酌，野夫、赖少其最初都是社长人选，[6]但在1952年7月10日的成立大会上，最终宣布吕蒙担任该社社长（吕蒙后来兼任上海画片出版社社长，主管三家出版社）。无论由谁担任社长，有一点是肯定的，社长的人选必定是早年参加革命工作、共产党员、对于革命艺术有一定贡献的人。

新美术出版社成立之后的另一个举措是成立"董事会"，

---

[4] 《大众美术出版社组织及工作情况报告》，上海市档案馆藏，档案编号：B1-1-1875-37，1950年。

[5] 黎鲁：《连坛回首录》，上海画报出版社2005年版，第118页。

[6] 据黎鲁回忆，1952年春，上级原本打算让野夫担任新美术出版社社长，而另有人希望赖少其同时兼任华东人民美术出版社及新美术出版社社长。野夫，木刻家，"一八艺社"成员，新中国成立后，曾担任中央美术学院华东分院的总务主任。赖少其早年从事木刻创作，后参加新四军，从事宣传工作，新中国成立后历任南京市委宣传部副部长，华东文联秘书长，上海市文联副主席，安徽省文联、美协主席等职。

1953年夏天公布的董事会成员由代表国营身份的吕蒙、涂克、陈烟桥、宋心屏与代表资方身份的诸度凝、黄仲明、陈邦桢、宁思宏、王念航九人组成,[7]董事会的成立并没有改变出版社由谁主导的格局。我们从《对上海私营画片出版业、发行业合并改组为公私合营机构的计划（草案）》中可以了解到，上海画片出版社的上级主管部门——新美术出版社也大体一致。

> 新机构（上海画片出版社——笔者注）在出版方针，选题计划，组织原稿，团结教育、改造旧画家等方面，请党委宣传部与上海市文化局领导；企业经营、人事管理方面由华东新闻出版局领导。在出版发行业务上受华东人民美术出版社及新华书店华东总分店指导。[8]

可以看出，上海市文化局、华东新闻出版局、华东人民美术出版社、新华书店等机构的"领导"和"指导"，限定了新美术出版社的工作范围，即在党的领导下，有限制、有组织地开展编辑和出版工作。因此，新美术出版社在选定创作题材、吸收创作人员等方面，都有非常强烈的政治意识。

利润分配也是公私合营制度中的重要一项。新美术出版社利润分配按当时公私合营的"四马分肥"原则执行，即把总利润分成四份，国家征收的所得税金、职工福利奖金、企业公积金、资方的股息红利各占其一。这是政府对资本家占有的生产资料实行赎买政策的一种形式。1954年的《中华人民共和国宪法》规定：国家对资本主义工商业采取利用、限制和改造的政策，税收是国家对资本主义工商业实行利用、限制和改造政策的重要工具，是限制资产阶级剥削剩余价值的中心环节。在所占利润比例上，其中所得税约占利润总额的1/3左右，资本家的股息和红利约占1/4左右。[9]

公私合营意味着出版社的创作人员也具有不同的社会背景

---

[7] 黎鲁：《新美术出版社始末》，《编辑学刊》1993年第2期。

[8] 《对上海私营画片出版业、发行业合并改组为公私合营机构的计划（草案）》，上海市档案馆藏，档案编号：B168-1-23-4，1953年。

[9] 金人庆：《中国税务辞典》，中国税务出版社2000年版，第437页。

和身份，因此，组织创作人员定期参加政治理论学习以及制定符合政府要求的创作标准便成为公私合营出版社非常重要的一项日常工作。

1954年成立的上海画片出版社，组建之后在机构的设置、运营模式、利润分配等方面参照了新美术出版社的模式，在此不作赘述（图3-4）。新美术出版社以及上海画片出版社的建立，是把私营美术出版力量转化为国营美术出版力量的重要举

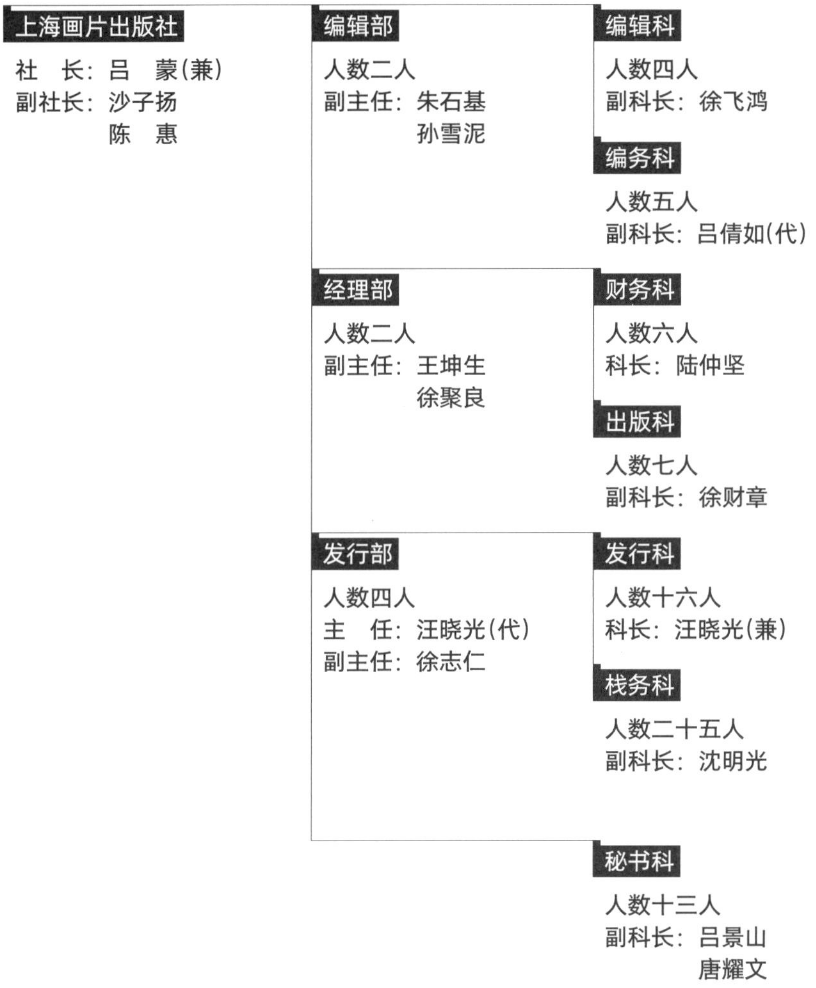

上海画片出版社
社　长：吕　蒙（兼）
副社长：沙子扬
　　　　陈　惠

编辑部
人数二人
副主任：朱石基
　　　　孙雪泥

编辑科
人数四人
副科长：徐飞鸿

编务科
人数五人
副科长：吕倩如（代）

经理部
人数二人
副主任：王坤生
　　　　徐聚良

财务科
人数六人
科长：陆仲坚

出版科
人数七人
副科长：徐财章

发行部
人数四人
主　任：汪晓光（代）
副主任：徐志仁

发行科
人数十六人
科长：汪晓光（兼）

栈务科
人数二十五人
副科长：沈明光

秘书科
人数十三人
副科长：吕景山
　　　　唐耀文

说明：
1. 该社由原徐胜记画片号、华美画片社、艺辉画片商店、彩画一联、三一画片公司、陈正泰画片社等9家合并，于1954年成立。
2. 事务性质：专业出版画片。
3. 全社共有87人，其中，共产党员8人，青年团员3人。
4. 该社行政党团员领导关系都属新闻出版局。

图3-4
上海画片出版社组织结构图（重制）
原件由上海市档案馆藏
档案编号：B167-1-107-9
1954年

措。对公私合营美术出版社权限的限制，并没有限制它的发展。相对于国营美术出版社而言，灵活的创作形式和政策制度使公私合营美术出版社的出版物更为灵活多样：

> 新机构（上海画片出版社——笔者注）应切实发扬民间年画的优良传统，在原有基础上逐步改进的原则。民间年画深为广大群众所喜爱，在内容上反映了群众喜闻乐见的"英雄人物、祖国和善、人丁兴旺、美满姻缘、武装斗争"等美好生活的愿望，形式上有色彩鲜明、适合群众鉴赏的特点。改组为公私合营以后，不应片面强调提高，草率否定群众乐于接受的一面。特别在开始时还没有改进办法的时候，只要没有政治错误，内容无害，群众需要的，一般均给以出版机会。[10]

从《对上海私营画片出版业、发行业合并改组为公私合营机构的计划（草案）》中可以看出，对上海画片出版社艺术创作的政治性规定相对宽松，而"适合群众鉴赏"的创作，要求显然要比"艺术应承担起改造人民大众任务"的创作更为灵活和多样。

同时，无论是创作实力还是出版实力，新美术出版社与上海画片出版社更是占据了整个上海美术创作出版领域的半壁江山。这一点可以从两家出版社历年的出版与发行数量上可窥见一斑。

从表2、表3所统计的数据中可以看出新美术出版社在经营方式上的独特之处。据黎鲁回忆，1953年始，新美术出版社在创作团体中引进"战时军队的评功摆好、选先进，在社内

[10]《对上海私营画片出版业、发行业合并改组为公私合营机构的计划（草案）》，上海市档案馆藏，档案编号：B168-1-23-4，1953年。

表2　新美术出版社1952—1955年生产情况表

年度	初版（种）	重版（种）	册数（千）
1952年9—12月	20	93	1916
1953年度	118	205	9413
1954年度	170	276	16262
1955年预计	286	675	26626

注：1952—1954年出版挂图29种，出版年画75种，春联18种，不在表上数字之内。原件由上海市档案馆藏，档案编号：B167-1-14-28，1955年。

进行年终评议,激发创作者的创作热情"。[11] 更为重要的是,公私合营的美术出版社在对作品的宣传与推广上,能够参照资方丰富的连环画、画片销售经验,利用报刊等媒体推广艺术作品。[12]

晚清以来,上海出版业的发展、繁荣主要是私营出版业的发展和繁荣。换句话说,解放前上海作为全国出版中心的绝对优势地位,是由发达的私营出版业奠定和确立的。而上海在解放前商业美术领域中的成功,更与它的出版力量密不可分,画报、广告画、香烟牌、布牌子、商标、字体设计、连环画、漫画等,无不依托私营美术出版机构。虽然在20世纪30年代左右中国左翼美术家联盟和鲁迅在一定程度上影响了上海的美术出版格局,但是这些左翼艺术家的光芒显然被当时上海的商业美术掩盖了。

就现代中国的变迁而言,1949年到1956年,无论从何种角度看,都是极其关键的年代,是一个终结与开创交织的年代,一个新与旧并存的年代,一个重新建立秩序的年代。在这个年代,上海出版业经历了自有现代出版以来最为深刻的变迁,而这种变迁对于新中国文化体制的影响是深远的,它改变了中国文化体制的整体格局。可以说公私合营出版社的自主性非常有限,它们是特定历史进程中的产物,它们的产生和结束,反映了新中国成立之后对待私营工商业的态度和决策,也勾勒出了新中国文化体制建设的初步构想。

---

[11] 黎鲁:《连坛回首录》,上海画报出版社2005年版,第195页。

[12] 黎鲁回忆,曾听取赵家璧意见,每周二在《解放日报》刊登"新书汇报",介绍新美术出版社近期所出书籍,同时还刊登每本书的内容简介。翻阅一下当时上海《解放日报》上的"新美术出版社本周新书汇报",可以看到1955年11月1日有10种,11月8日有15种,11月15日有9种,12月6日有27种,12月13日有20种等,平均每周出书达到10余种。从出书品种的急速增加,可以看到出版社的努力程度。到1955年12月并入上海人民美术出版社前,新美术出版社所保留的连环画书目中有工业题材101种,农业题材81种,军事题材277种,儿童题材122种,其他(反特、社会生活)120种,文艺名著35种,古装题材151种,戏剧电影88种,科学知识16种,共计991种。

表3　上海画片出版社1956生产情况表

年度	年画		小画片		合计(种)	印张(千)
	初版(种)	重版(种)	初版(种)	重版(种)		
1956年	132	310	95	45	582	131969

注:此表格未含"儿童画片"的创作数量与印张统计。原件由上海市档案馆藏,档案编号:B167-1-138-33,1957年。

第四章
体制中的嬗变

计划经济时代，美术出版社的活动也被纳入到国家计划经济体系中。从月计划、季度计划到年计划、三年计划、五年计划甚至十年计划的制定，从对创作数量的计划规定再到创作题材的计划选择，无不反映出国家政权、主流意识形态在其中的支配地位和主导作用。计划的制定为艺术创作在体制内的实施提供了制度性的支持，同时也为国家话语、主流意识形态的传播和推广提供了数量和题材的保证，避免了出版社与出版社之间、创作者与创作者之间、题材与题材之间由于缺乏计划而导致矛盾和冲突。与此同时，新中国出版审查机制的建立，为确保创作出新政权、新意识形态需要的出版物，保证出版物政治导向和路线正确提供了严格的评审机制。而选题计划、审查机制所执行的基础，即是在美术出版体制内部组建的创作编室。

第一节 计划与创作

1952年8月,中央人民政府出版总署颁布的《关于公营出版社编辑机构及工作制度的规定》中,对出版社的计划制定做了如下规定:

必须作出全年的选题计划、编辑计划、发稿计划和出书计划;并须根据全年计划拟定每季每月的计划。下年度的全年计划必须在上年度10月以前作出,下一季度的计划必须在上季第3个月以前作出,下一月的计划必须在上月20日以前作出。选题计划应尽可能规定书名、作者、篇幅及交稿日期。上述四项计划的全年计划,省一级必须送大行政区批准,大行政区一级必须送中央批准。[1]

在计划经济体制的大背景之下,上海人美社自然有自己的"计划安排"。按照时间段划分,计划安排分一年计划、五年计划、十年计划,在"左"倾思想影响下,甚至有过十二年计划的要求。计划规定出版社在一段时间之内的工作安排和工作职责,在大的计划背景之下,同时也要对不同性质的职能部门提出计划。总的来说,计划安排主要分"选题计划""发稿计划""出书计划""成本计划""财务计划"等。[2]而与政治招贴、年画创作息息相关的即是"选题计划"。按照出版社的惯例,"选题计划"是出版社创作人员对自己"今后一段时间之内的创作数量、创作题材的规划"。从出版社对选题计划的认知看,出版社组织画家制定自己的创作计划和创作题材,并帮助和要求他们按照计划执行,保证在一定时间范围内创作者的创作题材和数量都是在可控的范围之内。而对选题计划的安排,主要是围绕"创作数量、创作题材"来进行规划。

---

[1] 《出版总署关于公营出版社编辑机构及工作制度的规定》,载中国出版科学研究所、中央档案馆《中华人民共和国出版史料4》,中国书籍出版社1998年版,第200页。

[2] 《上海人民美术出版社的工作检查报告》,上海市档案馆藏,档案编号:B167-1-283-14,1954年。

一、创作任务的制定

出版社对每位创作人员都规定创作任务。如宣传画创作者1954年的创作任务是每年2幅作品,年画创作者每年的创作任务是4幅作品,连环画创作者,1960年规定每人每天1张画稿。创作者如果担任一定的行政职务,如编室主任、副主任等职,则创作数量的要求则会相对减少。[3] 出版社在前一年根据创作人员的创作数量,确定下一年的计划创作总数。对出版时间亦有相应计划,宣传画创作数量的总数按照四个季度的划分,根据需要分配到每个季度,如1955年,计划创作宣传画46种,每个季度分别创作16种、4种、13种、13种;年画计划创作40种,但因其画种的特殊性,要求在第二、第三季度分别创作34种、6种。需要指出的是,由于形势变动、创作人员数量变更以及与其他美术出版社专业分工不同等原因,上海人美社每年的选题计划数量都有所不同,如1954年是279种,1955年是386种。

虽然选题计划对创作者出版数量、出版时间都做了详细规划,但是在实际操作中,难免会出现与计划数量有所出入的情况。如1954年计划数量279种,最终实际完成数量是309种。上海人美社《1954年经济计划执行情况检查总结》对此做了详细说明:

全年计划数是279种,实际完成数是309种,完成计划数的110.75%……宣传画完成计划的143%,全部51种,内稿就占21种……年画完成计划数的272%,这是我们为占领年画市场阵地,满足读者的需要,而大力向月份牌作者组织稿件的结果。[4]

在1955年的工作总结中,对各画种选题数量与实际创作数量亦有讨论:

---

[3] 据沈家琳回忆,他自1958年起担任年画编辑室主任一职,以后他的创作任务是每年1幅年画作品,同时要负责审阅其他创作人员的稿件,而创作人员每年则是4幅作品。

[4] 《1954年经济计划执行情况检查总结》,上海市档案馆藏,档案编号:B167-1-9,1955年。

1955年全年计划总数为621种,其中一般书籍16种;画片308种,其中新出218种;画册297种,新出187种。但是在实际执行中,全年合计出版649种,其中书籍15种;画片385种,新出289种;画册249种,其中新出140种。[5]

1956年,因与公私合营的新美术出版社合并,图书出版数量大增:

今年共计初、重版图书1652种,其中初版796种,重版856种。在初版中,连环画406种,摄影画册75种,艺术画册3种,其他画册17种,年画43种,宣传画52种,小画片84种,摄影画片20种,艺术画片25种。

今年全年出版计划1630种,其中初版796种,实际完成1652种,为计划的101.35%……

从1954年至1956年的选题计划与实际出版情况来看,实际的出版数量都与选题计划有所出入。而这种出入具体表现在两方面:一是创作稿件的增加,一是图书编辑稿件的减少。这也反映出特殊时代"编创矛盾"的问题。"编创矛盾"即是编辑干部与创作干部之间的矛盾。对于矛盾的原因,沈家琳回忆道:

我们那个时候画画的叫作创作干部,创作干部和编辑干部,编辑干部有意见的,为什么呢?因为我们有业余的收入,我们有额外的稿费,所以他们看到财务稿费单子开给我们,钱拿给我们,眼睛都红了。所以,我们那个时候的创作积极性都很高,除了创作社里的任务之外,我们还创作"外稿",每张外稿的稿费差不多是一个月的工资甚至更高。[6]

沈家琳所提及的"外稿"是编创矛盾的根源。这一点在黎鲁的《连坛回首录》中亦有提及:"美术出版社编辑中存在'编创矛盾'……创作制度中,有内外稿的纠缠:为本社完成计划的画稿称为内稿,替外社画的以及本社计划外的画稿称外稿。

[5] 《1955年国民经济计划执行情况的检查》,上海市档案馆藏,档案编号:B167-1-10,1955—1956年。

[6] 资料来源:2013年2月沈家琳采访录音。

北京的人美社社长萨空了1956年到上海,在和他交谈中,他说:'北京的连创干部,上班便画公家稿子,十点钟工作操,他不做,打开抽屉,拿出外稿来画,画了十分钟,又上班,外稿放进抽屉,再画内稿。'我真佩服他对情况了解如此深入,而这又确是计划经济时代普遍的怪现象。"[7]

经济利益的驱动造成了两方面现象,一方面是创作数量的增加,一方面是编辑图书数量的减少。而对选题计划是否能够到达预期目的,出版社创作人员对此有不同的想法:

> 创作人员对于计划观念是非常不够的。首先是"选题计划",总觉得创作的选题既不能"出题作画",又不能"限期交卷",今天创作又是如此贫乏,画家几乎没有现成作品,因此从思想上对选题存在着怀疑,觉得与别的出版社不一样。[8]

这则来自1954年的工作总结报告中所反映的创作干部对"选题计划"的意见,非常有代表性地说明了计划经济背景下出版行业所面临的创作问题。对此,出版社给出的意见是"组织一部分画家制定自己的创作计划,帮助他们按计划完成,则我们的选题有较可靠的根源。我们制定选题计划时,调查不够,闭门造车,组织工作落在计划之后,同时计划也没有发动更多群众来探讨,集中学习和增强计划概念。因此,选题计划做不好,则影响到其他的工作计划"。[9]

而对于创作者所反映的问题,在1956年的选题计划制定中,也看出出版社的组织管理部门为此所做的努力:

> 闭门造车,少数人编制选题计划的情况已开始有所改变,今年的选题计划曾邀请有关的各方面人士,召开了座谈会,听取了他们的意见,做了一次修订。编制1956年选题方针并向编辑部全体人员做了动员报告。编辑部全体人员为编制和讨论选题计划,还学习了周扬同志在美协二次理事会上的报告和陈克寒同志的《加强通俗出版物的出版发

[7] 黎鲁:《连坛回首录》,上海画报出版社2005年版,第196—197页。

[8] 《上海人民美术出版社的工作检查报告》,上海市档案馆藏,档案编号:B167-1-20,1954年。

[9] 《上海人民美术出版社的工作检查报告》,上海市档案馆藏,档案编号:B167-1-20,1954年。

行工作》的文件。各编辑室编好1956年选题计划初稿草案，先由各编辑室内部讨论，再在编辑部讨论，将再邀请美协，各上级机关、各有关单位及美协作家开座谈会征求意见。[10]

[10] 《1955年国民经济计划执行情况的检查》，上海市档案馆藏，档案编号：B167-1-10，1955—1956年。

选题计划对出版社编辑部门及创作者作品数量的规定有其特殊意义。新中国成立初期，对意识形态的宣传必须要通过与之相应的出版物来执行，大量的、有主题性规划的、有目的的推广和宣传，为国家话语在多角度、多题材、多范围的推广提供了可能性。新中国成立之前的视觉图像系统显然不适合新政权维护稳定和发展的需求，必须打造与以往完全不同的价值观和审美体系。为了达到这一目的，必须有组织、有计划地去实施一场声势浩大的图像转换，并建构接纳体系，而选题计划则为此提供了制度性和政策性保障。

二、创作题材的选择

选题计划涉及的另一个问题即是对"创作题材"的计划，而这亦是一直以来年画、宣传画创作者在创作过程中比较重要的考虑因素。创作题材选择的好坏，不但影响到作品的销售量，而且关系到这件作品是否能够发表。所以，出版社对于创作题材有一个基本架构："读者应以工农兵群众、一般干部和知识分子为对象。出版普及形式的、能反映现实生活与斗争为题材的宣传画、年画、照片画册为主要任务，适当加强优秀的中外美术作品、民间艺术作品的整理和出版工作，并出版一些必要的美术理论书籍和示范性的连环画。"[11]

以上话语出自一份针对国营以及公私合营出版社的文件，其核心思想来源于毛泽东"艺术为大众服务"的方针，从中可

[11] 《关于华东一级国营出版社和改造私营出版社的意见的报告》，上海市档案馆藏，档案编号：B167-1-22-8，1952年。

以看出,艺术创作的服务对象为"工农兵群众、一般干部和知识分子",这就决定了在进行选题计划时,对创作题材的选择要与其服务对象相适应。同时,以"宣传和鼓动"为主要功能的宣传画,其创作过程势必要考虑政策的变化,以达到"宣传和鼓动"的目的。因此,新中国成立之初所推行的开国大典、增产节约、爱国卫生、婚姻法、民主选举和宪法、劳动光荣等题材就成为出版社在进行题材选择时不可或缺的组成部分。另外,关于时事政治,如镇反肃反、农村合作化、总路线宣传、"大跃进"、人民公社、保卫世界和平以及为配合重大节日所创作的鼓动性、宣传性作品,也是选题计划的重要题材,且占了创作总量的大部分。

关于计划经济体制之下的创作模式是非功过的探讨,在今天似乎已经失去意义,但我们不能否认的是,即使由于选题计划的不合规律性、刻板性、整齐划一性等缺点,后来出现诸多矛盾和弊端,但它确实在这一特殊历史时期做出过特殊的贡献。如上海人民美术出版社1955年的选题计划中,宣传画计划出版47种,其中,解放台湾、保家卫国7种,反映友谊万岁、幸福生活、学习教育、品德培养11种,提倡劳动光荣5种,配合节日宣传的7种,剩余17种作为"机动选题",配合大型活动以及保障各类选题间的平衡。这种规划避免了由于计划的缺失而导致的题材冲突和重合等问题。

选题计划的另一优势在于,它为优秀作品的诞生提供了可能,而这一点在连环画的创作中尤为突出。上海人美社1959年的《连编室创作制度若干规定》中提道:"创作干部制订出个人两三年的创作计划,计划的内容:一、在两三年内先后创作哪几个作品,每个作品大概的篇幅,每个作品从开始创作到交稿的时间安排;二、深入生活,劳动锻炼的安排,时间和地点;三、业务进行的安排。"[12] 事实上,在连环画创作中,选题计划

---

12 《连编室创作制度若干规定》,上海市档案馆藏,档案编号:B167-1-438,1959年。

的优势早在1955年就已经显露出来,如《铁道游击队》的创作,即是按照选题的长远规划执行的。因此,这件作品从1955年开始创作到1962年结束,前后共计七年时间。而贺友直的《山乡巨变》同样如此,前后共计花费六年时间(1959—1965年)方完成此作品。选题计划的规则性、统一性,为创作者对一部作品做深入、长远的考虑和分析提供了条件。

图 4-1
创作编辑会议

第二节 审查制度

一、三审制

所谓三审制，按照出版总署在20世纪50年代的规定，是"一切采用的书稿应实行编辑初审、编辑室主任复审、总编辑终审和社长批准"的编辑审查制度。三审制的提出很早，1951年的《关于第一届全国出版行政会议的报告》中就曾指出："各种公营出版社应建立并加强编辑机构及工作制度。书籍刊物的出版必须经过严格的内部审查、设计、审订、校对以至成品检查，以保证国家出版物达到一定的政治质量和技术质量。"[1] 这是新中国成立之后第一次在全国出版行政会议上提出书稿的审查制度。

但是后来的实施显然并没有达到出版总署的要求，因此，1952年出版总署署长在给"各大行政区出版机关"的一则函件中指出："各地公营出版社机构不健全……缺少或甚至没有严格的审稿、整理、校对等一系列的制度，以致出版的书籍，往往质量低下，甚至发生一些不能容忍的错误，给国家在政治上和经济上都造成很大的损失。"[2] 因而，在《出版总署关于公营出版社编辑机构及工作制度的规定》中明确提出：

> 一切采用的书稿应实行编辑初审、编辑室主任复审、总编辑终审和社长批准的编审制度。特别重要的书稿须经专家审查和编委会讨论，并经上级领导机关批准。[3]

虽然三审制在后来的出版会议中被不断地修正和丰富，但作为新中国成立之后编辑出版工作的一项重要制度，它在出

---

[1] 《关于第一届全国出版行政会议的报告》，载中国出版科学研究所、中央档案馆《中华人民共和国出版史料3》，中国书籍出版社1996年版，第424页。

[2] 《出版总署关于执行〈关于公营出版社编辑机构及工作制度的规定〉的指示》，载中国出版科学研究所、中央档案馆《中华人民共和国出版史料4》，中国书籍出版社1998年版，第198页。

[3] 《出版总署关于公营出版社编辑机构及工作制度的规定》，载中国出版科学研究所、中央档案馆《中华人民共和国出版史料4》，中国书籍出版社1998年版，第201页。

版领域被予以确立并被沿用至今。而"一切采用的书稿",自然包括年、连、宣。因而,在上海人美社年、连、宣的创作过程中,对于画稿的审查是从创作编辑到社长都十分重视的事情,这关乎一件作品的政治含义和质量,更是关乎这件作品是否能够出版、发行。在"政治挂帅"的历史背景下,创作者的创作首先要符合政治上的要求,以此来达到宣传和推广意识形态的目的。

与其他出版社不同,上海人美社的创作编室并无专门负责审稿的编辑人员,因此,初审人员既是创作者又是审查者,这就牵涉到上海人美社创作编室的功能职责——编创合一。据黎鲁讲,编创合一是上海人美社针对编创矛盾所采取的编室职能尝试,"美术编辑从创作干部中挑选,担任半年后回去创作"。据哈思阳回忆,当时美术编辑室的创作干部既要负责创作任务,同时又要负责对稿件的审查以及图书出版的编辑整理工作。[4]

另外,创作干部的稿件还要在创作干部之间进行互审,然后由编室主任进行审查,通过之后,还要社里领导进行三审。因此,一张政治招贴的完成,需要经过各级部门层层把关审阅。如哈琼文在谈论《毛主席万岁》这幅作品的创作过程时提到:

在色彩正稿的创作中,考虑到建国十周年大庆,很多国家元首以及各国使节都要来参加观礼,出现在画中的应该是典型的中华民族妇女,因此,给妇女穿的是旗袍,旗袍的面料则以黑色丝绒来表现,让人感觉典雅、庄重,在淡淡的玫瑰色烘托下,黑色旗袍特别耀眼,画面色彩对比强烈、响亮,主体人物特别突出。但是,在主体人物背后的黑白毛主席像很抢眼,使画面出现两个中心,分散了群众的注意力,同时也削弱了节日气氛。带着这个一时无法解决的问题让领导审查色彩正稿,我心想去掉主席像,但是主题是毛泽东万岁,苦于没有胆量。在领导审稿时,其中的一位领导以商量的口吻提出:"画中的主席像拿掉好不好?"回到创作室……在画面的左上角我画了一个具有象征意义的华表……稿件再次送审,领导们一致同意并立即发稿。[5]

---

[4] 哈思阳(1955—),上海人民美术出版社编辑,宣传画家哈琼文、游龙姑之女。据哈思阳回忆,冯健亲在20世纪50年代向上海人美社投稿时,正是由其母亲游龙姑接待并审查阅稿的,可见当时创作干部承担着多重任务。资料来源:2010年11月哈思阳采访录音。

[5] 哈琼文:《忆创作〈毛主席万岁〉的前后》,载哈琼文《哈琼文》,上海人民美术出版社2009年版,第55页。

从《毛主席万岁》这幅作品的评审背景中可以看出，创作者和评审人虽然有强烈的政治意识，但在评审过程中，在保证题材、形象的选择和创作不与政治标准冲突的前提下，对作品的评审还是尽可能在美术审美范畴内进行。

二、送审

作为美术出版机构，另一个重要问题是"送审"。《出版总署关于公营出版社编辑机构及工作制度的规定》指出，"特别重要的书稿须经专家审查和编委会讨论，并经上级领导机关批准"。[6] 关于什么是"特别重要的书稿"此规定并未明确指出，但在翻阅上海人美社一些送审的档案时，会发现"特别重要的书稿"，其中一部分是指画面中出现毛泽东形象的稿件。

新中国成立之后，出版管理部门对毛泽东像的印制工作经历了一个过程。最初，国营出版社的力量薄弱，因此，毛泽东像的印制主要在私营出版社完成，满足了当时市场对于毛泽东像印刷品的大量需求。但由于没有统一的领袖像印制标准，也同时出现了创作的毛泽东个人形象多样化，人物造型不"严谨"，印制不郑重、不严肃的情况，如有的印刷模糊，有的描绘失真，有的印在营业广告或招贴上。因此，出版总署在1951年4月25日发布了《关于印制毛主席像应注意事项的通知》，对印制毛泽东像做了五项规定：

一、摹绘、复制应以人民出版社及人民美术出版社[7]或其他国营出版社最近印行的毛主席图像为标准。

二、印刷必须清晰。

三、不得用作商标。

四、不得印在营业广告、营业招贴和各种装饰上。

五、不得与反动分子像并列在一起。[8]

---

[6] 《出版总署关于公营出版社编辑机构及工作制度的规定》，载中国出版科学研究所、中央档案馆《中国人民共和国出版史料4》，中国书籍出版社1998年版，第201页。

[7] 人民美术出版社曾于1951年成立之初先后出版两幅毛泽东标准像，分别由张振仕和王国栋绘制，其中以王国栋绘制的作品发行数量最多，而这幅画也成为其他出版社创作、出版毛泽东像相近题材的基本参考标准。

[8] 《出版总署关于印制毛主席像应注意事项的通知》，载中国出版科学研究所、中央档案馆《中华人民共和国出版史料3》，中国书籍出版社1996年版，第126页。

按照这个通知的指示，各地方行政区域对牵涉到毛泽东像的政治招贴的创作，要求出版社必须交予出版局"送审"。而在出版局的机构设置中，亦设"审查"科，负责特殊政治题材、艺术作品的审查和批示。如1960年的年画作品《钢铁英雄》（图4-2），画面采用水彩形式进行创作，以毛泽东像为背景，展现给钢铁工人授奖时的情景。在初稿完成后，上海人美社将其送至出版局审阅，并提及出版社意见：

题材很好，主题亦明确。青年工人的造型比较好，整体气氛还不差。毛主席像画得比较认真，但是脸部紫气较重，同时我们还考虑到画像所占画幅面积较大，四周用虚淡的手法，恐怕看不出是画像。又感到如果四周加框，可能画面很板。画面虚淡的手法，也有新颖之感，但这样处理是否妥当，难以决定。当将原稿送请你局审阅。

时任上海市出版局局长罗竹风在审查意见中，对此做了如下批复：

这张年画上的毛主席像，画得还比较认真，神态也是较好的，不过用虚淡的手法，在年画中用得比较少，但一般读者还是可以领会的，关系不大。面部的色彩和块状等确定，请出版社认真加以修饰，估计问题不大。这幅画的缺点我认为在于钢铁英雄和毛主席的关系，表现得不够有力，没有能够充分显示出钢铁英雄是在毛主席的亲切关怀和指导下获得重大成就。这点在现在的情况下比较难补救，如何处理，请核。

罗竹风的批示时间为1960年9月30日。但这并非最终意见，在批示下面，亦有另一批示意见：

这幅画，从政治上看没有什么问题。但是从提高质量的要求来看，则不够出版水平。作为一幅年画，是难以受到群众喜爱的。报告出版社不出版。[9]

---

[9] 以上资料来源于上海市档案馆藏《上海人民美术出版社关于有领袖像的年画请予审阅的报告》，档案编号：B167-1-394-42，1960年。

图4-2
《钢铁英雄》
谢之光
上海人民美术出版社
1960年

这则意见的批示者为路明、张景选，翻阅当时上海市出版局组织机构人员名单，二人为出版局审查科副科长，落款时间为1960年10月4日。但是在同一日，罗竹风推翻二人批示，认为"可以出版，如果技术问题不能解决，就不必勉强"。

　　这幅作品最终在1960年得以出版发行，现已无法考证对同一件作品为何出现多种审查声音，但是从对一幅年画作品在出版与否的批示的循环往复中，可以看出当时整个艺术创作领域中不同态度、不同意见、不同观点的交锋和矛盾，"政治挂帅"与审美趣味的矛盾，创作手法与群众喜好的矛盾等，这也反映出上海人美社甚至全国美术出版社所面临的共同问题，即在政治选择和观众喜好之间做出选择和权衡。客观上讲，《钢铁英雄》的画面整体效果并不十分理想，而最终能够出版也是源自毛主席像"画得还比较认真，神态也是较好的"，而"从政治上看没有什么问题。但是从提高质量的要求来看，则不够出版水平"同样道出这幅年画作品在实际创作中的问题。最终出版是特殊历史时期政治选择的结果，这也反映出出版社在创作、送审、出版过程中审美趣味与政治导向的选择困境。

第三节 创作编室结构与创作

一、创作编室的建立

出版社选题计划、审查制度的制定目标只有一个,即"保证国家出版物的政治质量和技术质量"。而实现这一目标的前提则是某种组织架构的确立,这种组织架构即是编室。在《出版总署关于公营出版社编辑机构及工作制度的规定》中,对编室的架构有明确的制度性规定,并对其职责做了明确要求:

必须设立以总编辑为首的、包括若干编辑人员的编辑部。并在总编辑领导下组成编辑委员会:其组成人员除编辑部的主要负责人员外,应吸收社外专家参加;其职责为审查重要稿件,讨论编辑方针和选题计划。

中央和大行政区出版社的编辑部,应逐渐建立专业的编辑室(科),每编辑室(科)设编辑主任(科长)一人,编辑若干人。

编辑过程中的每一个工作步骤完成时,所有相关负责人都须签字,以明责任。

每种书籍版权页上必须注明该书的著作人、编辑、美术编辑、技术编辑、出版者和印刷者,以明责任。

编辑部对每一书稿都应负政治上和技术上的责任。编辑对一般书稿有修改的权利和责任……[1]

从以上规定中可以看出,一种体制的建立需要多个部门的配合,而创作编辑部作为美术出版社最重要的环节,也随部门组建的完成而进入历史及公众的视野。

新中国成立之后,通过体制化收编、思想改造等一系列动作,文艺成为建构发展历程、促进制度认同、宣传意识形态的有力工具。而艺术创作编辑室的建立则为这种功能的发挥提供

---

[1] 《出版总署关于公营出版社编辑机构及工作制度的规定》,载中国出版科学研究所、中央档案馆《中华人民共和国出版史料4》,中国书籍出版社1998年版,第200—201页。

第 三 节　编室结构与创作

了完善的创作机制和充足的创作人员。而当时有两件事促进了创作编辑室制度的完善：一是1949年6月第一次全国文代会召开，提出了在全国范围内建立文艺领域正规化组织机制的举措；[2]二是来自解放区的美术教育者与国立北平艺术专科学校的原有班底彻底合并，于1949年11月2日获得中央人民政府批准，成立国立美术学院，毛泽东亲笔题写校名。与此同时，一批美术院校也不同程度地按照解放区美术力量与原有班底结合的模式被接管、重建。美术专业院校成为了新中国专业美术工作者的摇篮，为全国美术人才的培养提供了可靠的保障。[3]

第一次全国文代会的重要意义在于，它不仅是新中国艺术发生和发展的一个里程碑，更是内在性地建构了新中国艺术发展征程的逻辑起点，为中华人民共和国绘制了一个对日后艺术创作、艺术生产有着重大影响的文艺体制的蓝图。中国美术家协会以及国家级美术教育机构的成立，标志着新中国美术机构基本格局的形成。出版社中的创作机构，也正是在这个背景中完成了组建工作。与其他艺术创作部门的职能效应不同，出版机构在宣传意识形态方面，有着更为便利的优势，如果说美协、艺术院校的设置是为了培养新型艺术创作工作者的话，出版机构的受众则面向全国。所以，美术出版的专业化以及创作部门的组建，就成为新中国主流意识形态传播的主要推动者。有关美术出版机构在艺术体制中所承担的作用，我们可以从人民美术出版社于1951年9月制定的《人民美术出版社暂行组织条例》中窥见一斑。条例中规定：人民美术出版社为国营企业机构，受出版总署、中央人民政府文化部共同领导。业务范围为：1.出版各种美术出版物，以通俗的美术出版物为主；2.领导管理北京美术印刷厂、荣宝斋新记。[4]人民美术出版社的方针任务是：通过形象与艺术形式宣传马克思列宁主义、毛泽东思想，进行爱国主义及国际主义的教育；适应国家经济建设与文

---

[2] 参见斯炎伟、吴秀明《全国第一次全国文代会与"十七年"文学体制的生成》，《世界文学评论》2008年第1期。第一次全国文代会召开之后的1953年10月4日，中华全国美术工作者协会全国委员会扩大会议在北京闭幕，协会正式更名为中国美术家协会，选出理事62人，主席为齐白石，江丰、叶浅予、吴作人、蔡若虹为副主席，华君武为秘书长。

[3] 余丁：《试论1949年以来中国美术体制的发展与管理的变迁》，《美术》2010年第4期。

[4] 1950年秋，由新华书店总店管理处木印科（原石家庄大众美术社）与原私营"北京荣宝斋"实行公私合营。合营后称"北京荣宝斋新记"，由郭沫若题写斋名。

化建设的需要，提高人民群众思想文化、科学知识水平；以出版通俗的工农美术读物为主，有重点地编选介绍有代表性的艺术作品、民间艺术、历史文化遗产。[5]条例中对人民美术出版社业务范围以及方针任务的规定，也代表着党和政府对于新中国其他地区美术出版机构的具体要求，因此，人民美术出版社在建构全国的美术出版系统方面起到了标杆示范作用。

而这一标杆示范作用最先体现在华东人民美术出版社的组建上，华东人民美术出版社的创作编室即是参照人民美术出版社的创作编辑室组建起来的。与人民美术出版社不同的是，作为一家地方出版机构，华东人民美术出版社所承担的历史使命和任务与国家级的美术出版机构有所不同，上海特殊的地域性也使得它的组建方式有别于人民美术出版社。1952年8月，华东人民美术出版社成立，作为新中国成立之后在美术创作与出版方面最为成功的出版社，它是如何建构出版社的整体架构以及安排出版社的创作格局，并由此承担新中国美术出版社大众化传媒的历史使命的？其实，作为一种历史叙事，上海人美社创作编室的格局，如同出版社的名称随时代的变迁而变化一

[5] 宋木文：《出版单位主办主管制度的由来与调整的探索》，《出版科学》2003年第4期。

样，也在历史进程中不断地发展和变化，并在新体制下不断修正它的艺术创作格局。通过对1952年至1966年上海人美社创作编室结构的考察，我们发现，它的建构和完善经历了三个历史时期：创作组时期、创作编室组建期以及合并其他美术出版社之后分工更为明确的编室结构期。

1. 创作组时期（1952—1953）

华东人美社由美术工场以及旗下有《华东画报》《漫画》《工农画报》的华东人民出版社美术编辑部第一、第二科合并而成，如何整合来自不同区域以及有着不同政治背景的艺术家，是出版社建立后首先要面对的问题，"创作组"即是在这个背景下组建起来的。

作为一种大众文化传播机构，出版部门组建艺术创作部门是新中国成立之后特有的现象。创作组诞生于美术出版社并非起始于上海人美社。1951年12月，人民美术出版社在成立之初，根据艺术家的政治出身，成立了两个创作组：一个以来自老解放区的画家为主（俗称辛寺胡同创作室），古元任主任；一个以《连环画报》创作组为主体，后扩建为社出版创作室，主要为年画、连环画、宣传画的出版服务，著名画家徐燕孙、王叔晖、刘继卣即在此创作组。[6]

由于在成立之前已经吸纳了旧上海原有的艺术家进入体制之内，所以，华东人美社并没有按照人员的政治属性来划分编室，创作组把原美术工场人员（陶谋基、闵希文、刘安华、钱大昕、卢敦良、朱晋甫等）、华东人民出版社美术编辑部人员（张乐平、杨可扬、俞云阶、杨兆麟、翁逸之、顾炳鑫、赵延年、丁斌曾、尹福康、潘世聪等）以及上海原有进步艺术家（丁浩）、刚从学院毕业的进步学生（曹有成）组织在一起，不分画种进行艺术创作，按照当时的政治需要以及画家擅长的画种来决定

[6] 关于人民美术出版社创作组，可参见姚奎、张广《人民美术出版社创作室简介》（《美术之友》2004年第5期）以及沈鹏、祁旺《沈鹏谈人民美术出版社六十周年》（《中华读书报》2011年6月1日），对于当时的名称是"创作室"还是"创作组"，这两篇文章存在分歧。

图4-3
1955年上海人民美术出版社年画宣传画创作室人员合影
前排左起：周道悟、蔡振华、尹福康、丁浩、俞云阶
后排左起：钱大昕、陶谋基

艺术家的创作题材。[7]

创作组时期，大环境给当时刚组建的华东人美社以及工作人员提供了一个平台，让大家去探索新的意识形态下的艺术创作方向和创作方法，这在杨可扬的一段回忆录中可窥见一斑：

> 那时单位规模较小，分工还不太细，连、年、宣（即连环画、年画、宣传画）创作合在一起，顾炳鑫同志专事连环画创作。因此，我有机会直接看到他创作《蓝壁毯》《渡江侦察记》等作品的绘制过程。在当时连环画都以勾线来表现的情况下，顾炳鑫在《渡江侦察记》的绘画中却别出心裁，大胆地采用铅笔素描皴擦形式来进行创作。[8]

杨可扬是在上海解放前从事木刻创作的左翼艺术家，从他对于连环画家顾炳鑫的这段回忆可以看出，创作组具有良好的氛围，为不同政治背景的艺术家自由地创作、探讨艺术创作手法、互相学习提供了机会，亦为不同艺术创作手法的融合提供了可能性。从今天我们对艺术的理解来看，艺术创作应该或者说必须跨越狭隘门类划分的界限，以跨学科、跨门类的视角和表现手法，来展现艺术家的创作理念、精神世界以及主流的文化内涵。虽然当时多种艺术门类的融合是源于对意识形态宣传的需要，但是这种融合为艺术家提供了了解不同门类艺术创作形式的机会，也为后来的上海人民美术出版社在创作形式和题材上的多样性发展、出版物在全国范围内的畅销提供了可能。

2. 创作编室组建期（1953—1955）

这一时期，随着意识形态宣传的日益加强，创作组时期年、连、宣的混合显然已满足不了需求，而且，随着上海人美社不断扩大，不断有创作者进入到创作组，原来的编室结构显然已不合时宜。因此，按照画种进行专业分工成为了迫在眉睫的事情。1953年，创作组拆分成年画宣传画创作室和连环画创作

---

[7] 对于创作组的创作活动详见丁浩《美术生涯70载》，上海人民美术出版社2009年版，第14页。需要说明的是，在这本回忆录中，丁浩认为他因美术工场合并进而进入上海人民美术出版社，但是在美术工场的合并名单中并未提到他，所以，丁浩应该属于创作组组建时的另外一种情况，即旧上海进步艺术家在社会主义改造完成之后进入上海人民美术出版社。

[8] 参见杨可扬《可扬艺事随笔》，上海人民美术出版社2007年版，第143页。顾炳鑫为上海宝山人，在20世纪50年代初期即有一定影响，当时曾有"南顾北刘"的美称（"刘"指刘继卣）。在绘画技巧方面，他先后在钢笔画、铅笔画、中国水墨画等领域做了尝试，不少后来者纷纷效仿，拓宽了连环画创作的道路。

图4-4
《蓝壁毯》
顾炳鑫
华东人民美术出版社
1953年

24、拉亥辛满腔愤怒地去找地主，看见地主墙上挂着自己的蓝壁毯。地主家里一片歌声，那儿有欢乐和幸福。

28、他就留在山里住下了。野山羊都来给他送奶，蜜蜂都给他往山洞里送蜜，山鹰也把捕来的东西分给他吃。

130　　　　　　　　　　　　　　　第四章　　体制中的嬗变

23、到了南岸边的峭壁下,大家立刻跳进齐腰深的急流里。

68、接着,只见她双手平平握住竹篙往前一跳,就像燕子似的轻轻落到船头上。这个动作是李连长八年来记忆中最深刻难忘的:眼前的刘四姐莫非真的就是昔日那个渔家姑娘……

129、可是,敌人十几辆摩托都飞越过障碍追来了。刘四姐和队员们一阵射击,立刻把前面的两辆打到山沟里去了。

图4-5
《渡江侦察记》
顾炳鑫
上海人民美术出版社
1955年

室。年画宣传画创作室的人员有张乐平、陶谋基、翁逸之、赵延年、钱大昕、俞云阶、丁浩、蔡振华。

编室创建之后,即规定了创作人员的创作任务。年画宣传画创作室要求每年要完成年画一幅、宣传画四幅,选题由个人自选,确定后,按选题需要到基层去深入生活。据丁浩回忆,由于人事调动幅度较大,年画宣传画创作室在1954年之后做了调整,改成年画宣传画创作组,归美术编辑室领导。成员有蔡振华、钱大昕、翁逸之、哈琼文、曹有成、周瑞庄、游龙姑等,由丁浩担任创作组组长。[9]

3. 编室结构成熟期(1955—1965)

这个时期是上海人美社编室结构逐渐趋于成熟的时期。随着新美术出版社以及上海画片出版社分别在1955年、1958年并入上海人美社,整个出版社人员增至112人。在编室的设置上分工更为明确,从图4-6可以看出,出版社有编辑部、经理部两个职能部门。经理部负责财务、出版、行政、人事等工作,编辑部门则负责与书籍出版以及创作相关的编辑、出版、创作任务。整个编辑部分创作室(创作室亦分为第一创作组、第二创作组、第三创作组)、漫画编辑室、摄影编辑室、美术编辑室、连环画编辑科、编务科六大职能部门。连环画编辑科负责连环画的编文,创作室则是负责年画、连环画、宣传画的创作工作。从这张图中我们可以看到,增加了一个新编辑室,即摄影编辑室,这个由赵家璧负责的摄影编辑室,在原有《华东画报》摄影力量的基础之上,不断增加新的人员,并且以自身实践参与到政治招贴的生成中,创作出一批别具风格的照相蒙太奇式的宣传画作品。[10]

---

[9] 丁浩:《和张乐平一起赶画漫画迎接解放》,载丁浩《美术生涯70载》,上海人民美术出版社2009年版,第14—15页。

[10] 详见周博《剪辑理想图景——"照相蒙太奇"的传播及其中国境遇初探(1920—1960)》,载陈湘波、许平《20世纪中国平面设计文献集》,广西美术出版社2012年版,第271页。

上海人民美术出版社

社　长：吕　蒙
副社长：沈柔坚
干　事：浦增华

编辑部

人数四人
第一总编：吕　蒙（兼）
第二总编：沈柔坚（兼）
副总编辑：赵家璧

创作室

人数一人
主任：杨可扬

漫画编辑室

人数十一人
主编：米谷
主任：吴秋
副主任：江有生

摄影编辑室

人数六人
主任：赵家璧（兼）

美术编辑室

人数九人
副主任：王文秋

连环画编辑科

人数六人
副科长：杨兆麟

编务科

人数一人
科长：卢世澄

第一创作组

人数六人
组长：丁浩

第二创作组

人数九人
组长：程十发

第三创作组

人数十人
组长：王仲清

编务组

人数五人
组长：黄若谷

资料组

人数二人

经理部

人数两人
经　理：朱联保
副经理：王　杰

计划财务科

人数七人
科长：李家新
副科长：马有容

出版科

人数一人
副科长：俞鼎梅

行政科

人数十二人
科长：林岗
副科长：马邦荣

人事科

人数二人
副科长：吴根生

印钉组

人数三人
组长：王九成

制版组

人数三人
组长：林容之

计划财务组

人数三人
组长：俞鼎梅（兼）

文书组

人数五人
组长：明宏宣（代）

图 4-6
1955年上海人民美术出版社组织结构图（重制）
原件由上海市档案馆藏
档案编号：B167-1-107-4
1955年

二、编室与创作方式

创作组时期另一个值得研究的现象是多人合作完成同一部作品,即艺术出版机构采用集体创作形式进行出版物发行,这种创作形式在宣传画、年画创作中都出现过,尤其在连环画的创作过程中被广泛应用。上海在解放之前的旧连环画创作中即已出现集体创作的形式,当时由于没有由政府主办的正规连环画培训机构,连环画作者大部分是以师徒传授的方式来传承绘画技巧,所以当时的集体创作以师傅带徒弟的等级观念为前提,再者出版时间紧迫,常常采用分工合作的形式,画人物、添背景等工作常分别交给工人或几个人来完成。[11] 而在同时代的延安,另一种集体创作形式及方法在文艺各领域内盛行。

集体主义的概念是斯大林在1934年7月同英国记者的谈话中提出的,他说:"集体主义、社会主义并不否认个人利益,而是把个人利益和集体利益结合起来。"[12] 他在谈话中提出:"个人和集体之间、个人利益和集体利益之间没有而且也不应当有不可调和的对立。不应当有这种对立,是因为集体主义、社会主义并不否认个人利益,而是把个人利益和集体利益结合起来。社会主义是不能撇开个人利益的。只有社会主义社会才能给这种个人利益以最充分的满足。此外,社会主义社会是保护个人利益唯一可靠的保证。"[13] 很显然,斯大林的"集体主义"是建立在物权基础上的,毛泽东在这个基础上发展了集体主义的内涵,在谈及创造性问题时,他说:"马克思讲的独立性和个性,也是有两种,有革命的独立性和个性,有反动的独立性和个性。而一致的行动,一致的意见,集体主义,就是党性。我们要使许多自觉的个性集中起来,对一定的问题、一定的事情采取一致的行动、一致的意见,有统一的意志,这是我们的党性所要求的。"[14] 毛泽东对集体主义的概括为后来集体主

---

[11] 上海市美术家协会:《上海现代美术史大系·连环画卷》,上海人民美术出版社2010年版,第8页。

[12] 孙林、黄日涵:《政治学核心概念与理论》,天津人民出版社2017年版,第55页。

[13] 孙林、黄日涵:《政治学核心概念与理论》,天津人民出版社2017年版,第55—56页。

[14] 毛泽东:《在中国共产党第七次全国代表大会上的结论》,载《毛泽东文集》第三卷,人民出版社1996年版,第417页。

义在解放区的盛行提供了理论依据。在延安时期文学、戏剧创作过程中，通过集体创作的方式创作出许多令人称道的艺术作品。在美术创作领域，最为著名的是由吕蒙、莫朴、亚君三人集体创作的木刻连环画《铁佛寺》(图4-7)，[15] 这部长达110幅的木刻连环画作品用时四个月完成，日后成为上海人民美术出版社第一任社长的吕蒙在回忆这部集体创作的艺术作品时说：

> 连环图画之值得提倡，我认为今天也还是很重要的，而木刻的集体创作也是新的尝试。《铁佛寺》是这个尝试的结果，它当然还是极草率的初坯。但我相信这条道路是可行的。利用集体创作的方式来解决连环木刻上所需要的巨大人力，这不仅不会产生风格上的不调和，相反，各人取长补短，也还必有所获。希望它能成为引玉之砖！[16]

吕蒙对《铁佛寺》的集体创作"引玉之砖"的愿望，在日后上海人民美术出版社出版物的创作过程中得以实现。在此之前，对于连环画的集体创作问题，早在1950年，林岗曾发表了一

[15] 《铁佛寺》以真实事件为原型，讲述的是1942年淮南来安县铁佛乡发生的一起谋杀案。主谋是当地过去有名的"票把"王德胜，他在新四军到淮南后自知如不改变方式将无处容身，于是假意来与新四军接洽改邪归正，参加抗日队伍后，挂着抗日的招牌，暗地里却唆使匪徒们绑架勒索老百姓。事情败露后，王德胜将铁佛乡干部方队长杀死，破坏抗日根据地。暗杀发生后，王德胜伪装成好人到铁佛乡建议组织武装以保卫乡间，企图使全乡武装落入他手中。后由于其伙计告密，农抗会介入调查，王德胜的真面目才被揭穿。整套木刻连环画即以这个故事原型改编成脚本，然后创作而成。

[16] 上海美术馆：《刀笔之魂——吕蒙纪念文集》，上海人民美术出版社2009年版，第53页。

篇文章专门论述连环画集体创作的方法:"为了更好地表现复杂、篇幅多,而又要尽快完成的连环画,我们采取了集体创作的方式。一个人创作整套百多幅的连环画,虽然在结构、人物形象、背景以及风格等方面比较容易获得统一的效果,但个人的创作能力与生活体验毕竟有限度,想使作品表现得更丰富、更生动,往往感到困难。集体创作的方式是组织大家的智慧,集思广益,而生活体验与创作能力虽然是多方面的,虽然存在着不统一的缺点,但通过组织力量,及时讨论与互相帮助就会得到解决。"[17] 代表新中国美术主流话语的《美术》杂志,亦设专栏介绍集体创作的经验和认识:

> 我们创作的步骤是这样:首先由一人朗诵脚本,共同讨论,明确主题思想,再按照故事情节分为若干小段,然后分配每人负责画几小段。在分段时应注意不要单纯从表面幅数机械地分开,否则容易割裂内容情节;以致进行创作的时候,同一情节中的人物形象、服装、道具等就会发生不统一的现象。于是每个负责画几段情节的人便分别构思,构成小草稿。小草稿的任务只是确定主要人物的动作、位置和重要背景,然后由小组讨论、修改通过,再放大成定稿。最后的工作是勾线,为了保持画面的统一,勾线的人数不宜过多,风格不能相差太远。通过这样的方式,彼此的特长不仅能适当地发展,而且会很快地吸取彼此的优点,克服偏向。特别在讨论与通过构图的阶段,集体的智慧,显得格外有力;不仅能及时解决问题,将图面表现得更标准,而且不断地鼓舞了同志们的创作情绪。虽然每次讨论中每个同志总有三分之一以上的构图被否定或需要再加修改,但另一方面却大大地补救了我们缺乏创作经验与生活狭隘的缺陷,也丰富了作品的内容……
>
> 但是如何克服集体创作方式中不统一的缺点呢?我们认为首先在组织时应注意小组成员的人数和每人作画的风格。每小组最好不超过三人或四人,否则,人数多则风格更难统一,互相讨论或帮助也不方便……另外在背景与主要人物的设计方面,比如主要背景中大小道具的位置和方向以及彼此的关系等;主要人物的正面、侧面、半侧面的形象,以及根据性格惯于出现的姿态等,如事先经过很好地酝酿、讨论,再分工设计,也能帮助克服画面不统一的现象。[18]

[17] 林岗:《我们怎样创作连环画》,《美术》1950年第5期。

[18] 林岗:《我们怎样创作连环画》,《美术》1950年第5期。

图 4-7
《铁佛寺》
吕蒙、莫朴、亚君
1943年

《老孙归社》即是以这种集体创作的形式完成，作者为丁浩、程十发。两位虽同是旧上海原有艺术家，但是有着完全不同的艺术成长背景，丁浩以画老上海广告画闻名于上海滩，程十发则毕业于上海美术专科学校中国画系，有很深的国画功底。创作组的出现给他们提供了集体创作的平台和机会，丁浩在回忆这段创作经历的时候说：

> 程十发和我的画风各有特长。为了画风特长的互补，为了整体的统一，我们采取先画小草稿，他勾前部我勾后半部，小稿勾成后两人交流讨论，在勾铅笔稿时，我勾他的小草稿，他勾我的小草稿。在上墨线时我们进行分工，我勾人物他勾背景，等到正稿完成后浑然一体，看不出出自两人的手笔。[19]

赵宏本在回忆连环画《孙悟空三打白骨精》的创作时，曾谈到与钱笑呆合作的经验，他说：

19　丁浩：《美术生涯70载》，上海人民美术出版社2009年版，第28页。

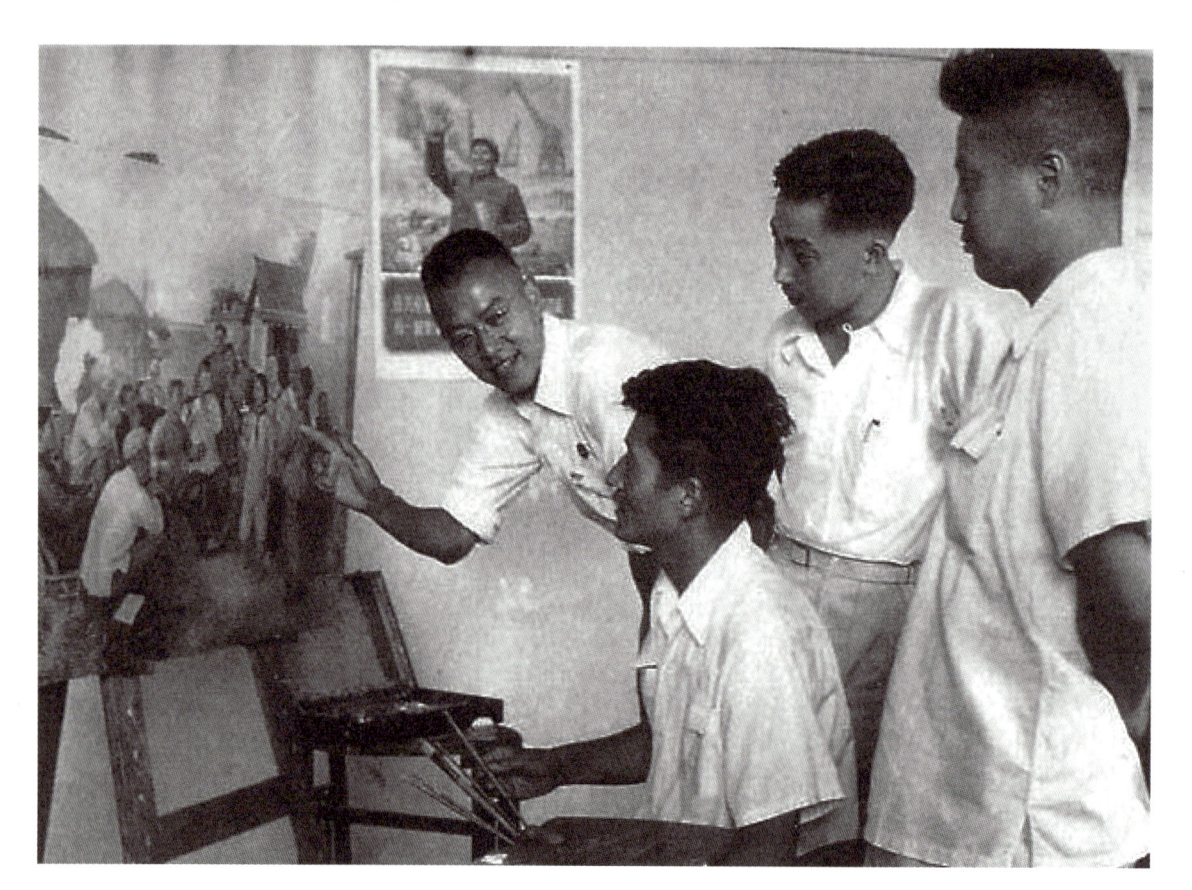

图4-8
1955年上海人民美术出版社年画宣传画创作室集体讨论画稿
左起：丁浩、钱大昕、翁逸之、蔡振华

篇文章专门论述连环画集体创作的方法:"为了更好地表现复杂,篇幅多,而又要尽快完成的连环画,我们采取了集体创作的方式。一个人创作整套百多幅的连环画,虽然在结构、人物形象、背景以及风格等方面比较容易获得统一的效果,但个人的创作能力与生活体验毕竟有限度,想使作品表现得更丰富、更生动,往往感到困难。集体创作的方式是组织大家的智慧,集思广益,而生活体验与创作能力虽然是多方面的,虽然存在着不统一的缺点,但通过组织力量,及时讨论与互相帮助就会得到解决。"[17] 代表新中国美术主流话语的《美术》杂志,亦设专栏介绍集体创作的经验和认识:

我们创作的步骤是这样:首先由一人朗诵脚本,共同讨论,明确主题思想,再按照故事情节分为若干小段,然后分配每人负责画几小段。在分段时应注意不要单纯从表面幅数机械地分开,否则容易割裂内容情节;以致进行创作的时候,同一情节中的人物形象、服装、道具等就会发生不统一的现象。于是每个负责画几段情节的人便分别构思,构成小草稿。小草稿的任务只是确定主要人物的动作、位置和重要背景,然后由小组讨论,修改通过,再放大成定稿。最后的工作是勾线,为了保持画面的统一,勾线的人数不宜过多,风格不能相差太远。通过这样的方式,彼此的特长不仅能适当地发展,而且会很快地吸取彼此的优点,克服偏向。特别在讨论与通过构图的阶段,集体的智慧,显得格外有力;不仅能及时解决问题,将图面表现得更标准,而且不断地鼓舞了同志们的创作情绪。虽然每次讨论中每个同志总有三分之一以上的构图被否定或需要再加修改,但另一方面却大大地补救了我们缺乏创作经验与生活狭隘的缺陷,也丰富了作品的内容……

但是如何克服集体创作方式中不统一的缺点呢?我们认为首先在组织时应注意小组成员的人数和每人作画的风格。每小组最好不超过三人或四人,否则,人数多则风格更难统一,互相讨论或帮助也不方便……另外在背景与主要人物的设计方面,比如主要背景中大小道具的位置和方向以及彼此的关系等;主要人物的正面、侧面、半侧面的形象,以及根据性格惯于出现的姿态等,如事先经过很好地酝酿、讨论,再分工设计,也能帮助克服画面不统一的现象。[18]

[17] 林岗:《我们怎样创作连环画》,《美术》1950年第5期。

[18] 林岗:《我们怎样创作连环画》,《美术》1950年第5期。

图4-7
《铁佛寺》
吕蒙、莫朴、亚君
1943年

《老孙归社》即是以这种集体创作的形式完成,作者为丁浩、程十发。两位虽同是旧上海原有艺术家,但是有着完全不同的艺术成长背景,丁浩以画老上海广告画闻名于上海滩,程十发则毕业于上海美术专科学校中国画系,有很深的国画功底。创作组的出现给他们提供了集体创作的平台和机会,丁浩在回忆这段创作经历的时候说:

> 程十发和我的画风各有特长。为了画风特长的互补,为了整体的统一,我们采取先画小草稿,他勾前部我勾后半部,小稿勾成后两人交流讨论,在勾铅笔稿时,我勾他的小草稿,他勾我的小草稿。在上墨线时我们进行分工,我勾人物他勾背景,等到正稿完成后浑然一体,看不出出自两人的手笔。[19]

赵宏本在回忆连环画《孙悟空三打白骨精》的创作时,曾谈到与钱笑呆合作的经验,他说:

[19] 丁浩:《美术生涯70载》,上海人民美术出版社2009年版,第28页。

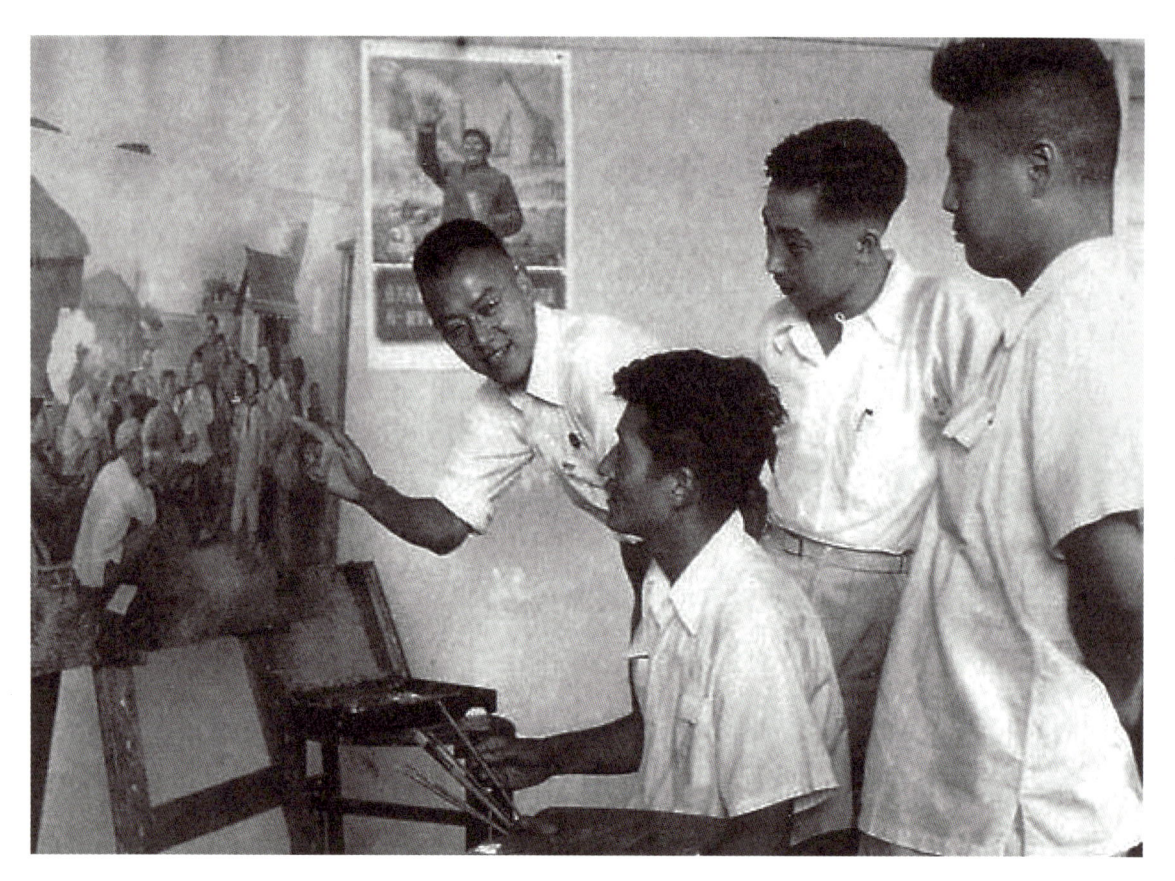

图4-8
1955年上海人民美术出版社年画宣传画创作室集体讨论画稿
左起:丁浩、钱大昕、翁逸之、蔡振华

2、他的公公孙志刚，参加互助很勉强，因为儿子参军去，只好跟着媳妇忙。

17、人工除外不算账，单算孙家牲口粮，常年计工加草料，一万多斤拉进仓。

图4-9
《老孙归社》
丁浩、程十发
华东人民美术出版社
1953年

我与钱笑呆事先商议确定了几条大家应该共同遵守的要求：一是明确分工和创作步骤，人物造型、构思、构图的初稿由我负责，精稿由钱笑呆同志负责；二是互相反复精稿，互相可以否定，反复推敲，把画稿一幅幅定下来，再请其他同志一起观摩，听取大家的合理意见，进行修改后作为定稿；三是分头勾线，不符合一定重画。[20]

在宣传画创作过程中，由于宣传画要与政治活动相配合，所以经常会出现"急稿"，因此，宣传画的创作中集体创作的现象更为普遍。翻阅上海人美社宣传画图录，我们会发现大量的集体创作的作品，如赵延年、钱大昕合作的《苏联是我们的榜样》(1952年)(图4-10)，赵延年、俞云阶合作的《开展劳动竞赛，为完成五年计划而奋斗！》(1955年)(图4-11)以及《把原料送到工厂，把机器带给农庄。》(1955年)(图4-12)，丁浩、哈琼文合作的《不让工厂停工 不让仓库进水》(1956年)(图4-13)，杨可扬、哈琼文、张隆基、陶谋基合作的《学习去！做一个有文化的公民》(1956年)(图4-14)，吴耘、赵延年、杨可扬合作的《解放台湾，消灭蒋匪残余！》(1954年)，沈凡、赵延年、杨可扬、陶谋基、俞云阶、蔡振华合作的《人民政府处理反革命分子的原则是：坦白从宽、抗拒从严、立功赎罪、立大功者受奖。》(1956年) 等。

连环画创作相对来讲比宣传画创作时限要长，所以即使画稿出现风格不统一、形式不协调的情况，画家也有时间去反复修改和调整。而政治宣传画的集体创作方式往往是由于时间紧迫，这时，他们对这类作品就需采取另外一种合作方式。周瑞庄谈及合作方式时说道："我们那个时候时间很紧迫，印刷因为要四色印刷，要制四个版，所以我们每人画一个版。"[21]

艺术风格是观众感知艺术家作品魅力的唯一途径，而在集体创作中，个人的风格特性已经湮灭在对整个作品整体风格的统一掌控中，进入"组织"生活，个人在创作过程中的艺术个

[20] 赵宏本：《〈孙悟空三打白骨精〉创作谈》，载赵宏本《赵宏本连环画生涯50年》，中国连环画出版社1990年版，第48页。

[21] 周瑞庄，又名睿庄，1930年出生，浙江湖州人。上海人民美术出版社专职画家、编审，中国美术家协会会员。1949年9月考入国立杭州艺术专科学校(1950年更名为中央美术学院华东分院，今中国美术学院)，读书期间遇朝鲜战争爆发，为响应国家号召分配至军事干校北京外国语学校学习，两年后去河北省河间县当教师。1953年回到中央美术学院华东分院继续完成学业。1958年从浙江美术学院油画系毕业后分配到上海人民美术出版社工作，担任宣传画创作干部。资料来源：2013年2月周瑞庄采访录音。

图 4-10
《苏联是我们的榜样》
赵延年、钱大昕
华东人民美术出版社
1952年

開展勞動競賽,為完成五年計劃而奮鬥!

图 4-11
《开展劳动竞赛,为完成五年计划而奋斗!》
赵延年、俞云阶
上海人民美术出版社
1955年

图 4-12
《把原料送到工厂,把机器带给农庄。》
赵延年、俞云阶
上海人民美术出版社
1955年

图4-13
《不让工厂停工 不让仓库进水》
丁浩、哈琼文
上海人民美术出版社
1956年

图 4-14
《学习去！做一个有文化的公民》
杨可扬、哈琼文、张隆基、陶谋基
上海人民美术出版社
1956年

性被规定的作品题材以及画面结构替代。在宣传画创作方面，集体创作的形式使艺术家的个人风格和特点几乎湮灭在其特有的政治特性之下。而连环画的集体创作形式则有所不同。《老孙归社》是上海人美社成立之后集体创作连环画的典型性作品，与宣传画的集体创作中由于赶出版时间而随机选择集体创作人员不同，上海人美社选择丁浩与程十发集体创作《老孙归社》时，应该经过了紧密周全的考量，这当中或者有政治考量，或许有对艺术家个人风格的考虑，但无论如何，《老孙归社》的成功在上海人美社开创了集体创作的先河。随后，无论是编室的整合与分离，还是创作人员的变动与调离，这种创作方式一直延续了下来。创作组的建立，为刚刚成立的上海人美社创作人员相互学习艺术风格、集体创作协调整合提供了可能，同时也为日后出版社的发展和壮大树立了一个机构设置的成功典范。

第五章
多种力量的结合

与我们如今对出版社的认知不同，新中国成立之后，出版社的任务除了要出版符合意识形态宣传需求、具有宣传鼓动作用的出版物，还要完成培养适应新时代需求的艺术家以及传承艺术形式的任务。上海人民美术出版社自成立伊始，便承担着培养新生代艺术家以及传承旧上海艺术形式的重任。上海人美社不但通过自己的出版物影响全国的年画、连环画、宣传画的创作，而且通过举办培训班，到全国各地出版社讲学、艺术院校授课的形式，把创作技法和创作心得传授给全国各地的艺术创作者。而在这一过程中，自晚清以来形成的上海私人画室的教学模式，也自觉或不自觉地被引入新政权体制内出版社对艺术技艺的传承过程中。

第一节 私人画室

一、土山湾画馆与上海私人画室传统

提及上海私人画室,就不得不提及土山湾画馆。作为中国最早的西洋美术传习场所,土山湾画馆成立于清同治年间(一说咸丰年间),由西班牙人范廷佐[1]、意大利人马义谷在徐家汇天主教堂创办。成立的目的是培养宣传国外宗教的绘画和雕塑人才,学员主要来自土山湾孤儿院(亦为徐家汇天主教堂附属机构)内具有美术天赋的学童,同时也对外招收学员。在培养目标上,"由于教学中有浓厚的宗教气氛,所以除了技法训练外,必须学习宗教的故事、教规、礼仪、规范,初始的任务是摹画圣像,目的是培养宗教艺术人才,谈不上多少自由创作"[2]。但这并不影响土山湾画馆在中国近现代美术教育史上的独特性及重要地位,"土山湾美术工场能够集中而系统地传授西洋美术和工艺技术,培训专门人才,这在中国近代历史上是独一无二的"[3]。

由于是培养宣扬天主教教义的宗教画人才,因此,土山湾画馆在教学内容的设置上主要开设教授西洋画技法的课程,主要科目设水彩画、铅笔画、擦笔画、木炭画和油画等,以临摹圣像等宗教场景画为主,有时也临摹文艺复兴以来的欧洲名画出售。"他们一方面将所学的西画技艺,服务于商业,进行水彩画、布景画及广告画等时兴绘画的制作;另一方面也兼职从事早期的西画教育。"[4] "图画间在孤儿院开办时已初具雏形,最初是画圣像,以后分铅笔画、水彩画、油画等部门。尤其西洋画

---

[1] 范廷佐(Joannes Ferry,1817—1856),西班牙籍传教士,曾游学于罗马,1847年被派往中国,设计建造了徐家汇天主教堂和董家渡天主堂。他的艺术天赋很快受到当时上海耶稣会院院长郎怀仁的赏识,郎怀仁资助支持他扩展自己的画室,创办工艺学校,并接收中国学生学习西洋绘画、雕塑及版画方面的技艺。这个画室成为土山湾画馆的雏形。

[2] 潘耀昌:《中国近现代美术教育史》,中国美术学院出版社2002年版,第14页。

[3] 李超:《上海油画史》,上海人民美术出版社1995年版,第6页。

[4] 李超:《海纳百川——上海美术教育钩沉》,载潘耀昌《20世纪中国美术教育》,上海书画出版社1999年版,第91页。

为当时国内之奇货，间也销售海外，得到'南洋劝业会'颁给的奖牌、奖状共十九件之多。有一些临摹欧洲名画的作品，售价昂贵，往往三四尺见方的一幅要售七八担米钱。"[5] 因此，土山湾画馆所绘制的作品大致分为主体性的宗教作品和非主体性的商业作品两类，随着其事业的发展，这两大类作品都先后不同程度地体现了其专业特色，扩大了其知名度。

在教授方法上，土山湾画馆以传习式为主。这种传习的传统，贯穿于整个画馆从创立到闭馆（1951年）近一百年的历程中。而这一绵延近百年的传习模式的影响，不仅限于土山湾画馆之内的传承及授学，直至影响了中国近现代美术教育的开启及发展，乃至新中国成立后对美术人才培养模式的探究和摸索。因此，提及上海人美社对新中国艺术教育的传承，就不得不提及土山湾画馆的私人画室传统，表面上看似毫无关联、处于不同时空中的两个艺术机构，其实有着千丝万缕的联系。图5-2是土山湾画馆的传承谱系，在这张传承谱系中，我们可以看到，土山湾画馆对中国近现代美术教育的影响有三条脉络。第一，是对中国画的传承与教育。虽然土山湾画馆授课内容为西洋绘画传统，但随着范廷佐的去世，陆伯都[6]担负起收徒传艺的重任，而刘德斋则"随逃难教徒至上海，不久进入徐汇公学，毕

5　沈毓元：《土山湾与孤儿院》，载汤伟康、朱大路、杜黎《上海轶事》，上海文化出版社1987年版，第201页。

6　陆伯都（1836—1880），字省三，江苏川沙（今属上海市浦东新区）人，清代修士画家。徐家汇孤儿院孤儿，儿时为张家湾天主堂教徒，1852年由郎怀仁神父派往徐家汇天主堂，成为西班牙籍辅理修士范廷佐的第一位学生，学习绘画、雕刻技术。学徒期满后成为范廷佐助手，范廷佐逝世后担负起收徒传艺的重任。是上海最早的中国辅理修士。

图5-1
土山湾画馆主任刘必振和他的学生们
1903年

第 一 节　　　　　　　　　　　　　　　　　　　　　　　　　私 人 画 室

```
范廷佐(西)──┬── 陆伯都 ──┬── 刘德斋 ──┬── 周湘 ────┬── 丁悚 1891—1969
创办 1851—1856 │ 首任 1856—1880 │ 二任: 1880—1912 │ 1871—1933 ├── 刘海粟
生卒 1817—1856 │ 生卒 1836—1880 │ 生卒: 1843—1912 │ ├── 陈抱一
马义谷(意) ──┘ │ ├── 任伯年 (互学) │ ├── 汪亚尘
授课 1852—1856 │ 1840—1895 │ └── 乌始光 等
生卒 1815—1876 │ └── 吴昌硕 (交往) │
│ ├── 徐咏青 ────┬── 杭穉英 1901—1947
│ │ 1880—1953 ├── 李慕白
│ │ ├── 何逸梅
│ │ ├── 金梅生
│ │ ├── 金雪尘
│ │ └── 戈湘岚 等
│ │
│ └── 张聿光 ────┬── 方涛
│ 1885—1968 ├── 张光宇
│ ├── 谢之光
│ ├── 胡亚光
│ └── 吴大羽 等
│
└── 田中德 ───── 张充仁 ────┬── 哈定
安敬斋(英) 1907—1998 └── 王珲 等
1865—1939
```

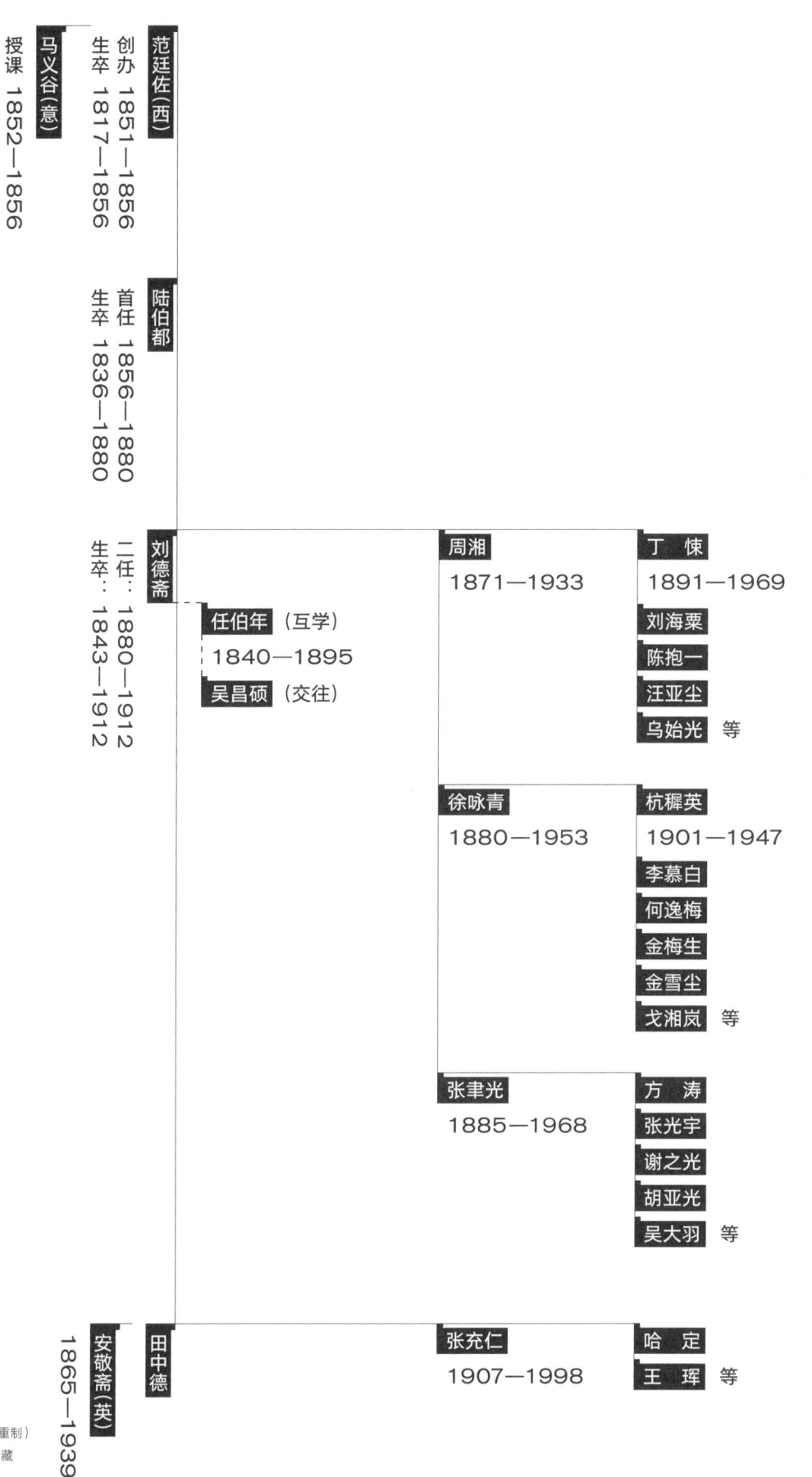

图 5-2
土山湾画馆传承谱系图（重制）
原件由上海土山湾美术馆藏

业后随陆伯都学画,先后习中国画和西洋画"。[7]

由此可知,两位中国修士在土山湾画馆除了继续传习范廷佐的西洋画传统,也把中国画纳入到了教学体系中。据传,任伯年受刘德斋影响,而刘德斋也带领画馆学生走访任伯年,学习中国画技艺,画有白描圣教,以中堂形式张挂于教会场所。[8]

第二则是西洋画传承。徐悲鸿把土山湾画馆喻为"中国西洋画之摇篮"。[9]虽然有学者对周湘[10]与土山湾画馆的传承谱系提出质疑,[11]但不可否认的是,无论周湘是否受其传承,土山湾画馆西画传习的经验和办学模式,均成为了中国现代美术实践不可或缺的组成部分。潘天寿在《域外绘画流入中土考略》中说道:"上海徐家汇土山湾教会内,亦有若干人练习油画,且自制油画颜料。唯所画,皆为宗教性质的题材,指导者为法国教士,学习者则为中土信徒。"[12]

第三个脉络则是其商业美术传承。虽是同样沿袭西洋画传承,但是通过对西洋水彩绘制技术的承习及掌握,土山湾画馆则发展演变出另一条道路。前文提到,土山湾画馆除了绘制主体性的宗教作品之外,另一项重要日常活动则是绘制非主体性的商业作品。而商业性作品的绘制对日后上海商业美术的发展有着极大影响,对于商业美术绘制方式的探索和研究也大致源于此。"到本世纪初期,土山湾画馆'毕业'的画家中,有的成了'中国水彩画之父',有的成为月份牌画的先驱,他们有的又自设画室,教学生西洋画理论技法,影响至为深远",[13]万青力在此所提及的"中国水彩画之父"即是徐咏青。1913年在离开土山湾画馆之后,徐咏青开始主持上海商务印书馆图画部,因其长于画风景、不善画人物,故常与郑曼陀合作画月份牌,进行补景。当时商务印书馆的练习生有杭穉英、何逸梅、金雪尘、金梅生、戈湘岚等,均向他学习素描、水彩画及油画。另一土山湾画馆毕业生张聿光,1904年在上海华美药房画照相布景,

[7] 《上海美术志》编纂委员会:《上海美术志》,上海书画出版社2004年版,第385—387页。

[8] 《上海美术志》编纂委员会:《上海美术志》,上海书画出版社2004年版,第387页。

[9] 徐悲鸿:《中国新艺术运动的回顾与前瞻》,《时事新报》1943年3月15日。

[10] 周湘(1871—1933),近代画家,美术教育家。少年从钱慧安习国画,及长从土山湾工艺厂洋画家习油画。1898年随同窗之父赴法国任幕友年余,1902年回国。1910年至沪办学,个人单干,先后创办启蒙性质的学校多所,有图画速成班、中西图画函授学堂、上海油画院、西法绘像补习科、西法油画传习所,学制一个月至半年。较有影响者为1911年7月19日所办的为期三个月的背景画传习所,教授照相及舞台背景制作方法,学生有乌始光、陈抱一、刘海粟等。1917年创办中华美术学校,开始仅绘画一科,学制半年,后改三年。1918年9月1日创办校刊《中华美术报》,为中国第一种美术专业性质杂志。(参见《上海美术志》编纂委员会《上海美术志》,上海书画出版社2004年版,第395—396页。)

[11] 马林在其博士论文《周湘与中国早期教育》中指出,周湘的油画传统并不是来自土山湾画馆,并且他也没有在土山湾画馆习画,徐悲鸿认为周湘是"土山湾画馆"陶冶之画家,也并没有史料认证此观点。马林认为周湘的油画传承系在欧洲学画期间所学。

[12] 潘天寿著《域外绘画流入中土考略》(《中国绘画史》附录),1926年由商务印书馆初版。1934年商务印书馆组编"大学丛书",将《中国绘画史》列入再版。1983年12月,此书由上海人民美术出版社重版。

[13] 万青力:《刘德斋(1843—1912)与上海土山湾天主教画室》,载万青力《万青力美术文集》,人民美术出版社2004年版,第128页。

同年与京剧革新家夏月润合作，改变了京剧的传统舞台面貌，后成为我国早期的舞台美术家，其学生有方涛、张光宇、谢之光、胡亚光、吴大羽等，或从事月份牌创作，或从事商业美术设计，或从事插图设计以及舞台美术设计工作。

土山湾画馆在中国近现代美术史上的重要影响，并不仅限于对绘画种类的传承和教育，它最重要的贡献在于，确立了上海早期私人画室以及私人办学的教学模式和传统，周湘是其中的典型代表。徐悲鸿评其乃"上海最早设立美术学校之人"，[14]认为他是上海早期美术教育的开拓者，也是西画教育的积极推进者。徐悲鸿的论断并非空穴来风。1909年至1922年间，周湘先后创办了"图画专门学校"等一系列美术"专门学校"，[15]为20世纪前半叶上海美术教育的发展奠定了基础，促进了上海私立美术专门学校的进一步发展。同时，他所创办的美术"专门学校"，也非常有代表性地呈现出我国早期私立美术教育的特征，成为我们研究20世纪初私立美术教育嬗变的最佳窗口。

张聿光对上海早期艺术教育的贡献，主要表现在两个方面。一是创办艺术学校。1914年，他任上海图画美术院（后来的上海美术专科学校）第二任校长，1918年辞去校长职务，同年6月创办聿光图画函授学校，以"教学实用画（即实用美术）之专门学识为宗旨"。[16]之后，在1926年，张聿光还参与了新华艺术学院（1929年改名新华艺术专科学校）的筹办及创建，担任副校长职务。二是通过师徒授学方式传承技艺，张光宇、谢之光、胡亚光、方涛、吴大羽等都在其门下做过学徒，大多数学徒也因其师傅的原因，名字亦加"光"字。[17]

徐咏青虽没有直接参与到办学、授课的教学体系中，但与他有师承关系之人，如杭穉英、何逸梅、金梅生等，都是民国时期著名的月份牌广告画创作者。而杭穉英是其中最具代表性

---

[14] 徐悲鸿：《中国新艺术运动的回顾与前瞻》，《时事新报》1943年3月15日。

[15] 马林：《周湘与上海早期美术教育》，博士学位论文，南京师范大学，2006年，第69页。

[16] 《上海美术志》编纂委员会：《上海美术志》，上海书画出版社2004年版，第268—270页。

[17] 黄苗子：《张光宇的艺术精神》，《装饰》2008年创刊50周年增刊。

的人物,在1921年离开商务印书馆之后,他与金雪尘、李慕白成立穉英画室,成为当时最著名的广告画创作团体。在穉英画室中,除了三位核心成员,其他辅助人员对画室的运营也起到了非常重要的作用。据杭穉英之子杭鸣时回忆,在画室中学艺的人前后共有40多人,杭穉英对前来学艺之人均实行"供给制",学艺之人不仅不用缴纳学费,相反还能得到免费的食宿及学习材料,并且随着个人能力的提升,还能在月份牌广告及其他商业美术中承担一定的任务,画室根据个人的能力及承担业务的多少给学生支付一定的酬劳。[18] 他们中的很多人,为新中国成立后的美术教育和美术发展做出了极大的贡献。

通过对土山湾画馆传承谱系的梳理和研究,我们了解了20世纪早期上海私人美术教育发展的脉络和状况,自周湘、徐咏青、张聿光等土山湾画馆第二代学子开始,上海开始进入中国现代商业美术的鼎盛期,而他们对艺术传承所做的努力和探索也为上海20世纪早期甚至新中国成立之后的艺术教育模式提供了资料及经验。新中国成立之前的上海其他私人画室如中华美术协会、东方画会、晨光美术会、柏生绘画学院、白鹅画会等,都受其办学思路及教学模式之影响。新中国成立之后,他们中的一些人参与到新中国艺术教育的培训及教学中,如李慕白、谢之光、金梅生三人在上海画片出版社成立个人画室,招收徒弟传授月份牌绘画技法,为月份牌绘画技艺的传承做着个人的努力。

[18] 莫小也、乔监松:《穉英画室的人员构成》,《美苑》2011年第1期。

二、出版社与新中国成立后的私人画室

1949年12月,新中国建立之后第一次全国教育工作会议提出"以老解放区教育经验为基础,吸收旧教育有用经验,借

助苏联经验,建设新民主主义教育"[19]的教育改革方针,明确指出了新中国教育的三个主要来源。这一方针在随后的实践中迅速发生了变化,新民主主义的教育方针不久被社会主义的教育方针所取代,向苏联的学习借鉴则形成了"一边倒"的局面,按照苏联模式建构了新中国教育制度,从而导致了对"旧教育"的全面否定。因此,20世纪50年代初,探索新中国教育模式的建构,其中一项十分重要的内容就是接管、改造1949年之前遗留下的旧教育。但当时来自旧上海的私立教育机构数目众多,同时出于社会稳定的需要,对私立学校最初的政策并非完全取缔,而是实行"公私兼顾"的原则。

20世纪50年代初期,政务院、教育部先后发布了《关于举办工农速成中学和工农干部文化补习学校的指示》《关于开展职工业余教育的指示》《关于开展农民业余教育的指示》《工农速成中学暂行实施办法》《关于工农速成中学附设于高等学校的决定》和《工农速成中学分类教学计划》等文件,大力兴办工农速成中学、工农干部文化补习学校,开展工农群众业余教育。[20]因此,私人办学虽没有民国时期的政策支持及市场需求,但政治体制的变化亦为当时上海的私人办学预留了空间。但"继续进行招生讲学"是在一定的标准下执行的。1951年,上海市人民政府文化事业管理局发布了一则《管理私立美术短期训练班暂行条例》,其中第14条规定了继续教学的私立美术培训班需"向管理局提出申请;固定班址、时间及足够教学使用之房屋及设备;教师须思想进步,对所授课程有一定造诣及相当之实际经验",同时,要求培训班必须"贯彻《中国人民政治协商会议共同纲领》(1949年)文化教育政策之精神,须请教员讲授之,反对纯技术的教育观点",这相当于对短期美术培训的政治属性做了明确规定。

我们可以从上海市私立比乐业余学校美术班招生简章中

---

[19] 廖其发:《当代中国重大教育改革事件专题研究》,重庆出版社2007年版,第121页。

[20] 刘世清:《论新中国成立以来我国教育政策的伦理取向及其演变机制》,载袁振国《中国教育政策评论2008》,教育科学出版社2008年版。

（图5-3），窥见其办学理念及宗旨，这对了解其他私立美术画室的生存境遇亦具有参考性意义。

上海市私立比乐业余学校[21]美术班招生简章：

宗旨：本校为适应新民主主义教育之需要，开展职工业余教育，教授各种工商业美术课程，以培养工商业之美术人才。

编制：本班设左列各组

（一）应用美术组：授以图案、工商美术表格、美术字体、美术常识等学科。

（二）普通组：授以素描、水彩画、粉画、一般美术设计、美术常识等学科。

（三）高级组：授以素描、水彩画、油画、透视学、彩色学、西洋美术史等学科。

期限：每组修学期限三个月（每组人满二十人开班为原则），每日授课一个小时，授足八十一小时。修业期满考试及格者发给毕业证书（每组上课时间开学时公布）。

学费：每组每学期缴纳学费十二个折实单位，课程应用材料（如书籍、画笔、仪器、颜料、纸张等）费自理。

入学手续：自十一月十日起携带一寸半身照片二张，亲自来校选定组次，填写报名单，缴费注册。[22]

1949年9月颁布的《共同纲领》中明确规定："人民政府的文化教育工作，应以提高人民文化水平，培养国家建设人才……发展为人民服务的思想为主要任务。"[23]从中可以看出文化教育政策的两大价值取向：一是为工农大众服务，满足广大工农群众的教育需求；二是培养巩固国家政权所需要的人才。因此，当时上海私立美术学校是在新的意识形态倡导下，为满足工农群众教育需求、为开展职工业余教育而开办的。但从这份招生简章中，我们仍然可以看到上海特有的商业美术属性在迂回婉转的实验性教学中的探索，部分教学思路及理念仍是建立在上海工商业美术基础之上的，同时传承了上海私立美术学校的办学传统。

新中国成立后，私人画室作为私人办学的另一支力量，也在继续传承从民国时期延续下来的私人画室办学方式。从目前所掌握的资料来看，新中国成立后存在于上海的私人画室，大

[21] 据上海市地方志记载，上海市私立比乐业余学校于1946年由黄炎培、江恒源、杨卫玉、孙起孟、何清儒倡议创办，校名比乐中学。6月29日，成立学校董事会，江恒源任董事长。8月13日，黄炎培、江恒源、杨卫玉、何清儒、孙起孟联名在上海《文汇报》发表《中华职业教育社创设比乐中学意旨书》，孙起孟任校长，同年8月开始招生，9月12日举行开学典礼，黄炎培到校致词。比乐中学校名取自马相伯于1930年为中华职教社礼堂——"比乐堂"的题名。"比乐"一词源于《易经·杂卦》。马相伯释"比乐"两字为"亲群合众，故得快乐"之意。创设比乐中学，源自中华职教社倡导、推广职业教育，改良普通教育的宗旨。于普通中学中设职业科，使学生能受到职业性高中教育，于升学不致有妨，又便于就业。

[22]《上海市私立比乐业余学校美术班招生简章和招生许可证的报告及上海市教育局的指令》，上海市档案馆藏，档案编号：B105-1-222-143，1950年。

[23] 刘世清：《论新中国成立以来我国教育政策的伦理取向及其演变机制》，载袁振国《中国教育政策评论2008》，教育科学出版社2008年版，第111页。

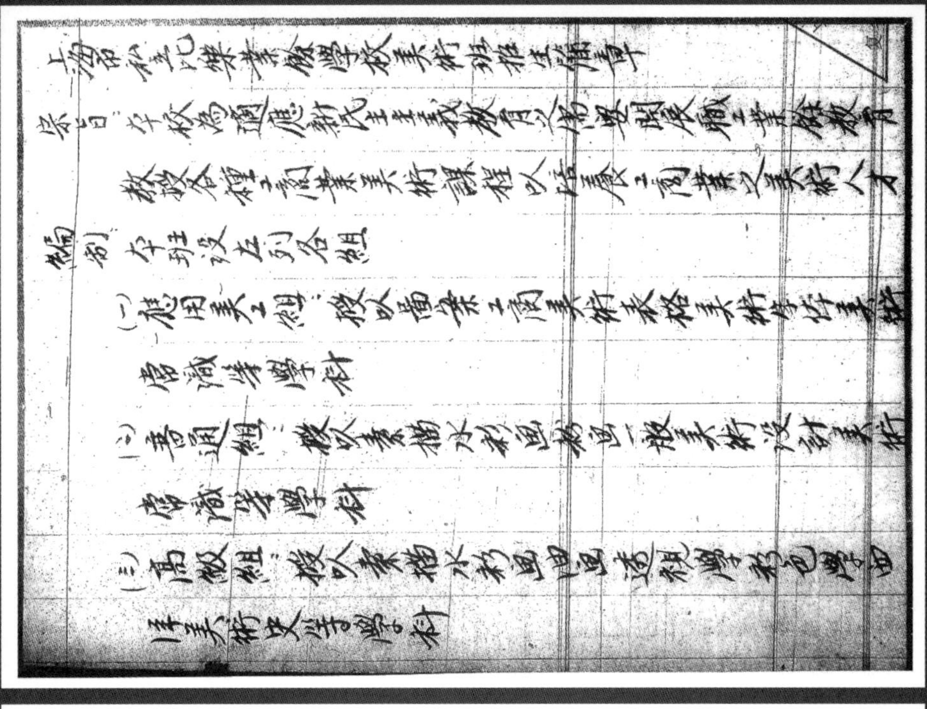

上海市私立比樂業餘學校美術班招生簡章

宗旨：本校為適應新民主主義教育之需要，開展職工業餘教育，教授各種之商業美術課程，以培養工商業之美術人才

編制：本班設左列各組

(一)應用美術組：授以商業、工商美術、裝潢美術等應用美術常識等學科

(二)普通組：授以素描、水彩畫、粉畫、一般美術設計美術常識等學科

(三)高級組：授以素描、水彩畫、油畫、透視、解剖學、色彩學、西洋美術史等學科

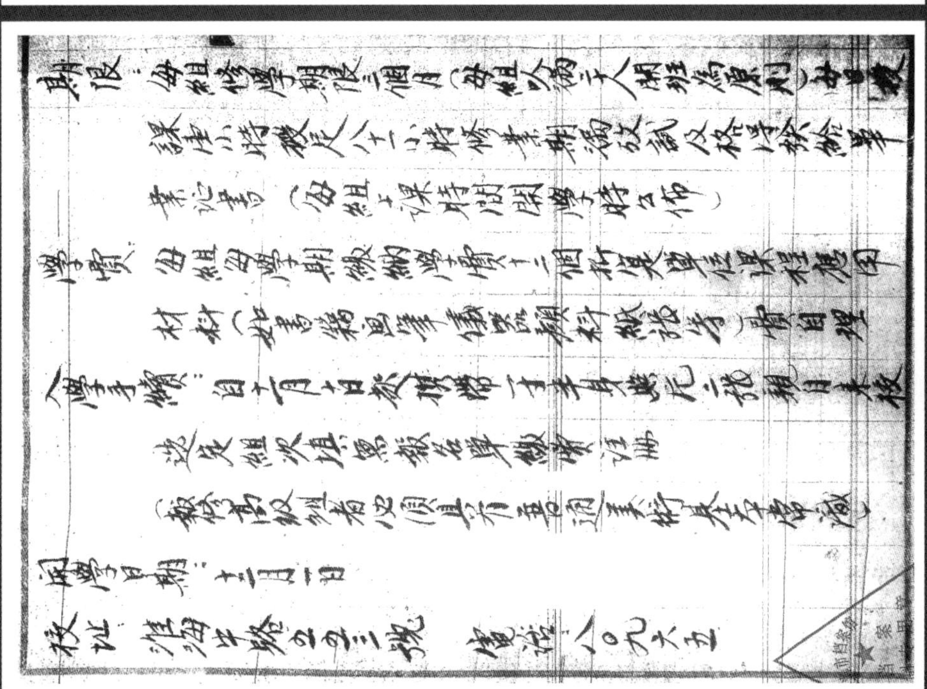

期限：每組修業期限三個月（每組以滿二十人開班為原則），每週授課六小時，授足八十小時，修業期滿考試及格，發給結業證書（每組上課時間開學時公佈）

學費：每組每學期繳納學費十二個折實單位，課程應用材料（如畫紙、畫筆、顏料、模型等）概自理

入學手續：自十一月十日起備帶二寸半身照片二張親自來校選定組次，填寫報名單，繳費註冊

（報考高級組者須具有三年以上美術基本修養）

開學日期：十二月一日

校址：淮海中路五五三號　電話：八〇九六五

图5-3
上海市私立比乐业余学校美术班招生简章
上海市档案馆藏
档案编号：B105-1-222-143
1950年

多以个人名义或取个人名字作为画室名,而且大多数私人画室在新中国成立前已经存在,授课内容主要以素描、色彩、工商业图案等为主,上课时间一般安排在晚上或者周末。当时较有名的私人画室有:新中国美术研究所(图5-4)、哈定画室、现代画室、孟光画室、任微音画室等。

新中国美术研究所:创办人为陈秋草、潘思同。前身为白鹅绘画补习学校,创办于1928年,1937年因"不愿受敌伪统治"而停办,1949年11月1日改名为新中国美术研究所后继续招生,地址在北京西路364弄3号。研究所设绘画及工艺美术两个班,绘画班又分基础训练、创作研究两个学科,工艺美术分图案及装饰两个学科。1954年停办。

孟光画室:又名集体画室,是新中国成立后上海三大美术私塾之一。创办人为油画家孟光。主要授课内容以素描、色彩为主。曾聘请严文樑、张充仁担任油画、水彩课程教师,招收学生30至40人不等,上课时间为晚上6点到8点[24],办学一直延续到1960年代。

哈定画室:由画家哈定创办,地址在余庆路,新中国成立后上海三大美术私塾之一。哈定出版并多次再版的《怎样画人像》《怎样画铅笔画》和《水彩画技法》等书籍,实际上是他画室教材的选本。

任微音画室:又名东方画室,任微音于1950年创办,新中国成立后上海三大美术私塾之一。[25]

充仁画室:由雕塑家张充仁于1935年创办,一直延续到1966年"文革"爆发时才关闭。上海民间有"美术院校好考,充仁画室难进"的说法。[26]

新美术研究所:画家陈盛铎创办。

在中国近现代美术史上,上海作为新美术教育基地,除美术院校外,小型画室或画会对培育人才的作用同样不可小觑。

[24] 资料来源:2013年2月王伟戍、黄妙发采访录音。

[25] 龚云表:《海派油画史论稿》,上海人民出版社2017年版,第310页。

[26] 李天纲:《张充仁:我是第一名》,《文汇报》2011年9月16日。

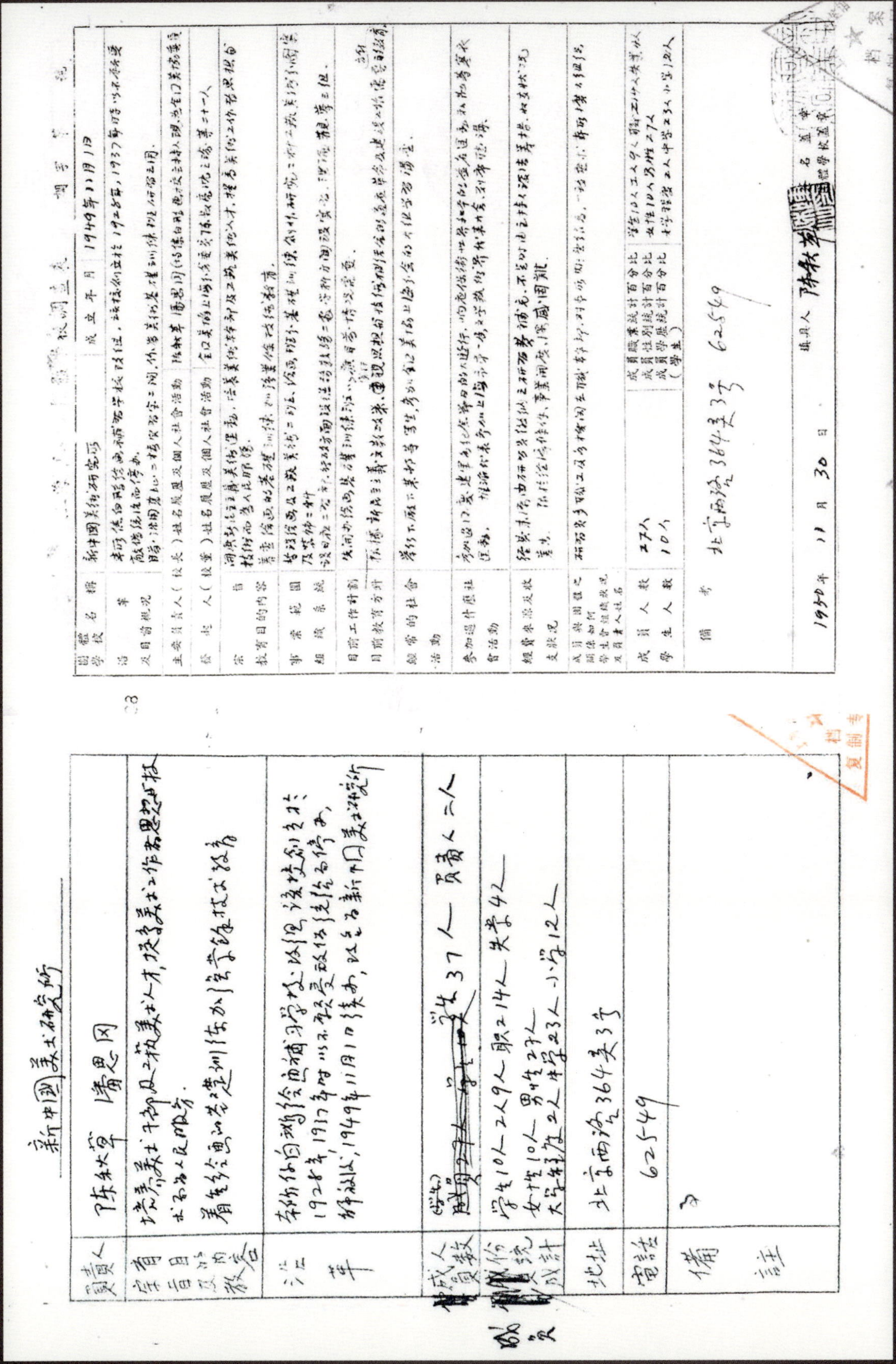

团体名称	新中国美术研究所	成立年月	1949年11月13日
宗旨及简况	美术是各阶级斗争的武器之一，1928年、1937年等均经历着受辱成隆战线的引诱，二者设应当之于民族斗争及民主斗争立场共同。		
主要负责人(校长、校董)	陈秋草（所长）担任过过去义勇人教会运动		
发起人	全凭美会的志趣，不受任何人支援。是二十一湖南省立美校毕业者二九人，浙美十二人毕业者，投加南京人民剧校。		
教育目的内容	美术培养高尚纯真实现的美技巧和生活表育。		
事业范围组织机构	培训绘画及立之政美技巧十几人，阴阳、素描十几人，研究：水彩、版画、国画各八人，组织，干事三本。		
会费来源及经费状况	收同本校收入补足其训练经费之不足。学员暂缓缴费。		
目前教育方针	大同方法绘画最基本原理能，一方面绘画专业之变更。		
经常的社会活动	举行美术宣传，美工业、美术写生，考察人民生活出席会；写作出版各图画展览。		
参加过什么政治活动	宣传解放战斗，建军之日死难之全日友八之九十之举办，而反侵略挂画十余张；同上海美术家协会共同办训练班、写生画展，举办十七个美术讲座。		
现在与其他团体的社会关系	经常与本市各名经以外参同类学术团体名、宣系来出版社、正气画报、劳动报、大众美术研究社等事机关。本所建立后即有美协会。		
成员及组织成员或学生人数	学员10人，男9人，女性10人；男性24人，女性22人，中医23人，小学12人。	成员暨其职社计百分比、成员或性别统计百分比（成员或学生）	学生10人之九人，男性9人其艺，女性10人，男性24人，中学23人，小学12人。
地址	北京西路364弄3号	电话	62549
备注	无		

1950年11月30日　填具人　陈秋草

图5-4
新中国美术研究所简况表
上海市档案馆藏
档案编号：B172-4-40-36
1950年

而这些小型画室的存在使上海原有的教育资源得以延续和传承，开拓出一种与学院教育完全不同的教育模式和方法，也为艺术院校之外美术人才的培养提供了条件。[27]值得一提的是，私人画室创办人很多有西方留学背景，他们的重要贡献，除了延续旧上海艺术传统、商业美术传统，还在于把西方艺术教育的理念引入了中国，这对处于市场化进程中的旧上海美术的发展起着非常重要的作用，同时对于新中国艺术人才的培养也至关重要。美术应如何适应市场需要？何种艺术形式能够受到群众欢迎？虽然探讨这些问题的维度发生了变化，但是艺术为人民服务的宗旨始终没变。

服务于新的意识形态的出版社，其人员构成除了对旧上海老艺术家的吸收，更重要的是对符合意识形态宣传需求的艺术家的培养，而上海私人画室中的学员，就成为出版社重点吸收的对象之一。1956年，上海画片出版社成立了（谢）之光画室、（金）梅生画室、（李）慕白画室，学员有来自哈定画室的庞卡，来自孟光画室的黄妙发、姚中玉、范振家、郑波，来自新美术研究所的王伟戌、马乐群，来自新中国美术研究所的范林根。这些来自私人画室的艺术家，日后成为上海年画创作的主力军，私人画室对艺术人才的培养，也在出版社的体制内得以延续。

---

[27] 仅就白鹅画会而言，前后办学二十多年，培育学生两三千人。其中确实涌现了很多具有突出成就、在中国现代美术史上有影响的人物，如著名版画家、美术史论家江丰，著名博物馆学家、上海博物馆馆长沈之瑜，著名版画家邵克萍，装饰画家张雪父，著名书画家费新我，南京艺术学院教授、著名美术史论家刘汝醴。新中国成立后办了四年的新中国美术研究所也培养了许多美术人才，如金立德、朱玉成、瞿谷量等画家，以及陈剑英、张之凡、汪福民等著名儿童美术家和出版社骨干美术编辑。

第二节 作为培训机构的出版社

一、年画、连环画创作培训班

"在一个出版社里,安置了近百个连环画家,不知道资本主义国家是否有过?……社会主义国家恐也少有。"[1]这段话是上海人美社原副总编黎鲁在其回忆录《连坛回首录》中,对当时该社人员状况的感慨。的确如此,上海人美社在成立之初,几乎聚集容纳了上海所有的艺术创作力量,人员构成中,既有来自解放区的艺术家,也有刚从艺术院校毕业的学生,但更多的还是新中国成立前生活于上海的强大艺术创作团体。面对一个庞大的艺术创作团体,如何使他们成为社会主义文化建设事业中的一部分并为之服务?如何尽快把新内容、新思想通过年画、连环画的艺术形式介绍给人民大众?这成为新中国成立之初巩固新政权的首要问题,而对旧上海艺术创作团体的改造,则从开办年画、连环画创作培训班开始。

1. 上海连环画工作者学习班

1950年9月25日第一届全国出版会议上通过的《关于改进和发展全国出版事业的五项决议》指出:"各地公私发行机构应联合或单独举办各种讲习班或学习会,以提高职工及一切从业人员的政治文化业务水平。"[2]虽不能说上海在新中国成立初期针对连环画创作者所办的一系列学习班与此有直接关联,但这项决议确实为以后学习班的开办提供了政策支持。因此,从1950年底至1953年,上海文化部门连续开办了上海连环画作

---

[1] 黎鲁:《连坛回首录》,上海画报出版社2005年版,第160页。

[2] 中国出版科学研究所、中央档案馆:《中华人民共和国出版史料2》,中国书籍出版社1996年版,第650页。

者联谊会、连环画研究班、连环画工作者学习班等一系列培训班，以"改造和培养连环画作者"为目的，引导上海连环画创作者走向"新民主主义道路"。

连环画是语言艺术和造型艺术相结合的通俗美术读物，要使这个读物符合党和人民的需要，必不可少的是需要建立一支绘画作者和编文作者的队伍。可是在解放前的老连环画作者队伍中，竟没有一个编文作者……而且绝大多数作者，对文艺必须为政治服务、为工农兵服务的概念很模糊。因此，要建立一支符合党和人民需要的作者队伍，就必须进行艰巨的改造培养工作。[3]

"改造培养工作"首先从连环画研究班开始。在成立连环画研究班之前，上海市军管会文艺处于1950年1月8日筹备成立连环画作者联谊会，招募248名会员，作为学术研究性质的团体，"每星期举办一次创作问题讲座"，研究"连环画如何服务于工农兵的问题"，[4] 但仍然没有解决"连环画的出版仰仗出版社""许多旧连环画散布在旧书摊上，而且旧的连环画仍大量出版"等问题。因此，1950年11月，上海美协举办了第一期连环画研究班，学员40人，学习期限三个月，上海美协派人员负责艺术创作指导，上海市文化局文艺处负责指导政治学习。

对于采用什么样的"范式"作为连环画改造的样本，研究班创办的时候也是有过考虑的。首先，之前连环画创作主要表现的题材，如封建迷信、武侠侦探、色情不雅之出版物是要杜绝的，提倡创作与政治相关、反映人民大众、反映运动形势的题材。因此，在选择教材上，顾炳鑫绘制的《我们的连长》，作为范本在学员中广为流传。[5]

紧接着，在1951年9月由上海连环画工作委员会接办第二期研究班，学员人数、学习期限同第一期。[6] 这两次研究班所招收学员多为"旧作者"，因此，如何改造"旧作者"的创作思

[3]《上海人民美术出版社关于连环画的工作报告》，上海市档案馆，档案编号：B167-1-339-114，1959年。

[4]《三年来上海连环画工作的初步总结》，上海市档案馆藏，档案编号：B172-1-74，1952年。

[5] 上海市美术家协会：《上海现代美术史大系·连环画卷》，上海人民美术出版社2010年版，第204页。

[6]《三年来上海连环画工作的初步总结》，上海市档案馆藏，档案编号：B172-1-74，1952年。

第二节　作为培训机构的出版社

想，引导他们"为工农兵服务、为大众服务""提高作者的思想认识和技术修养"则成为研究班的办学目的。所以，在课程设置上，研究班延续连环画作者联谊会"边学习、边创作"的方式，"经过正课学习，小组讨论，大组讲座，启发，检讨，观摩，批评"等方式，把创作、学习、出版结合起来，以此来提高学员的艺术修养。[7]而"思想认识"的提高，则通过每周小组政治学习的方式展开。

对于这两期研究班所取得的成效，后来的报告认为"研究班的短训办法，对旧作者有很大的帮助""学员的学习有所进步，来参加的也逐渐明白学习的意义和思想改造的重要"。[8]但是"连环画研究班"的培训是建立在对旧画家的改造基础上的，这远远满足不了新中国视觉体系的建构需要。陆定一在1951年4月27日的《中宣部通俗报刊图书出版会议上的总结报告》中说道："现在我们有条件出大批连环画，仅依靠那200个旧画人，白天画'解放画'，晚上画'跑马画'地赶画落后的作品是不行的，要训练出大批的干部来做这件事。"[9]因此，在这两期连环画研究班结束之后，连环画工作者学习班在1952年8月正式开班。

与前两期研究班不同的是，这次学习班的学员为"市内连环画作者中'散兵游勇'之人"，共招收学生149人。而这次学习班之目的，已不是"技术学习与政治提高"，而是解决连环画工作者失业问题。解放前学连环画，必须先拜师，然而投师条件很苛刻，学徒共三年，其间，所有绘画作品都由老师处理，不供给膳宿，不负生病和死亡的责任。师傅经常将徒弟关在家里描画，不准出门口一步，必须学三年，帮三年，白做六年后才算满师，才能出去自立门户。连环画学徒在拜师时，一般都要签下"关书"，也就是类似于今天所称的合同：

---

[7]　《上海连环画改造运动史料（一九五〇—一九五二）》，《档案与史学》1999年第4期。

[8]　《上海连环画改造运动史料（一九五〇—一九五二）》，《档案与史学》1999年第4期。

[9]　《陆定一在中宣部通俗报刊图书出版会议上的总结报告》，载中国出版科学研究所、中央档案馆《中华人民共和国出版史料3》，中国书籍出版社1996年版，第137页。

1. 服从师长教诲以冀速成。
2. 倘有过失遭师长申斥，家长不得过问，免宠成劣性。
3. 无端不得返家，免荒学艺。
4. 学艺期内倘有生疾情事，由业师通知家长，然祸福各由天命，决无异言。
5. 学艺期内倘有逃亡情事，由家长负责寻获，仍送业师处继续受业。
6. 学艺期内不得借半途辍业，否则家长须偿还一切膳费及教育损失费。
7. 学艺期内技艺稍已学成，不得私自为人作画、私作营业。
8. 学艺期满后，业师有优先雇佣权，工资照市，惟双方以义气为主，并不勉强。
9. 学艺期满后，倘作营业不得绘淫画及有伤风化作品，以尊师誉。
10. 倘有银钱往来短少情事，家长须负完全责任。
11. 嗣后如遇壮丁费用，须家长负责自理之。
12. 在受业期内，如有事假等情事，因告假日数而须补足受业之期限。[10]

对于之前从事过连环画配图工作，但还没有"出师"的一大批旧上海连环画创作者而言，新中国成立后由于对印刷、出版行业的控制和监管，当中很多人失去生计。连环画工作者学习班则为他们提供了一个习得技艺且免遭"关书"限制的学习场所。

上海举办的这三次连环画研究班、学习班，登报招生，以现代教育的形式，系统教授连环画的艺术创作方法、技巧和经验，在社会上产生了很大的影响，也是连环画史上真正的专业教育的开始。在教学上，研究班聘请当时上海美术界著名画家和连环画家来授课，如丁浩、米谷、顾炳鑫、徐宏达等，都曾经在研究班中承担教学课程，授课教师各教所长，如丁浩教授速写，黎冰鸿教授素描技法，米谷、徐甫堡、顾炳鑫结合自己创作连环画的经验，讲授如何理解原著精神、如何构思、如何塑造人物、如何观察生活、如何体现艺术形式表现技巧等有关连环画创作的问题。[11]

事实证明，连环画研究班最初办学目标的完成效果是令人

[10] 参见麦荔红《图说中国连环画》，岭南美术出版社2007年版，第40页。据书中记载，此"关书"是当年在上海张少呆门下学徒的连环画家洪斯文拜师时所立。

[11] 黄若谷、王亦秋：《五十年代初上海的两期连环画研究班》，《连环画艺术》1991年第1期。

满意的。边创作边教学的方法，教师针对具体问题，在教中改，在学中习。学员之间通过相互观摩的方式，相互扶持提高。这样的学习方式，学习班的学员们几乎取得了立竿见影的效果，他们反映"时间虽然短促，确实胜似读了数年的艺术院校"。[12]对于旧连环画作者来说，研究班的学习使他们摆脱了旧连环画创作模式的局限，提高了创作新连环画的水平，从而成为新连环画的创作者，这就从根本上解决了旧连环画作者的生活困境问题。但它的影响远不止如此，连环画研究班更为重要的意义在于，通过对旧连环画作者创作方式和观念的改造，实际上是为新中国培养了第一批人数可观的连环画作者，这对于增强新中国连环画作者群体力量，推动新连环画发展具有相当重要的作用。前两期研究班就有80名学员，他们中的很多人被分派到江西、辽宁等地，成为当地连环画创作的骨干力量。

这两批教师和学员，亦成为日后组建上海人民美术出版社的主要力量。新美术出版社成立后，1952年11月，连环画学习班有18名学员分派到该社，据黎鲁回忆：

> 18人是文化局学习班于11月结业时分配来的，这个学习班的主任涂克事先对我说："将要把最好的学员分给你们。"这其中有严绍唐、陈光镒、颜梅华、贺友直、陈云昌、傅定邦、王克明、任伯宏、任伯言、杨锦文、凌健、毛震耀、王一菲、沈悌如、姚有多、郑家声、金奎、徐良士……[13]

学习班、研究班的教师，如顾炳鑫、赵延年、邵克萍、徐宏达等则随华东人民出版社美术编辑部并入华东人民美术出版社。由此可见，连环画研究班、学习班作为专业教育机构，为新中国连环画事业培养了人数可观的创作群体，对新中国连环画的发展产生了很大影响。从教育的角度来说，新美术出版社及后来的上海人民美术出版社举办的美术夜校，旨在提高创作干部

[12] 黄若谷、王亦秋：《五十年代初上海的两期连环画研究班》，《连环画艺术》1991年第1期。

[13] 黎鲁：《连坛回首录》，上海画报出版社2005年版，第58页。

的绘画水平，实际上是连环画专业教育的延续，无疑对于新中国连环画的发展也产生了重要的影响。

2. 年画创作培训班

1949年11月26日，经过毛泽东批示同意，蔡若虹执笔、文化部部长沈雁冰署名的《关于开展新年画工作的指示》发表在《人民日报》上，指出"新年画已被证明是人民所喜爱的富有教育意义的一种艺术形式"，要求"在年画中应当着重表现劳动人民新的、愉快的、战斗的生活和他们英勇健康的形象。在技术上，必须充分运用民间形式，以求适合广大群众的欣赏习惯"。[14] 同年12月，上海市军管会文艺处和上海美协先后召集了年画工作者及部分美协会员，商讨开展新年画创作的问题，有40多位月份牌画家参与了当时的新年画改造运动。[15] 这次改造运动的方式，是在对新年画的统一监管下开始的，"分配了作者一定的创作任务。在完成初稿之后，又召开了观摩会，进行了集体研究并提出修改意见，然后才上色付印"。[16] 这种统一分配、分头创作、集体观摩、研究修改，之后再上色付印的流程对于新年画艺术形式的普及与推广，对于新意识形态的宣传，取得一定的了成效。

但这并不意味着上海原有的年画艺术家已经得到了官方的肯定，取得了骄人的成绩，成为了全国年画学习的榜样。相反，上海的新年画运动在之后不久就发生了较大的冲突，这个冲突在历史档案中被称为"年画事件"。事情起因是在1950年的一次年画工作会议上，军管会文艺处负责上海美术改造运动的陈烟桥对出版商讲道："你们所保留的旧年画，希望大家能报出来，不然卖到哪里可能都要追回来交还给你们。"[17] "年画事件"的详细经过在此不做过多阐述，陈烟桥的发言显然没有考虑到新旧年画作者之间的利益平衡，"年画事件"的处理结果也以陈烟

14 《人民日报》1949年11月27日。

15 《上海美术志》编纂委员会：《上海美术志》，上海书画出版社2004年版，第73页。

16 蔡若虹：《一九五〇年新年画工作概况》，《人民日报》1950年2月11日。

17 《上海市文化局关于年画事件经过情况的报告》，上海市档案馆藏，档案编号：B172-1-49-4，1950年。

第二节　作为培训机构的出版社

桥接受调查而告一段落，但其影响并未结束。

在陈烟桥对出版商的指责中，我们可以看出，在推行新年画运动之后的近一年时间里，[18]出版商和创作者对于出版及创作旧月份牌年画的热情。截至1950年9月，上海解放一年间创作发行的新年画有99种，而彩印图画总数却共有800多种，[19]这组数据说明上海在1950年仍创作发行了700余种并非新年画运动所要求的月份牌年画。因而，上海的旧画片出版家和月份牌创作者成为了全国的重点改造对象。而为了"封存黄色、迷信的旧年画，为新年画的繁荣发展剪除'蔓草'"，1951年9月，中央人民政府文化部就上海新年画运动中的这些问题发布《关于加强对上海私营出版业的领导，消除旧年画及月份牌画片中的毒害内容的指示》，同年10月，中央人民政府文化部和出版总署又发布了《关于加强年画工作的指示》，同时组织"年画作品观摩会""新年画展览会"等活动，邀请年画工作者座谈讨论，交流创作经验，倡导以新内容的作品占领广大农村的年画市场。

这些推广新年画运动的努力虽取得了一定成效，"有的彩印图画作者的作品已经脱离了原来的商业趣味，有着朴实的风格的表露"，但是上海市文化局关于上海美术1951年的工作报告中指出，创作者"脱离实际、脱离政治、脱离群众严重，与资产阶级思想里应外合，造成严重的商业化倾向，稿费观点，粗制滥造的作品，充塞市场的局面……在艺术思想上失去领导，并在资产阶级的诱逼下，走向严重商业化倾向，而以连环画、年画的创作尤甚"。[20]

面对这种情况，上海市文化局考虑模仿早前连环画研究班的模式举办美术工作者学习班，并在1952年的年画创作总结中，对当时新旧年画创作混乱的局面提出了设想："应该帮助旧年画或月份牌作者在政治水平与艺术水平上提高，现在彩印图

[18] 1950年年画创作启动开始于9月份，这次事件虽然没有具体记载时间，但大致在九十月之间。

[19] 陈烟桥:《关于上海彩印图画的发行与制作的一些问题》，《文汇报》1950年9月18日。

[20] 《上海市文化局关于一年来上海美术工作的报告》，上海市档案馆藏，档案编号: B172-1-74-46, 1952年。

画改进会绘画组已健全组织,有计划地学习,将来还可以建立短期训练班或帮助其到工厂农村去体验生活,以提高他们表现新事物的能力。"[21]

因此,从1952年底至1953年初,为期四个月的美术工作者学习班开课了,招生面向年画、国画、工商美术作者,共招收了163名学员。这个美术工作者学习班里绝大多数是国画家,通过这个学习班,一些国画创作者加入了新年画创作者队伍。对于学习班的办学目标,上海市文化局定性为"政治学习",因此,对新意识形态的学习成为这个训练班课程的"重中之重"。对创作者进行思想教育,以提高他们的阶级觉悟与政治水平,这在制定的学习目标与要求以及学习内容上都有所体现:

一、提高学员的阶级觉悟和思想水平,了解中国人民革命的伟大胜利和社会主义的前途,培养革命人生观和美术观,发扬爱国主义思想。

二、认识美术工作者必须改造思想,在现有政治水平上提高一步,为今后更好地为人民服务打下基础。

美术工作者学习班学习内容:

第一单元 政治常识
选学《政治常识读本》第一、二、三、四、五、六、八共七章(六八两章合并讲课),每章讲课一次,小组讨论一次,讲师解答问题一次,复习两章一次。前四章与后三章学完时各测验一次,结合民主评卷。正课开始时,先作一次学习动员报告,并进行讨论以端正学习态度。

第二单元 革命人生观
学习《论革命人生观》,讲课讨论各两次,问题解答和测验各一次,结合民主评卷。

第三单元 文艺思想
选学毛主席《在延安文艺座谈会上的讲话》的引言和结论第一、四、五节,讲课两次,讨论四次,然后根据各小组情况进行测验民主评卷各一次。

[21] 《一九五二年年画创作总结》,上海市档案馆藏,档案编号:B172-1-74-44,1952年。

第四单元　思想总结

以《文艺工作者为什么要改造思想》一文的精神，根据学院具体情况讲课一次，讨论一次，解答问题一次。讲课是结合批判思想动员，要求从思想上认识思想改造的重要性。讨论要求联系思想，暴露思想和批判思想。[22]

文化局对于人员的去留问题，也予以考虑，预备"结业后一部分够条件者，适当吸收为文化工作干部，其余一部分拟请劳动就业委员会负责处理"。[23]而在与劳动就业委员会磋商之后，对于失业美术工作者"可全部由该会予以登记，结业后出路除少数由我局负责外，多数请该会负责"。[24]1954年9月，上海画片出版社成立，这批美术工作者学习班的人员顺理成章进入该社工作，他们在进入国家体制的出版机构之后，不但肩负着新中国视觉图像的传递和创作工作，也承担起了月份牌技艺的传承工作。

二、社中"画室"

上海人美社成立之后，出版社对于社内创作人员业务的提高与学习并没有中断，而是通过不同方式继续提高艺术家的政治觉悟和艺术水准。出版社内部对创作者的教育培训主要通过三种方式来完成：一是社内组织专业学习；二是通过社内组织展览观摩活动增强艺术修养；三是组建"个人"画室，通过师徒传承方式教授技艺。

新美术出版社在并入上海人美社之前，已在出版社内部增设画室，要求创作干部练习素描、速写等基础学科，以提高创作水平。据黎鲁回忆，当时选择新闸路以北535弄三开间的三层石库门楼房为社址之一，"整个的第三层楼面，就全当作练

---

[22]《上海市文化局关于管理私立美术短期训练班的暂行条例、举办美术工作者学习班的计划、总结》，上海市档案馆藏，档案编号：B172-4-247-20，1953年。

[23]《上海市文化局关于管理私立美术短期训练班的暂行条例、举办美术工作者学习班的计划、总结》，上海市档案馆藏，档案编号：B172-4-247-1，1953年。

[24]《上海市文化局关于上海美术工作者政治见习班的总结》，上海市档案馆藏，档案编号：B172-4-247，1952年。

素描的画室了"。对于这么做的原因,黎鲁回忆道:

由于绝大多数连环画家受教育的机会少,更没有受过绘画基本功的训练,故于1952年起聘请同济大学教授来社指导,并购置了石膏画架,规定了练习时间,不少青年创作干部每天晚上在灯下刻苦学习,一两年后,绘画表现力得到提高。此外,也号召大家画速写。[25]

连环画作为旧上海独具特色的艺术形式,无论是文字创作者还是绘画创作者,都已经总结出一套迎合大众审美趣味的形式,新美术出版社成立之后为何要引入素描、速写的课程,在《连坛回首录》中,黎鲁并未提及。但是多年之后,他在接受记者采访时,对这个问题做了详细阐释。他认为:"老连环画家大多出身很苦,文化程度不高,他们的功夫多来自国画……都是遵照国画老一套的程式的……他们不会写生,不会素描,要画现实题材的作品,往往出错……而五十年代出来的一批新连环画家,大大得益于美术学院的基本功训练,这也跟当时流行苏联传来的画风有关。"[26]

[25] 根据黎鲁《连坛回首录》(上海画报出版社2005年版)第58、第179页相关资料整理。

[26] 郑诗亮:《黎鲁谈五十年代连环画的创作与出版》,《东方早报·上海书评》2012年8月19日。

通过这段访谈我们可以得知，虽然存在艺术样式与读者趣味之间的纠结，但是对素描以及速写的推崇与对苏联的崇拜有关，也与新中国成立初期对中国画的改造有关。"五四"时期形成的中国画的"革新"观点继而转变为中国画的"改造"论述，前者是艺术家主体对社会巨变的反应和策略性选择，而后者作为自上而下的政策性要求，是服务于新的社会理想的导向规范，传统被二分为"人民性的优秀遗产"和"封建性的糟粕"，在意识形态的影响下，国画受到比"五四"时期更为彻底的批判。[27]同时，主流意识形态对苏联艺术形式的推崇，将苏联美术视为唯一的标准，自然以苏联美术教学方法为标杆。而对国画的批判势必影响美术出版物的创作，对水墨线性艺术形式的追求，则成为当时上海人美社连环画创作的一大特色，也是创作人员采用的主要艺术形式，如韩和平、丁斌曾的《铁道游击队》，贺友直的《山乡巨变》等，都是以单线勾勒形式创作的连环画代表作品。

出版社对于社内创作人员教育培训的第二种形式，则是通过出版社内部的展览观摩形式展开：

> 定期举行各种观摩会。在组织一九五三年的年画创作过程中，曾举行三次观摩会：第一次是草案观摩，第二次是定稿观摩，第三次是成品观摩。然后再以作品的内容进行分类，编成小组。将个人的作品在小组中逐幅进行研究讨论，这样使大部分作品都经过反复讨论和修改，因而也提高了画家的思想水平和创作水平。在成品观摩会中，大家都提出意见，供评选委员会之参考。[28]

这段话记录的是上海人民美术出版社总结1953年工作经验时，对当时年画创作方法和问题的总结。"展览观摩"这一艺术学习与艺术创作形式始于延安时期，在新中国成立之后，则成为艺术创作过程中不可或缺的环节。观摩会分多种形式，如

[27] 潘公凯：《中国现代美术之路》，北京大学出版社2012年版，第359—360页。

[28] 《上海人民美术出版社一九五三年年画工作总结》，上海市档案馆藏，档案编号：B9-2-31-38，1954年。

图5-5
画家们业余时间进行模特写生

社内创作者之间的观摩、社内领导对创作者的观摩、社外各种美术展览的观摩等。通过观摩形式组织创作，对统一思想意识、统一创作思想路径起到了非常关键的作用。

教育培训的另一种形式则通过在出版社内部开办个人画室展开。1949年11月，文化部在《关于开展新年画工作的指示》中指出："着重与旧年画行业和民间画匠合作，给予他们必要的思想教育和物质帮助，供给他们新的画稿，使他们能够在业务上进行改造，并使新年画能够经过他们普遍推行。"[29] 这一指示给当时处于焦灼状态的旧年画创作者提供了一个基本生存空间，同时也使新年画运动的开展得到了旧年画创作者的技术支持。虽然有政策支持，但自新中国成立以来，政府对于旧上海月份牌创作者的态度一直处于矛盾的状态，既想借他们的创作技术来为新政权服务，认为他们"熟悉群众的欣赏习惯，善于运用群众喜闻乐见的表现风格，有娴熟的制作技法和经验"，又认为他们"缺乏反映新的生活内容的创作能力"。而新美术工作者，"虽有创作能力，但对年画制作特点、风格及其为广大群众所喜爱的民间艺术传统，往往忽视或不能理解"。对于这个问题的解决，华东行政委员会文化局1953年的年画工作总结中提出，新美术工作者应该"虚心学习年画艺人的技法经验，防止'闭门造车'而以自己的一套去理解、代替群众喜见乐闻的民间艺术传统的做法"。[30]

华东行政委员会文化局1953年的年画工作总结虽然提出新美术工作者应该向旧年画画家学习的思路，但是具体怎么实施并没有给出明确意见。而这一问题直至三年后才得以解决。1956年，上海画片出版社成立以"特约年画创作者"李慕白、金梅生、谢之光为名的个人画室，年画编辑部主任朱石基[31] 与上海美协负责画室的筹建工作。学生从当时上海私人画室（哈定画室、陈秋草画室、孟光画室）招收，加上出版社原有的新

---

29 《人民日报》1949年11月27日。

30 《华东行政委员会文化局关于年画工作情况的报告》，上海市档案馆藏，档案编号：B167-1-387-40，1953年。

31 朱石基（1922—2000），曾用名朱士基，别名朱重一，湖北武昌人。1942年在重庆就读于国立艺术专科学校。1945年参军，在新四军第五师从事绘画宣传工作。1952年调华东军政委员会文化部艺术处负责年画、宣传画创作的组织工作。1954年任上海画片出版社编辑部副主任，上海画片出版社并入上海人民美术出版社之后任该社年画编辑室主任。从对沈家琳、王伟戍、黄妙发、马乐群的访谈中得知，上海画片出版社组建了三个画室，与朱石基本人对月份牌年画的重视和热爱有很大关系。

年画创作者，共计15人，分配至这三个画室中。

对于为何成立这三个画室，当时的金梅生画室学生、日后成为上海人美社年画编辑室主任的沈家琳回忆说：

> 出版社当时有一个思想，看到这些月份牌作者年纪那么大了，将来队伍怎么办？他们就提出一个课题，要搞一个接班的队伍，出版社就下了决心，人从哪里来？当时就考虑从上海当时各个私人办的画室里面选一些条件最优秀的同志，包括黄妙发、王伟戌、陈菊仙、庞卡、姚中玉等，也从浙江美术学院招了一些学生，像江南春、刘王斌、吴性清等，大概有十多位同学，其中也有我，但我是属于画片社原来的画家。我记得当时给他们的待遇就是以大学毕业生分配的待遇，我们毕业的时候是48.5元，他们的工资出版社也是给他们48.5元。一来就拜老师，都是自己自愿挑老师的，挑了以后当时出版社就提供了一个地方，现在就是建国西路衡山路这个地方，给我们做画室学习用。[32]

据沈家琳回忆，当时授课方式上采取以师傅带徒弟的形式，三位先生"带着他们自己创作的原稿，每个步骤都是给学生看。怎么擦、怎么上颜色、怎么完稿、完稿当中怎么调整，这些方法都教给我们，甚至教我们喷笔怎么使用，我们月份牌里面像工艺美术那样用喷笔喷的，包括背景都是用喷笔来喷的"。这种师徒授课方式无疑对月份牌技法的传承和延续起到至关重要的作用。在授课内容上，除了三位先生亲自临摹示范，出版社还请了张充仁、严文樑教授色彩、透视，哈定教授水彩，江寒汀、唐云教授花鸟，俞子才教授山水。

"画室"师徒制方式延续了两年时间，直至1958年反右派斗争结束。经过两年的学习，当时很多学生掌握了月份牌绘画技术。但显然掌握技术并不是目的。自郑曼陀开创月份牌技法以来，在杭穉英、李慕白、金雪尘的推动下，这项技艺被更多的月份牌创作者习得并掌握，而且穉英画室招收的学徒对传承技艺也起到了一定作用。但新中国成立后对月份牌创作了要

[32] 资料来源：2013年2月沈家琳采访录音。

表4 上海画片出版社个人画室学生名单

金梅生画室	沈家琳、王伟戌、姚中玉、金培庚（金梅生之子）
谢之光画室	黄妙发、范振家、马乐群、庞卡、郑波（后转连环画）、徐书城、金铭
李慕白画室	范林根、徐通潮、汪元鼎、冯萍（女）

服务于新思想、新观念、新政权的要求，显然，之前的月份牌创作者并不符合政府对新美术工作者的要求。出版社内部"画室"的建立，为技艺的传承提供了空间，但是从课程设置上可以看出，花鸟、山水、水彩、透视、色彩等课程，[33] 已经不仅仅是技法传授，而是相当于一所新中国艺术院校的课程设置。招收的15名学生首先要求有素描功底，[34] 因此，月份牌也被赋予了一种新的意义，为工农兵服务，表现社会主义新生活。[35] 而"人物形象趋向健康，清除旧月份牌画的'脂粉'气"，亦是对新体制下月份牌年画的新要求。

应该说两年的画室培训，效果是非常显著的。与1952年举办的美术工作者学习班不同，这次出版社内部画室培训是在肯定月份牌价值的基础上，对月份牌技法的认同和支持，是利用旧月份牌画家的技艺和方法为新政权服务。对月份牌从否定、"嗲甜糯嫩"的评价直至肯定其艺术价值，开办月份牌画室来传承技艺，中间经过了大约六年的时间。这种转变诚然与文艺风向的转变密不可分，[36] 但是我们仍然可以看到个人或体制在其中所做的努力和坚持。对读者来说，"画室"为艺术服务于政治提供了新的视觉建构，增加了新鲜气息，满足了读者的需求。对于出版社与学员而言，甚至对这个画种来讲，两年系统、全面的学习，足以使创作者掌握这门技术，用"新思想、新观念"为新政权服务。然而，更重要的是，对这批年画创作者的培训，实际上是为新中国培养了第一批新月份牌年画美术工作者，这对于月份牌年画创作群体的加强、月份牌年画的发展起到了相当重要的作用。随着反右派斗争的结束，这批学员随着上海画片出版社一起并入上海人民美术出版社，加入上海人民美术出版社年画创作队伍，用他们的作品，丰富了年画语言的表现形式，增强了其艺术影响力。

33　朱石基、黄振亮：《上海"月份牌"年画的今昔》，《美术》1984年第8期。

34　朱石基、黄振亮：《上海"月份牌"年画的今昔》，《美术》1984年第8期。

35　资料来源：2013年2月沈家琳、王伟戊、黄妙发、马乐群采访录音。

36　1956年文艺风向转变首先源于毛泽东"百花齐放，百家争鸣"方针的提出，艺术界开始由对苏联的追随转为对民族形式的探讨。表现在年画创作领域，1956年中国美协举办了"新旧年画、民间玩具展览会"，而这次展览会上有人疾呼"为了保卫和占领这样一种深深为人民喜爱的绘画领域，该是革命的艺术家们停止退却的时候了"。《美术》用了近一年的时间讨论有关新年画创作的问题，希望把创作重新引入新年画创作中。但1956年新年画的颓势已经势不可挡，除了政策的原因，还有艺术发展的规律对人为因素的修正，因此，这个时期提出对月份牌年画的重新认识是大势所趋。

第三节 对"外"教学[1]

李慕白先生，我记得那个时候他到浙江美术学院跟学生上过一次课。开头的时候学生都看不起他，说他们画月份牌的低档。他说我就画给他们看，打草稿的时候就是用油画来打草图，造型能力非常强。他从学校回来说，上完课之后学生都很惊叹，说他怎么会有这么一手。[2]

在这段沈家琳对李慕白的回忆中，我们得知月份牌年画创作者当时的另一个任务是参与到新中国艺术院校的教学中。上海人美社或者说来自上海的艺术创作者对20世纪后半期中国艺术创作的影响，除了体现在年、连、宣大众出版物的创作、印刷、发行上，还表现在对全国艺术院校的课程教学以及对其他出版机构的培训上。

1952年全国大专院校进行院系调整，原来设在上海的上海美术专科学校[3]与苏州美术专科学校、山东大学艺术系合并成立华东艺术专科学校，迁址无锡。这样，上海在新中国成立之后就没有了独立的美术院校。1959年，随着上海音乐学院、上海戏剧学院的建立，成立一所美术专科学校被提上了日程，因此，新的上海市美术专科学校[4]即在1959年开始筹备。师资的构成，首先是"向文化系统的有关单位，如上海人民美术出版社、上海中国画院、上海美术设计公司"等单位调聘教师。当时，作为上海人美社年画宣传画创作组组长的丁浩，对上海市美术专科学校的筹建起到了关键作用，他根据旧上海商业美术以及在上海人美社年画宣传画创作组工作多年的经验，草拟了一份《筹建上海美术学院规划草案》，这份草案成为上海市美术专科学校院系建构的基础。而上海人美社年画宣传画创作

---

[1] 虽然本书对上海人美社的研究时间跨度为1949年到1966年之间，但在本小节时间跨度要延长到20世纪80年代后期，因为新中国平面设计艺术教育虽在20世纪五六十年代已经展开，但到了80年代之后才真正成熟。

[2] 资料来源：2013年2月沈家琳采访录音。

[3] 1912年由乌始光出资发起筹建，1913年下旬成立，3月开课。参与者有刘海粟、汪亚尘、杨柳桥等。初名图画美术院，1915年改名为上海图画美术院，1920年改名为上海美术学校，1921年改名为上海美术专门学校，1930年改名为上海美术专科学校等。乌始光为第一任校长，张聿光为第二任校长，张聿光1919年6月辞去校长职务后，刘海粟任第三任校长。学校专业设置不断调整，大致包含西画科、国画科、工艺图案科、雕塑科、高等师范科、普通师范科等。1952年全国高等院校调整，该校与苏州美术专科学校、山东大学艺术系合并，成立华东艺术专科学校，校址无锡，刘海粟仍居上海，任校长。后学校迁南京，改名南京艺术学院，刘海粟任院长。

[4] 上海市美术专科学校于1960年9月正式开学，设国画、油画、雕塑、工艺美术四个系，由沈之瑜担任副校长，涂克任油画系兼雕塑系主任，丁浩任工艺美术系、国画系主任。教师有吴大羽、周碧初、俞云阶、张隆基、应野平、江寒汀、张充仁、唐云等，兼课教师有严文樑、蔡振华等。1962年，国家遭遇严重困难，规定1959年所办学校必须一律停办，因此，1965年上海市美术专科学校人员或转入上海油画雕塑创作室，或转入由轻工业局领导的上海美术学校。从开始筹备至学校解散，上海市美术专科学校存在了五年时间。

员张隆基、曹有成也在学校成立后，承担着教学任务。

20世纪80年代，上海人美社连环画家贺友直担任中央美术学院年画连环画系（简称年连系）[5]课程教师达五年之久。[6]贺友直在担任年连系教师的过程中，提出了如何在院校中教授连环画的思索，他在《美术研究》上连续发表了《连环画的创作教学问题》(1983年)、《连环画创作课教学笔记摘抄》(1984年)、《连环画教学之我见》(1985年)，阐述了他对连环画教学的一些教学经验和教学观点。

中央美术学院年连系的成立，与江丰有着直接关联。1979年，江丰落实政策后回到了中央美术学院，他所做的第一件事情即是建立年画连环画系，而这也是他在1959年被打成"右派"之前对美院院系改革的构想。对于组建年连系的原因，江丰认为："在新中国和共产党领导下的美术学院，对八亿农民喜闻乐见的年画和广大群众所欢迎的连环画置若罔闻，不去培养这方面的作者，不去提高这些作者，我们还谈得上什么为人民服务呢！"[7]在中央美术学院建立年连系，虽然招来了非议，但是却也给年画、连环画的教学与推广提供了一个更高的平台和进行学术研究的机遇。

除了连环画，上海人美社月份牌年画作者，也在20世纪80年代承担起艺术形式的传授以及对艺术家的培养任务。杨先让在谈及中央美术学院年画连环画系教学设置时回忆道："我们在一些出版社进行调查研究时，有的出版社负责同志很诚恳地说：'你们能在艺术教育阵地上创建年画系，这给我们以极大的鼓舞。你们如果要培养月份牌作者，我们全包了。'"[8]虽然中央美术学院的年画专业最终的专业方向偏向民间美术，不过这也足以说明当时月份牌年画在体制之内以及民间所受重视的程度。

月份牌年画在20世纪80年代受到了前所未有的关注，首

---

[5] 中央美术学院年画连环画系成立于1980年，彦涵为第一任系主任，之后由中央美术学院原版画系教师杨先让担任系主任一职。1980年第一次招收研究生六名，本科生十几名，年画、连环画两个专业各占半数。1986年，年画连环画系改名为民间美术系，着重民间美术的研究与探索。1990年民间美术系改换成民间美术研究所，之后研究所亦逐步解散。

[6] 杨先让：《中央美术学院年画、连环画系成立始末》，《美术》2010年第10期。

[7] 杨先让：《年画连环画系全体师生的怀念》，《美术研究》1983年第1期。

[8] 杨先让：《连环画年画系的创建》，《美术研究》1985年第1期。

第三节 对"外"教学

先表现在月份牌年画创作者李慕白、金雪尘的作品《女排夺魁》(1982年)(图5-6)获得1984年第六届全国美展荣誉奖、第三届全国年画评奖一等奖。[9]不但如此，许多创作发行于20世纪五六十年代的月份牌年画作品，也在第三届全国年画评奖中被追认了各种奖项：金梅生创作的年画《菜绿瓜肥产量多》(1956年)(图5-7)获一等奖；获得二等奖的年画作品中，有五幅来自上海，分别是张碧梧的《百万雄师渡长江》(1955年)(图5-8)，王伟戍的《我们敬爱的毛主席》(1961年)(图5-9)，金雪尘的《武松打虎》(1962年)(图5-10)，邵克萍、吴哲夫的《不让它吹倒》(1963年)(图5-11)，沈家琳的《做共产主义接班人》(1964年)(图5-12)。[10]这些年画的共同特点是都采用了月份牌年画的表现手法。

这是对月份牌年画价值及其艺术成就的首次官方肯定。之后，各地美术出版社、文化机构陆续开设了"年画创作班"，邀请上海人美社的年画创作人员去各地讲学。

作为月份牌年画的大本营，上海人美社虽然在1966年之前就通过展览的方式在全国各地宣传上海月份牌年画，并且与其他出版社进行创作交流，但正式开始对外教学，始于20世纪70年代末期。据沈家琳回忆，自1978年开始，上海人美社就安排他们去内蒙古人民出版社、四川美术出版社、安徽美术出版社、岭南美术出版社、江西美术出版社、江苏美术出版社等处开设短期培训班。

而真正有系统、有组织地展开对月份牌创作艺术的传承，则始于全国年画创作班。自1986年至1992年，全国年画创作班共举办过三期。第一期创作班开始于1986年9月10日，为期十五天。学生是来自全国各地出版社的创作骨干，他们带来了创作的半完成稿，由当地出版者协会组织审稿，把创作与出版、创作与技法结合起来。

[9] 中国美术馆、大连博物馆:《共和国美术之路——中国美术馆藏品选萃》，安徽美术出版社2013年版，第124—125页。

[10] 中国出版工作者协会:《中国出版年鉴1986》，商务印书馆1986年版，第63—64页。

女排夺魁

图 5-6
《女排夺魁》
李慕白、金雪尘
上海人民美术出版社
1982年

图5-7
《菜绿瓜肥产量多》
金梅生
上海画片出版社
1956年

百万雄师渡长江

图 5-8
《百万雄师渡长江》
张碧梧
上海画片出版社
1955年

我們敬爱的毛主席

图 5-9
《我们敬爱的毛主席》
王伟戌
上海人民美术出版社
1961年

图 5-10
《武松打虎》
金雪尘
上海人民美术出版社
1962年

图 5-11
《不让它吹倒》
邵克萍、吴哲夫
上海人民美术出版社
1963年

20世纪80年代年画创作班的开办,已经是建立在对经济利益进行考量的基础之上,但更反映了对月份牌年画审美及认知态度的转变。随着文艺风向由单一向多元、由约束向自由的转变,以及在对"艺术标准"的争论、艺术评论的导向等诸多因素的影响下,对月份牌的认知脱离了"嗲甜糯嫩"以及"群众看了喜欢、领导看了皱眉"的认知范畴。上海人美社年画编辑室主任沈家琳在这三次年画创作班中,以主持人的身份,教授和引导了月份牌年画在全国各地的创作和出版工作,对月份牌年画的传承起到了积极的作用。

图 5-12
《做共产主义接班人》
沈家琳
上海人民美术出版社
1964 年

第一届全国年画创作班在津举办

中国出版工作者协会年画研究会主办的第一届全国年画创作班，于1986年9月10日至25日在天津举办。

这次年画创作班，是中国出版工作者协会年画研究会成立以来的第一次活动。年画创作班二十六人，分别由北京、上海、天津、辽宁、吉林、黑龙江、河北、山东、浙江、江苏、江西、四川、安徽、湖北、广东十五等个省市、十七家中央、地方美术专业出版社推荐选派。

创作班上，安排了传统年画和"月份牌"年画历史资料的观摩，穿插了几次与当地新华书店和部分中央、地方出版单位的座谈，交流了当前年画由卖方市场向买方市场转化的信息，探索了年画编创衔接的客观规律，还聘请年画理论家王树村先生为大家做了有关年画沿革及艺术特点的学术报告。

学习班的在这次艺术创作的实践中，作品充分注意了现实题材的开拓，大量作品反映了工、农、市政等等各条战线"四化"建设的辉煌成果，讴歌新人新事新风貌。此外，，还有一定数量反映领袖和人民同欢共乐、紧密相连的佳作。作者来源于生活基层，熟悉群众的欣赏习惯，作品充满了浓郁的生活情趣和激越的时代节奏。　（滕大千）

图5-13
第一届全国年画创作班新闻稿
1986年

第六章
传播与交流

在对年、连、宣等大众传播出版物不断阐释、重读的同时，人们往往忽视了社会因素是如何介入其传播过程的，又是哪些特定机制使得这些社会因素在视觉图像的传播过程中起到了推动作用。从传播学的视阈来看，作为一种视觉文化现象，新中国出版体制下的艺术出版物能产生巨大的轰动效应，固然与特定时代的文学成规、审美风尚、期待视野有关，但同时也是报刊图书发行体制变革、媒介联动等多种力量综合作用的结果。

作为新中国美术生产体制的外延机构，新华书店对新中国文艺生产以及传播有着非常重要的意义。通过这一传播机构，新中国艺术生产完成了大众传播的任务，实践着艺术为工农兵服务的设想；新华书店通过对市场的掌握和了解，反过来又参与到新中国图像的建构体系中，用另一种力量对新中国年画、宣传画甚至连环画的创作产生影响。对新华书店历史的梳理，有助于我们了解这一流通体制是如何通过与艺术出版体制的对接，从而影响了新中国美术的发展方向。

与此同时，美术出版社内部也在通过期刊的出版、发行以及期刊内容的编辑和创作，实践着新中国意识形态的建设和宣传任务。上海人民美术出版社的《华东画报》、《工农画报》、《东风》画报正是在新中国成立之后相继发行的期刊，虽然由于各种原因最终停办，但这种方式无疑扩大了出版社的受众范围，而参加国外的书评展览活动，更是把上海人美社的影响力扩大到国际书籍设计和出版领域。

第一节 出版、创作与新华书店传播体系的建立

一、流通体系的建立

1937年4月24日,新华书店在延安清凉山创立。随着抗日战争、解放战争的推进,新华书店在各个解放区相继组建成立。[1] 新中国成立之后,尤其是公私合营完成之后,新华书店作为全国出版发行体系的唯一部门,肩负着新政权意识形态的传播和宣传任务。1949年10月3日,中宣部出版委员会在北京召开第一届全国新华书店出版工作会议,这不仅是新华书店历史上,也是中国出版史上具有划时代意义的一件事情。胡愈之在会议开幕致辞中说:"我们过去是分散的,我们的工作是局限性的。现在全国快要完全统一了,我们必须由分散走向集中,由面对局部趋向于面对全国。因此,怎样使新华书店有计划地、有步骤地走向统一领导,集中经营,这是这次会议所担负的主要任务。"[2] 从胡愈之的致辞中,我们可以看到新华书店在新的历史时期的工作和任务,即"统一领导,集中经营"。会议经过十七天的讨论后闭幕,《人民日报》发表了社论《出版会议的收获》,评论"这次会议的成绩首先是确定了全国新华书店的统一集中、加强企业经营管理的方针和具体办法。会议明确规定了今后的出版事业首先要为工农兵服务,为此就必须大量出版有益于人民的通俗读物。在发行工作上须扩大发行网,通过各种各样的办法,把书刊送到广大人民的手里"。[3] 至此,新华书店在新中国传媒体系中的作用和价值被予以确认。

这次会议结束后,由于部门、人员更换频繁,虽然制定了

---

[1] 汪轶千、李俊杰:《新华书店管理模式回顾(1951—2001)》,《出版史料》2011年第3期。

[2] 《胡愈之在全国新华书店出版工作会议上的开幕辞》,载中国出版科学研究所、中央档案馆《中华人民共和国出版史料1》,中国书籍出版社1995年版,第248页。

[3] 《出版会议的收获》,《人民日报》1949年10月21日。

新华书店的发展基调,但是并没有完全按照所指定的路线走下去,尤其是在全国出版发行行业的大本营——上海。上海解放后共有600余家私营出版社(书店),虽然很多加入了当时的上海出版工作者联谊会,私营出版社了加入通联书店、连联书店以及童联书店,表面上看服从新华书店的领导,但因有自己的出版营销渠道,一些私营出版社暗中出版、印刷与新政权所倡导的意识形态相违背的出版物。因此,1950年3月25日,出版总署公布《关于统一全国新华书店的决定》,强调迅速走向统一、集中,加强专业化,明确了集中领导、分散经营的原则,在全国各大行政区(华北、东北、华东、西北、中南、华南、西南)设新华书店分店,直接接受新华书店总管理处领导。[4] 同时,在该决定的附件——《关于统一全国新华书店各部门业务的决定》中,提出了新华书店"编审出版工作统一办法""印刷工作统一办法""发行工作统一办法",[5] 明确了新华书店出版、印刷、发行的职能体系。

上海由于其历史、地域的特殊性,新华书店从无到有、从小至大经历了"私私联营""公私合营"的发展历程。1949年5月27日,上海解放,新华书店上海分店则成立于1949年6月,是作为新华书店华东总分店业务部的附属销售机构而成立的。[6] 当时上海的600余家书店,除五六家国民党官办书店外,绝大多数是私营书店。官办书店由军管会接收后,改建为新华书店或其他国营书店门市部。新华书店供应的是老解放区和从香港运来的或三联书店秘密印刷的马恩列斯毛著作,或是进步的文艺社科类图书。至于600余家私营书店,在新华书店统一领导的前提下,走"私私联营""公私合营"的联合发展道路。"私私联营"即是指当时在上海存在了四年之久的"三小联"联合书店。

所谓"三小联",是指20世纪50年代初,上海200多家

[4] 《出版总署关于统一全国新华书店的决定》,载中国出版科学研究所、中央档案馆《中华人民共和国出版史料2》,中国书籍出版社1996年版,第107—108页。

[5] 《关于统一全国新华书店各部门业务的决定》,载中国出版科学研究所、中央档案馆《中华人民共和国出版史料2》,中国书籍出版社1996年版,第110—114页。

[6] 《新华书店上海分店情况介绍》,上海市档案馆藏,档案编号:B167-1-14-167,1952年。

第一节　出版、创作与新华书店传播体系的建立

私营书店或书商分别按照出书类别（通俗读物、连环画、儿童读物）联合组织的三家书店——通联书店、连联书店和童联书店。[7]1949年10月，第一届全国新华书店出版工作会议召开，上海有多位私营书店代表应邀参会。这次会议除了明确了新华书店"统一领导，集中经营"的原则，还对私营出版社的发展方向做了回应。时任中宣部部长陆定一在闭幕式上强调，在《共同纲领》所规定的原则之下，私营出版业是有事可做的，他们应该努力来参加这个事业，不应该消极彷徨，私营的出版事业应该服从国家的法令，但在法令的范围内，是有出版自由的。[8]随后，"私私联合，集体经营"的形式在私营出版社中开始推广。

通联书店（全称"通俗读物联合书店"）创办时，"以团结通俗出版业人力物力，本集中统一精神，从事以出版为中心的业务"为宗旨。[9]在机构设置上，它有编辑部、秘书处、批发科、门市科、财务科、核销科、服务科、会计科。1951年，通联书店在出版业、彩印业、画片业三个联合出版组的协助下，组织稿源出版了一批新年画。这批新年画是通联书店成立之后第一次正式参与到新政权倡导的意识形态的推广中，共计销售新年画159.7336万张。[10]对通联书店的任务和要求，政府有相关指导："通联书店应尽最大努力进行推销工作，执行年画的发行业务应接受年画管理处监事的监督和审查。"[11]

1951年8月，48家股东书店将其出版物交给通联书店统一发行，通联书店渐成为各股东书店的代理批发机构。值得一提的是，股东中商务印书馆、中华书局两家大店在参与到通联

[7] 详见俞子林《上海"三小联"始末》，《出版史料》2009年第2期。"三小联"是为了称呼上的便利，并与生活·读书·新知三联书店相区别的简称。

[8] 《陆定一在全国新华书店出版工作会议上的闭幕辞》，载中国出版科学研究所、中央档案馆《中华人民共和国出版史料1》，中国书籍出版社1995年版，第444页。

[9] 俞子林：《上海"三小联"始末》，《出版史料》2009年第2期。

[10] 《一九五一年新年画统一发行工作的总结》，上海市档案馆藏，档案编号：B1-1-1990-14，1951年。

[11] 《一九五一年新年画统一发行工作的总结》，上海市档案馆藏，档案编号：B1-1-1990-17，1951年。

图6-1
上海"三小联"之通联书店标志

书店之后并无出版物交之发行，这两家书店在各地设有分店，自身有较强的发行力量，参与到通联书店的建设也是在新形势下的无奈之举，或许表示对这一新生事物的支持，抑或为今后发展预留一种选择而已。[12]

"三小联"中的另一家联合书店——连联书店，为连环图画出版事业联合书店之简称，成立于1950年6月。它的发起与进步私营出版社——大众美术出版社有直接关联，因此，当时大众美术出版社经理黄仲明被推举为董事长。[13]连联书店的统一发行在"三小联"中是做得最好最彻底的，个中原因除了黄仲明的左翼背景之外，还得益于连联书店自始就有的组织纲领。上海市档案馆藏《连环图画出版事业联合书店组织纲领》中规定："连环图画出版业参加本书店后，专心经营出版。新有出版连环图画，凡经主管机关审查许可，领有证明文件者，均应交由本店统一发行，不得自行批售。其本身设有发行机构的，应向本店批购再行发卖。"[14]

1951年底至1952年10月，全国在政府机关、学校、团体、军队、党派中开展"反贪污、反浪费、反官僚主义"运动，在私营工商业者中进行"反行贿、反偷税漏税、反盗骗国家财产、反偷工减料、反盗窃国家经济情报"的斗争，这就是"三反""五反"运动。在运动结束后，党中央提出了过渡时期"一化三改"的总路线，由此标志着对私营企业的政策以利用和限制为主，逐步过渡到以改造为主。出版业作为意识形态的宣传部门、思想文化的传播者，更是受到新政权的关注。自此以后，上海私营出版业发生了很大变化：一是根据政务院1952年8月16日颁布的《管理书刊出版业印刷业发行业暂行条例》，对私营出版社重新进行登记，发给新的许可证，不符合出版条件的被淘汰；[15]二是先后成立了六家公私合营出版社。[16]

1954年8月，出版总署党组提出了《关于改造私营图书

---

[12] 俞子林：《上海"三小联"始末》，《出版史料》2009年第2期。

[13] 关于大众美术出版社与连联书店的关系，详见俞子林《书林岁月》，上海书店出版社2014年版，第73—76页。

[14] 《连环图画出版业联合书店组织纲领》，上海市档案馆藏，档案编号：B1-1-1879，1950年。

[15] 《出版总署关于执行〈管理书刊出版业印刷业发行业暂行条例〉和〈期刊登记暂行办法〉的指示》，载中国出版科学研究所、中央档案馆《中华人民共和国出版史料4》，中国书籍出版社1998年版，第174页。

[16] 六家公私合营出版社即新文艺出版社、新美术出版社、少年儿童出版社，均在1952年成立；上海画片出版社、新知识出版社，均在1954年成立；上海文化出版社，1955年成立。这些公私合营出版社都是吸纳了有关私营书店（出版社）而建立的。

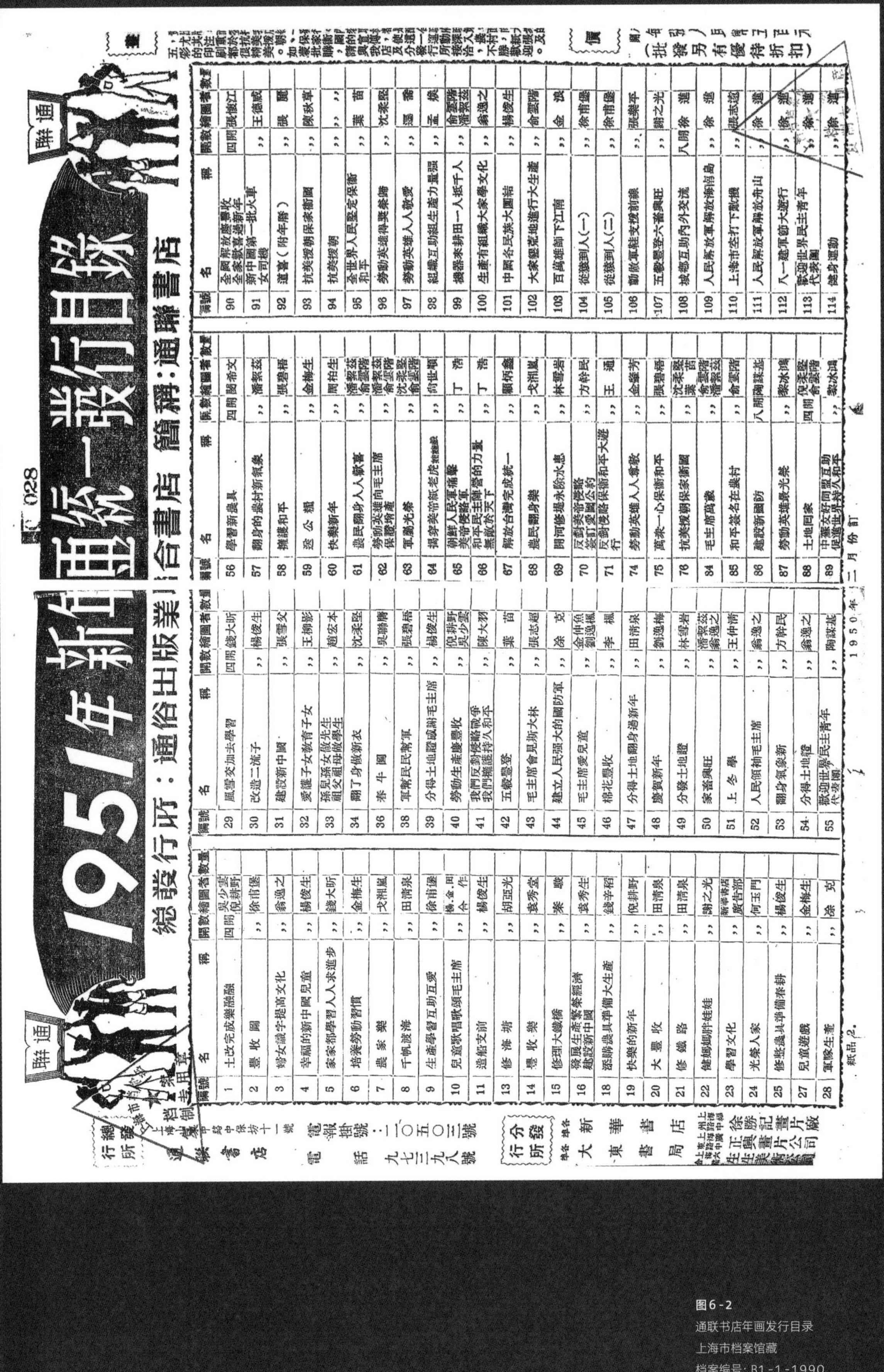

1951年新年画一发行目录

总发行所：通俗出版业联合书店　简称：通联书店

总发行所 通联书店 上海福州路中保坊十一号 电报挂号：二〇五〇三号 电话 九七三九八号

編號	名稱	開數	繪圖者	數量
1	土改完成樂融融	四開	吳少雲 倪耕野	
2	豐收圖	,,	徐甫堡	
3	婦女識字提高文化	,,	翁逸之	
4	幸福的新中國兒童	,,	楊俊生	
5	家家都學習人人求進步	,,	錢大昕	
6	培養勞動習慣	,,	金梅生	
7	農家樂	,,	戈湘嵐	
8	千帆渡海	,,	田清泉	
9	生產學習互助互愛	,,	徐甫堡	
10	兒童歌唱歌頌毛主席	,,	楊.金.田 合作	
11	造船支前	,,	楊俊生	
13	修海堤	,,	胡亞光	
14	豐收樂	,,	袁秀堂	
15	修理大鐵橋	,,	秦駿	
16	發展生產繁榮經濟 建設新中國	,,	袁秀生	
18	添購農具準備大生產	,,	錢辛稻	
19	快樂的新年	,,	倪耕野	
20	大豐收	,,	田清泉	
21	修鐵路	,,	田清泉	
22	健媽媽胖娃娃	,,	謝之光	
23	學習文化	,,	新華書店廣告部	
24	光榮人家	,,	何玉門	
25	修整農具準備春耕	,,	楊俊生	
27	兒童遊戲	,,	金梅生	
28	軍隊生產	,,	徐克	
29	風雪交加去學習	四開	錢大昕	
30	改造二流子	,,	楊俊生	
31	建設新中國	,,	張雪父	
32	愛護子女教育子女	,,	王柳影	
33	孫兒孫女做先生 祖父祖母做學生	,,	趙宏本	
34	翻了身做新衣	,,	沈柔堅	
36	春牛圖	,,	吳聯膺	
38	軍幫民民幫軍	,,	張碧梧	
39	分得土地感謝毛主席	,,	楊俊生	
40	勞動生產慶豐收	,,	倪耕野 吳少雲	
41	我們反對侵略戰爭 我們擁護持久和平	,,	陳大羽	
42	五穀豐登	,,	葉苗	
43	毛主席會見斯大林	,,	張志超	
44	建立人民強大的國防軍	,,	徐克	
45	毛主席愛兒童	,,	金仲魚 劉逸楓	
46	棉花豐收	,,	李楓	
47	分得土地翻身過新年	,,	田清泉	
48	慶賀新年	,,	劉逸梅	
49	分發土地證	,,	林雪岩	
50	家畜興旺	,,	潘絮茲 翁逸之	
51	上冬學	,,	王仲清	
52	人民領袖毛主席	,,	翁逸之	
53	翻身氣象新	,,	方幹民	
54	分得土地證	,,	翁逸之	
55	歡迎世界民主青年代表團	,,	陶謀基	
56	學習新農具	四開	路希文	
57	翻身的農村新氣象	,,	潘絮茲	
58	擁護和平	,,	張碧梧	
59	送公糧	,,	金梅生	
60	快樂新年	,,	周柏生	
61	農民翻身人人歡喜	,,	潘絮茲 俞雲階	
62	勞動英雄向毛主席保證增產	,,	潘絮茲 俞雲階	
63	軍屬光榮	,,	沈柔堅 俞雲階	
64	揭穿美帝紙老虎	,,	向世穎	
65	朝鮮人民軍痛擊美帝侵略軍	,,	丁浩	
66	和平民主陣營的力量無敵於天下	,,	丁浩	
67	解放台灣完成統一	,,	顧炳鑫	
68	農民翻身樂	,,	戈湘嵐	
69	開河修堤永除水患	,,	林雪岩	
70	反對美帝侵略 簽訂愛國公約	,,	方幹民	
71	反對侵略保衛和平大遊行	,,	王通	
74	勞動英雄人人尊敬	,,	金雪芳	
75	萬衆一心保衛和平	,,	張碧梧	
76	抗美援朝保家衛國	,,	沈柔堅 葉苗	
84	毛主席萬歲	,,	俞雲階 潘絮茲	
85	和平簽名在農村	,,	俞雲階	
86	建設新國防	八開	陶謀基	
87	勞動英雄最光榮	,,	黎冰鴻	
88	土地回家	四開	沈柔堅 俞雲階	
89	中蘇友好同盟互助 促進世界持久和平	,,	黎冰鴻	
90	全國解放慶豐收 全家歡喜過新年	四開	張懷江	
91	新中國第一批火車女司機	,,	王德威	
92	道喜（附年曆）	,,	張麗	
93	抗美援朝保家衛國	,,	陳秋草	
94	抗美援朝	,,	,,	
95	全世界人民堅定保衛和平	,,	葉苗	
96	勞動英雄得獎榮歸	,,	沈柔堅	
97	勞動英雄人人敬愛	,,	[illegible]	
98	組織互助組生產力量强	,,	孟煥	
99	機器來耕田一人抵千人	,,	俞雲階 潘絮茲	
100	生產有組織大家學文化	,,	翁逸之	
101	中國各民族大團結	,,	楊俊生	
102	大家墾荒地進行大生產	,,	俞雲階	
103	百萬雄師下江南	,,	金浪	
104	從猿到人(一)	,,	徐甫堡	
105	從猿到人(二)	,,	徐甫堡	
106	趕做軍鞋支援前線	,,	張樂平	
107	五穀豐登六畜興旺	,,	謝之光	
108	城鄉互助內外交流	八開	徐進	
109	人民解放軍解放海南島	,,	徐進	
110	上海市空打下敵機	,,	張志超	
111	人民解放軍解放舟山	,,	徐進	
112	八一建軍節大遊行	,,	徐進	
113	歡迎世界民主青年代表團	,,	徐進	
114	健身運動	,,	徐進	

（批發另有優待折扣）

紙品2.　1950年二月份訂

图6-2
通联书店年画发行目录
上海市档案馆藏
档案编号：B1-1-1990
1951年

发行业的报告》，认为应该逐步改造私营图书批发商。改造私营图书发行业是国营书店的责任，国营书店必须发挥社会主义企业的优越性，加强国营企业的领导地位和扩大自己的发行力量。[17]上海的"三小联"成为重点改造对象，国营发行体系即刻派出干部前去参与主持业务，使三家联营书店成为公私合营的发行机构，同时维持与各地私营图书转手批发商和零售商的联系，协助新华书店扩大发行阵地。至于为什么重点改造"三小联"，则是出于现实原因的考虑。1953年，私营出版业和"三小联"的营业额为835.9亿元，但通过国营新华书店渠道销售的比重却下降了（一份资料表明：上海212家私营出版社1952年营业额2830.8亿元，其中，通过新华书店销售的占37.6%；1953年营业额4564.1亿元，其中，通过新华书店销售占的25%），这就引起了新华书店的注意，认为私营出版业有摆脱国营经济领导的倾向。[18]

根据出版总署1954年工作要点和有关指示，华东新闻出版局于同年7月派遣蔡连民、毕青等为公方代表到"三小联"筹划合并和公私合营事宜。9月1日，由通联书店、连联书店、童联书店合并而成的公私合营的上海图书发行公司正式成立，这也宣告了上海以新华书店为首的图书出版、发行网络的正式形成。[19]

二、出版发行与创作

新华书店发行体制的正式建立，标志着出版、印刷、发行三个不同职能部门各司其职的新中国出版体系的确立。出版与发行的分工，是国家计划经济的产物，也是学习苏联的结果。这一体制的提出者胡愈之晚年在回忆录中写道："第一届全国出

[17] 《出版总署党组关于改造私营图书发行业的报告》，载中国出版科学研究所、中央档案馆《中华人民共和国出版史料6》，中国书籍出版社1999年版，第459—464页。

[18] 俞子林：《上海"三小联"始末》，《出版史料》2009年第2期。

[19] 俞子林：《上海"三小联"始末》，《出版史料》2009年第2期。

第一节 出版、创作与新华书店传播体系的建立

版工作会议将出版同发行分家，那时有人不赞成，说是从前国营出版社也是兼做发行的，商务印书馆也是办发行的，现在怎么出版社归出版社，书店归书店了。我认为从中国的经验，从欧洲和苏联的经验来看，出版和发行都是分开的，因为局面大了，所以要分开。"[20]

对于出版与发行的分开，20世纪80年代后对于这项制度的评价认为其弊大于利，但却是特殊历史时期的自然选择：

出版社一个接着一个雨后春笋般地建立起来了，这与分工专业化的方针有直接的关系。分工以后，办一个出版社，只要有一个好的社长（或总编辑）和一个好的编辑部和出版部就行了。所需资金不多，经营管理工作也比较简单，一切都由出版行政机关安排好了。[21]

上海人美社即是在这种大背景中创建起来的。按照王益的想法，出版与发行的分工，有助于实行出版专业化，抛弃烦琐的发行流程，更有助于出版社对于自身专业分工的加强和投入。不能否认的是，上海人美社在1966年之前所取得的辉煌成就与这一制度的建立有直接关联。谈论新华书店与上海人美社之间发行与创作的关系，有必要先谈论两者之间的工作流程。上海人美社原年画编辑室主任沈家琳回忆道：

年画编辑室的任务是一年要考虑一个发稿计划，编辑组要把计划定下来，哪几幅是由谁搞，创作人员有定额，有时候两张，有时候三张，还有四张的时候。……年画创作的同志每人都有特长，有的擅长装饰，有的擅长现实、领袖题材，那相关题材就由他画。10月份的时候，新华书店的发行人员就来了，他们会给出具体的数据，比如说哪幅画很好，销量多少。我们就会根据新华书店给的反馈搞创作。[22]

从沈家琳的回忆中我们可以看出，虽然出版与发行机构职

[20] 胡愈之：《关于出版工作》，载胡愈之《我的回忆》，江苏人民出版社1990年版，第145页。

[21] 王益：《出版发行的分与合（一）》，《中国出版》，1997年第1期。

[22] 资料来源：2010年11月沈家琳采访录音。

能分开，但两个部门并未就此完全隔离。新华书店对出版社选题和创作的内容具有一定程度的指导作用，创作人员每年会与新华书店举行相关座谈，探讨相应的选题计划和创作思路。上海人美社直接与新华书店接触的科室是出版科，出版科下设材料组、监制组、装订组、整理组，[23] 这四个部门除了负责与印刷厂沟通印刷数量、印刷质量等相关问题，还要负责与新华书店直接联系，掌握新华书店反馈的最新的市场流通情况。

而新华书店除了把艺术出版物市场的销售行情反馈给出版社，以及通过座谈方式与年画、宣传画创作者讨论大众倾向的艺术作品之外，1963年还专门成立美术书店[24]，以此来促进年画、宣传画的销售以及与美术出版社的联系沟通。美术书店的业务范围，规定除了做好图书的供应工作等书店本职业务之外，还要主动和美术团体联系，保证供应需要的美术出版物，关心美术界的动向；密切和美术家联系，建立基本读者关系；负责年画批发业务，根据党的有关政策，做好对年画摊贩的利用和改造工作。[25]

比较有意思的是，美术书店的建立显然违背了成立新华书店之初对出版与发行两者职能分开的设想，新华书店中的美术书店似乎承担了美术出版物的组织者和领导者的职能。这一改变在今天的学者看来是由于"大跃进"对中央计划经济的破坏和拆解。[26] 这一理解方式同样可以放到新华书店统一的发行体制与上海人美社集中出版创作体制这两者的关系上。在王益的文章中，我们可以看到，对于历史很难用"好与坏""对与错"等简单的二分法进行区分，也就是说，我们要摆脱那种非此即彼的思考方式。新华书店在成立之初，对发行行业的垄断，对全国范围内销售渠道的铺垫，为上海人美社的年画、宣传画、连环画的发行创造了以往无法比拟的巨大网络，而它又反过来对年、连、宣的选题和创作给予了最直观、最符合大众需要的

---

[23] 资料来源：黎鲁提供的上海人民美术出版社1956年编室结构及人员名单。

[24] 美术书店成立于1963年5月1日。原为上海市黄浦区图片门市部。它成立之后独立核算，并把上海市山东路的几家公司迁调过来，以此来扩大美术书店的销售面积。美术书店的任务为：认真做好美术出版物的供应工作，配合重大的政治运动、重要节日等，及时发行相关宣传画，安排好市区的年画市场等。

[25] 《上海新华书店关于美术书店的任务、业务范围等问题》，上海市档案馆藏，档案编号：B167-1-643-54，1963年。

[26] 参见甘阳《通三统》，生活·读书·新知三联书店2007年版，第25页。甘阳认为，中国的计划经济从来都没有真正地建立过，原因是一些政治运动使得建立中央计划经济的条件被破坏，使得中国在改革前就从来不是一个苏联意义上的中央计划经济体制，因此，在20世纪80年代中国经济改革时，完成了苏联没有完成的目标。

指导。虽然这一体制在后来因遭受非议而改变，但是"存在即合理"，新华书店在特定的历史时期实现了自己的价值，也为上海人美社的发展和辉煌成就贡献了其自身的价值。

三、发行覆盖与创作

新中国成立初期对少数民族的政策，使得新华书店强大的市场网络不仅仅包含汉族地区，同时也覆盖了少数民族地区。这也要求年画、宣传画创作人员在进行创作时，要充分考虑到少数民族地区群众的审美和接受水平。1954年颁布的《中华人民共和国宪法》规定："中华人民共和国各民族一律平等。国家保障各少数民族的合法权利和利益，维护和发展各民族的平等、团结、互助关系。禁止对任何民族的歧视和压迫。"宣传画作为国家意识形态和形象宣传的喉舌，宣传民族政策也是其主要创作内容之一。因此，为宣传1954年《宪法》规定的民族政策，上海人美社出版了戈韦的《我国各民族已经团结成为一个自由平等的民族大家庭》(1955年)(图6-3)，作品描绘了具有代表性的汉族、维吾尔族、蒙古族、回族等几个民族人物形象，聚集环绕在中华人民共和国国徽之下的场景。蔡振华创作的《共同劳动·共享成果》(1957年)也是宣扬各族人民团结、友爱的。在这幅画作中，以大树为背景，画家用象征主义手法，把大树比喻为共同的事业，身着盛装的各族人民牵手起舞庆祝丰收。在年画创作中，表现民族团结的典型代表当属1956年出版的金梅生的《全国民族大团结》(图6-4)，作者用月份牌绘制手法，采用远近景构图的方式，表现了56个民族群众拥簇在毛泽东画像周围的场景。画面色彩鲜艳、丰富，排比式的人物构图布置以及月份牌特色的绘制方式，使整个画面具有强烈

图 6-3
《我国各民族已经团结成为一个自由平等的民族大家庭》
戈韦
上海人民美术出版社
1955年

图6-4
《全国民族大团结》
金梅生
上海画片出版社
1956年

的视觉震撼力。

但是，无论是戈韦的《我国各民族已经团结成为一个自由平等的民族大家庭》，还是蔡振华的《共同劳动·共享成果》，在宣扬民族团结、普及民族政策时，都是在汉语语境之下，而不是在少数民族群众熟悉的语境之下。另外，宣传画鼓动性、宣传性的特征，使得很大一部分读者需要靠文字的阅读才能理解画面所传达的信息。因此，在少数民族地区，无论是宣传民族团结、民族政策，还是宣传关于国内局势、意识形态等的一系列政策和法规，没有适宜的语言文字系统显然不能达到预期目标。因此，使用少数民族语言的宣传画、年画即成为上海人美社每年工作议题的一部分。

最先尝试用少数民族语言宣传新中国意识形态的出版物为《毛泽东选集》。新中国成立前后在国内出版的毛泽东著作的少数民族文版有蒙文版、托忒蒙古文版、藏文版、维吾尔文版、哈萨克版、朝鲜文版以及锡伯文版、柯尔克孜文版、傈僳文版等。[27] 上海人美社对于面向少数民族的宣传画、年画的创作始于哪一年，现已无法考证。但是根据上海市档案馆藏上海人美社关于1964年、1965年少数民族文字版年画的情况简报，可以略知当时的情况。1964年，文化部发布1855号文《关于少数民族文字版年画出版发行工作的意见》，[28] 要求年画创作与发行中对少数民族的语言和文字应予以考虑和普及。因此，1964年，上海人美社出版少数民族文字版年画30种（初版11种，重版19种），其中，反映社会主义革命和社会主义建设的有19种、宣传新人新事的4种，其他题材如宣传国际主义教育等，合计7种，共计印刷99.879万张，用13种少数民族文字印刷发行。1965年，上海人美社出版少数民族文字版年画35种，初版15种，重版20种。[29]

面向少数民族创作印制的宣传画和年画，从题材上看依旧

[27] 陈矩弘:《新中国出版史研究（1949—1965）》，上海交通大学出版社2012年版，第131—135页。

[28]《上海人民美术出版社关于1964年出版少数民族文字版年画的情况简报》，上海市档案馆藏，档案编号：B167-1-729-184，1965年。

[29]《上海人民美术出版社汇报今年民族版年画标题需要译成少数民族文字等情况报告》，上海市档案馆藏，档案编号：B167-1-729-195，1965年。

围绕新政权倡导的意识形态的推广和宣传展开。但是,由于新华书店销售网络的铺设,我们至少可以看到出版社在创作过程中针对少数民族的特殊性所做出的努力和取得的成绩。需要指出的是,面向少数民族的年画、宣传画的出版发行已经超脱了对经济利益的考虑,[30]虽然这一决定是基于对政策、指令的执行,对国家计划的服从,但是不可否认,对于少数民族文字语境中宣传画、年画的创作而言,上海人美社的贡献和成就不可忽视。

---

[30] 上海人美社1964年情况简报中提到,在总共印制的99.879万张少数民族年画中,印制最多者为蒙文版,共计39.794万张,最少者为傣文版、纳西文版、景颇文版、拉祜文版、傈僳文版、佤文版6种,总印数只有4.984万张,其中,《扶老爷爷过桥》加印,佤文版只征订了10张,但还是付印了。

第二节 期刊的尝试

在新中国国家想象的塑造过程中，上海人美社为之付出的行动，除了年、连、宣的创作与生产，就是美术期刊的创办与推广。上海创办现代意义上的美术报刊的历史虽然最早可以追溯到《点石斋画报》，但中国第一个专业性美术综合报刊，则是《中华美术报》。随后，在中国近现代历史上，在上海集中出现了大量美术报刊，自清光绪三年（1877年）至新中国成立前夕，上海创办的美术报刊共计141种[1]，如《上海画报》(1918年)、《上海泼克》(1918年)、《美术》(1918年)、《良友》画报（1926年）、《时代》(1929年）等，这些美术报刊从不同角度、不同层次阐释和理解着中国近现代历史的表述语义，也是反映新价值、新思想、新启蒙的大众传播媒介。新中国成立之后，尤其是20世纪五六十年代，美术报刊所肩负的政治使命要大于它的传播功能，而这以中国美协机关刊物——《美术》杂志为代表，它不仅是时代风云变幻的晴雨表，而且还肩负着传播党的文艺方针政策，引导创作方向的重任。

上海人美社自成立之初至1966年之前，发行了多种艺术

1　参见《上海美术志》编纂委员会《上海美术志》，上海书画出版社2004年版，第195页。据《上海美术志》记载，自1877至1986年，在上海创刊的美术期刊共计171种，笔者按照该书提供的美术期刊目录，统计出新中国成立之前的美术期刊共计141种。

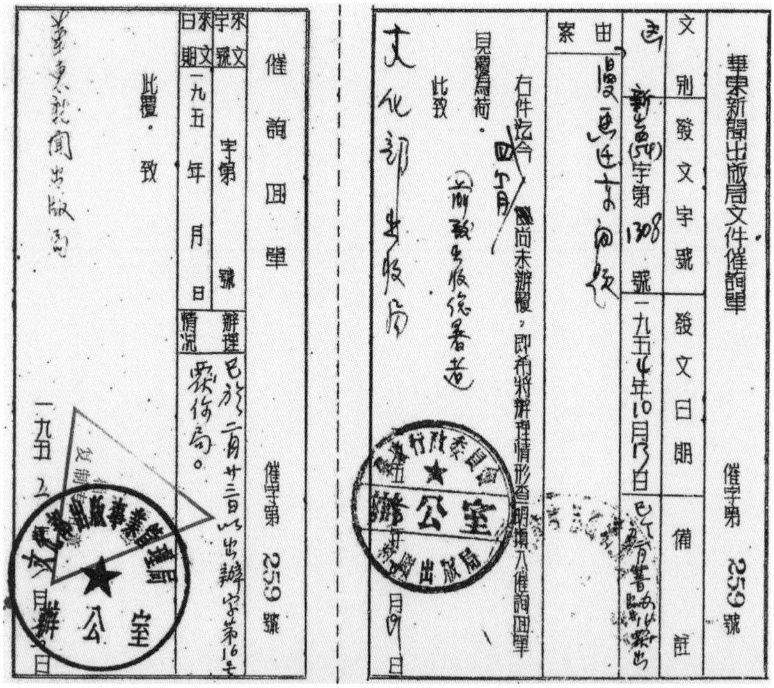
華東新聞出版局文件催詢單
催字第 259 號
文別 發文字號 新出(54)字第1308號
發文日期 一九五四年10月13日
備註
案由 漫画迁京问题
右件迄今四个月尚未辦復，即希將辦理情形查明填入催詢回單見覆爲荷
此致
文化部出版局

催詢回單
催字第 259 號
來文字號 字第 號
來文日期 一九五 年 月 日
辦理情況
此覆
致
華東新聞出版局

图6-5
《漫画》月刊移京批示文件
上海市档案馆藏
档案编号：B167-1-38
1954年

期刊。从本书第二章的论述我们知道，上海人美社成立伊始的人员和组织架构，其中一部分就来自《华东画报》编辑部。《华东画报》作为上海解放后的第一本美术画报，不但承担着新中国意识形态的传播与推广任务，也是意识形态宣传的重要载体。《美术》杂志的政治导向性决定了其对新中国美术话语的建构功能，它的形式和内容相对固定。而与《美术》杂志不同，《华东画报》对形式的选择要活泼得多，内容也更丰富。形式上，《华东画报》继续保持早先《山东画报》的摄影作品和绘画作品并重的特色，进入上海之后，上海城市环境在新政权下的转变、大众风貌的写照都通过摄影作品表现了出来。同时，《华东画报》作为意识形态的传播工具，也有宣传新政权、新体制，反映抗美援朝、土地改革、中苏友好、恢复生产等宣传画、连环画的作品呈现。

上海人美社在建社之初，除了编辑《华东画报》，还负责编辑出版《漫画》《工农画报》《工农兵画报》三种美术期刊。[2]《漫画》创刊于1950年6月，是新中国成立后第一本全国性漫画刊物。与《华东画报》一样，1954年3月10日至15日在北京召开的《关于改进文学和美术出版工作会议》上，决定将《漫画》自1955年4月迁往北京（图6-5），改由中国美术家协会领导，人民美术出版社出版。[3]

2 《漫画》的主编为米谷，栏目设有漫画一月、漫画通讯、漫画短论、漫画讲堂、漫画医院、工人战士学生创作、外国漫画介绍等。

3 《上海人民美术出版社关于〈漫画〉月刊移京，请示出版总署给予具体指示》，上海市档案馆藏，档案编号：B167-1-38-1，1954年。

图6-6
《漫画》1953年8月号封面

《工农画报》创刊于1951年9月5日，吴耘任主编，是上海解放后第一本以彩色连环画为主体的连环画报，发表连环画的同时，也发表版画、漫画、年画等艺术形式，1952年8月出至第36期后停刊。

《工农兵画报》创刊于1953年3月5日，是继《工农画报》后上海第二本以连环画为主要创作形式的绘画半月刊，主编为杨可扬，1953年9月25日出至第14期后停刊。

以上四种画报是上海人美社建社初期采用画报形式对意识形态通过摄影、连环画、年画、宣传画、漫画的艺术手段进行传播的试验。从画报的停刊时间可以看出，建社初期对期刊出版的尝试并没有得以延续。上海作为新中国成立之后的文化聚集地，有着丰富的人力、物力资源去开展各种期刊的出版发行工作，但却并未很好地开展。其中一个原因便是随着国家政策的不断调整，上海这座城市的内涵发生了种种变化。这种政策调整首先体现在对"上海"概念的某种弱化。"解放之前上海很重要，但是解放之后上海不重要了。"这句话是笔者在采访老上海艺术家的时候他们经常提到的一句话。上海的什么"不重要了"？又是什么使"上海不重要了"？张鸿声在《文学中的上海想象》中认为，在文学领域的描述中，上海解放后"人的工业属性（生产属性）与社会的工业化逻辑被极大凸现，其间相伴随的政治意义与伦理意义，事实上被'技术化'或'生产化'……私密性的个人生活变成了明朗的工业生产的公共性领域。人的尺度变成了工业尺度，包括人的身体与情感生活，都成为工业支配下的俘虏"。[4] 张鸿声在新中国文学领域里对"上海工业化"形象的描述传达了一个信息，或者说他所研究的小说传达了一个信息，即要突出国家工业化意义上的新上海，在工业化领域里将复杂的上海整体化，在空间、时间、生活形态上都与国家工业化的意义连接在一起。凸显上海的工业化特性，

---

[4] 张鸿声：《文学中的上海想象》，人民出版社2011年版，第253页。

图 6-7
《工农画报》第 1 期封面
1951 年 9 月

图6-8
《工农兵画报》第11期封面
1953年8月

也就意味着要淡化甚至弱化上海的其他特性。

这一点从上海人美社期刊的北迁即可体现出来。《华东画报》和《漫画》的北迁，侧面反映出了国家对上海工业化的诉求，也反映出了对"上海"概念的弱化以及"北京"概念的加强。作为中国的政治、经济、文化中心，"支援北京建设"也成为新中国成立之后上海的主要议题。

随着上海人美社年、连、宣编室的组建、成熟和完善，《工农画报》《工农兵画报》也完成了特定时期的历史使命。但此后上海人美社对期刊的出版并未结束。自1957年开始，该社开始筹划另外两种画报的创刊，一是《上海画报》，一是《东风》画报。1958年该社给上海市出版局的一份文件中阐述了创办画报期刊的想法："我社在今年年度内准备创刊两个画报。《上海画报》争取在五月一日创刊，《东风画报》七月一日创刊。"[5] 在《东风》画报出版计划草案中写道：

[5] 《上海人民美术出版社请批准出版〈上海画报〉〈东风画报〉的函》，上海市档案馆藏，档案编号：B167-1-287-11，1958年。

（一）在这东风压倒西风的优越形式下和我国工农业的大跃进中，运用美术作品及时地反映祖国新面貌，向广大人民进行形象教育及宣传。

（二）根据"百花齐放，百家争鸣"的方针，为繁荣美术创作、培养新生力量，开展群众性美术运动，提供发表园地，并指导群众美术创作及欣赏。

（三）本报为综合性的中性美术期刊，以工农兵、美术工作者和美术爱好者为主要读者对象。

（四）本报内容以画为主，文为辅。以发表当前美术作品为主，介绍古代及国外作品为辅。作品包括：中国画、西画、连环画、年画、宣传画、漫画、版画、雕塑、工艺美术、群众美术、美术欣赏、金石书法、古代文物等。文字包括：短论、作品分析、作者介绍、画家轶事、美术常识、书评及美术动态等。[6]

[6] 《东风画报出版计划草案》，上海市档案馆藏，档案编号：B167-1-287-11，1958年。

1958年6月28日，第1期《东风》画报（从1959年第1期开始，《东风》画报正式以"东风画刊"为刊名出版发行）出版。从"东风压倒西风"的"豪言壮语"可以看出出版社在创办《东

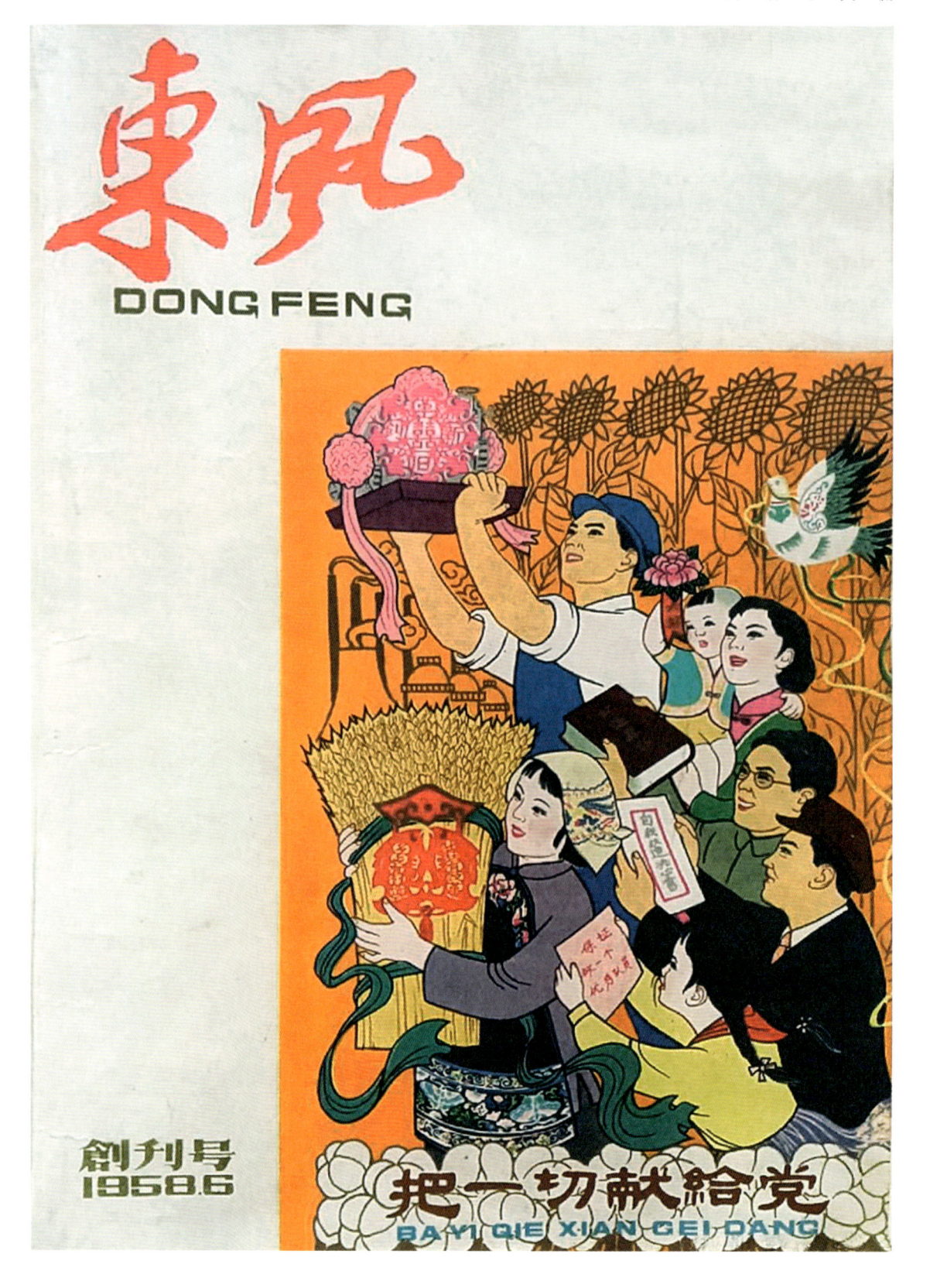

图6-9
《东风》画报创刊号封面
1958年6月

风》画报时所提出的信念和理想，而这一点直接反映在画报出版风格的设定上。画报采用12开本，封面用120克道林纸，正文用90克道林纸，每期共计36页，每份5角钱。值得一提的是画报封面的设计，每期选取上海一位著名画家的作品作为封面，如唐云、杨可扬等国画家、版画家的作品都曾出现在《东风》画报封面上。1958年，正是毛泽东"百花齐放，百家争鸣"的方针提出来两年之后，虽然有"大跃进"等运动的羁绊，但创作领域中对新形式、新题材、新作品的探索并没有受影响。但《东风》画报的内容编排并没有脱离《工农画报》《工农兵画报》的局限和框架，原因在于画报的编辑团队是从《工农兵画报》中抽离出来的，同时，画报也缺少像《美术》这种体现国家美术话语权的期刊的影响力，因而，《东风》画报的读者数量在不断地减少，终于，在出版26期后于1960年7月停刊。[7]

更令人遗憾的是，另一份期刊《上海画报》并未按原计划出版发行。按照上海人美社呈报给上海市出版局关于《上海画报》的出版计划，出版社对其给予了很高的期望，认为依照出版社自身在摄影编辑领域中的独特优势，[8]画报有其自身特点，如"1.编辑风格强调短小精悍、生动活泼。2.要做到报纸的编辑方法、画报的形式、杂志的内容。3.出版期短，要对飞跃前进中的社会面貌用最快的速度反映在画报上。售价低，每份1角钱。4.地方性强，富有上海的地方色彩"。与《东风》画报在出版之前编辑人员不确定不同，出版社在《上海画报》编辑部门的组建上倾注全力，从编辑部主任、编辑、美术设计到资料员、记者、摄影等一应俱全。既然如此，为什么会没被批准？笔者带此疑问采访了原定为《上海画报》编辑部主任的王义，虽然他与1981年发行的《上海画报》有直接关联，但思维活跃的老先生对出版社的这段画报历史并没有印象。显然，这件事情在当时并没有公开讨论。在1960年的一份文件中，上海人

---

[7] 《上海美术志》编纂委员会:《上海美术志》，上海书画出版社2004年版，第231页。

[8] 当时各个美术出版社之间虽然业务范围相同，但是仍各有侧重。上海人美社的这份呈报文件中提到："根据我社与人民美术出版社的分工，图片宣传的专业任务是由我社担任的，所以社内早设有一个专业的编辑室"，可得知上海人美社在出版摄影读物方面具有"唯一性"，这也是其认为具有独特优势的地方之一。这一文件中反映出的另一独特优势即是出版《华东画报》的传统，有摄影画报编辑出版的丰富经验。

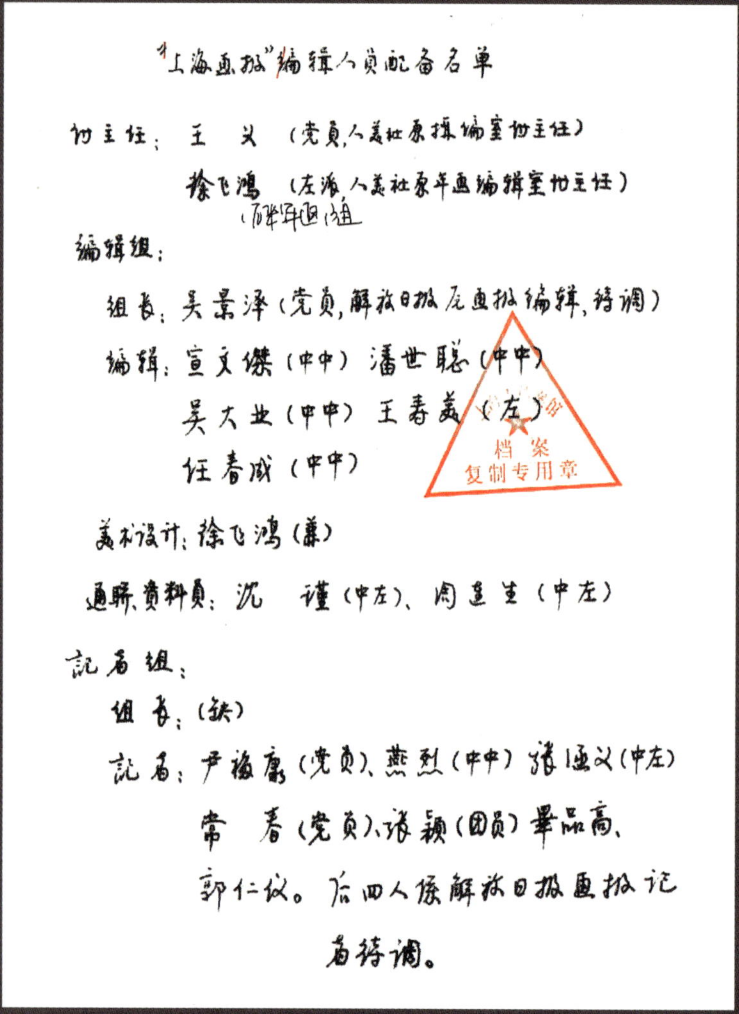

"上海画报"编辑人员配备名单

副主任：王　义（党员，人美社原挂编室副主任）

徐飞鸿（左派，人美社原年画编辑室副主任）
（原年画组

编辑组：

组长：吴景泽（党员，解放日报原画报编辑，待调）

编辑：宣文傑（中中）潘世聪（中中）

吴大业（中中）王春美（左）

任春成（中中）

美术设计：徐飞鸿（兼）

通联资料员：沈　谨（中左）、周道生（中左）

记者组：

组长：（缺）

记者：尹福康（党员）、燕烈（中中）张恒义（中左）

常　春（党员）、张颖（团员）毕品高、

郭仁仪。后四人系解放日报画报记者待调。

图6-10
《上海画报》编辑人员配备名单
上海市档案馆藏
档案编号：B167-1-341-109
1958年

美社请示上海市出版局:"在这次出版系统开展以提高出版物质量为中心的增产节约运动中,为贯彻缩短战线、出好书的精神,我们认为有必要提出我社是否继续出版摄影读物的问题,请示领导核决。"而上海市出版局的批示为:

上海人美摄编室是全国唯一的摄影出版物部门,也正为此,全国各地不少摄影读物要求该社出版。因为绝大部分的摄影读物政策性很强,而该室编辑力量不相适应,并且作为上海出版社一个编辑部门处理审查全国性稿件存在一定困难。故拟同意该社业务缩短战线,做较大紧缩。[9]

"缩短战线"大概是《上海画报》未被批准出版发行的原因之一。另外,从上海人美社呈请批示的针对摄影出版物的报告中,我们亦可以窥见一二原因:

[9]《上海人民美术出版社呈请批示关于本社今后原则上不出版摄影图片、画册之报告》,上海市档案馆藏,档案编号:B167-1-341-109,1960年。

根据几年来摄影编辑室出书经验来看,摄影出版物政策性、新闻性都很强。而且通过真实形象来反映现实生活,往往容易泄密或因情况变化而发生错误,造成损失。加上全国没有一个出版社有摄影编辑室,由我社负担全国摄影读物的编辑、出版工作,更是难于掌握,在人力、物力上曾造成很大浪费。如不是及时发现问题,即造成严重政治性错误,教训是不少的。如反映全国各条战线建设面貌的中央各部"建设大系"已制版的有三本,未能出版共损失17282元,1959年出版的1957年全国新闻摄影选集已出版,未能发行,损失10269元。[10]

[10]《上海人民美术出版社呈请批示关于本社今后原则上不出版摄影图片、画册之报告》,上海市档案馆藏,档案编号:B167-1-341-109,1960年。

现已无法得知经济利益的考量是不是《上海画报》未始即终的根本原因,但我们也确实能够看到对经济利益的考虑,出现在对出版物是否能够出版的考量中,这在当时以政治风向为主的形势下难能可贵。上海人美社在进行期刊出版尝试时,虽然曾经编辑出版过多种期刊杂志,但最后都无疾而终。这种结果与《人民画报》的历史形成强烈的反差。《人民画报》自

1950年创刊至今仍在发行,这份毛泽东亲自题写刊名,周恩来亲自审阅画报稿件,邓小平、江泽民等党和国家领导人先后为其题词的画刊,是国家权威话语的平台。

　　无论如何,上海人美社在进行期刊编辑与出版尝试时,仍然承担着传播意识形态、形成大众审美新风尚、普及主流政治话语的功能。虽说年画、连环画、宣传画等出版物形式更为直接,形象也更有视觉冲击力,为意识形态的传播创造了无可比拟的条件,但期刊的时效性、集中性,是年画、宣传画等出版物在国家政治话语的传播效率上无法企及的。同时,期刊又是年画、宣传画在大众视野中的传播途径(图6-11),在主流审美话语多层次覆盖格局的形成上发挥着不可替代的作用。

图6-11
《东风》画报内页
1959年第9期

第三节 莱比锡的新面孔[1]

1959年5月27日,"书籍装帧设计展览会"在上海市美术馆举行,举办这个展览的目的是为了选出作品,参加当年的莱比锡国际书籍艺术展览会。莱比锡是德国一个有名的书城,早在15世纪初,这里已是德语地区的出版印刷中心。自1914年以来,作为工业展览的一部分,莱比锡每年定期举行国际书籍展览会。辛亥革命后的上海,在"五四"新文化运动的推动下,出版界人士逐渐重视书籍的封面装帧设计,一些著名的作家、美术家倡导或亲自参与图书装帧设计,鲁迅、陶元庆、孙福熙、钱君匋、丰子恺等都为自己的作品设计过封面,这对上海乃至全国的出版业产生极大的影响。新中国成立后,为了适应出版工作发展的需要,新华书店华东总分店先后吸收了一批美术人才参加书籍装帧设计工作,他们中有顾朴、张苏予、任意、冒怀苏、范一辛等,1954年以后又有章西厓、林野、钱震之、何礼蔚、马如瑾、俞理、陆元林等艺术院校的毕业生分配到出版社工作,并以这两批人为骨干形成了上海书籍装帧设计的基本队伍。[2]

1959年举办的莱比锡国际书籍艺术展览会是上海第一次参加国际书展。至于为什么是1959年参加,有着特殊的政治历史背景。1959年5月8日,民主德国驻上海总领事馆开馆。作为新中国成立之初为数不多的建立外交关系的国家,民主德国在上海领事馆的开馆自然要求展开与之相关的文化交流活动,而书展则是很好的交流平台。1959年正是新中国成立十周年,按照"五年一小庆,十年一大庆"的规定,出版领域必然也需

---

[1] 德国莱比锡书展(Leipziger Buchmesse)具有悠久的历史。可以说,近代国际书展是19世纪初德国莱比锡书展的延续。莱比锡从18世纪起就是德国的文化中心,云集了当时德国最重要的出版社,成为彼时最重要的出版基地。1914年莱比锡成功举办书展,成为工业展览的一部分。但1949年,德国分裂,民主德国继续举办莱比锡书展;联邦德国举办法兰克福图书博览会,并后来居上,逐渐由德国国内性书展扩大为欧洲地区书展,再进一步成为国际性的书展。两德统一后,莱比锡书展延续下来,它依托莱比锡这一著名的展览城市和其优越的地理位置,成为德国及全球各大出版社展示其风采的舞台,同时也多次盛情邀请中国出版企业参展。

[2] 相关资料来源于上海地方志办公室网站中关于上海装帧设计队伍的研究。

要出版相关的书籍作为十周年"献礼"。上海人美社针对这两个活动成立了"重点书办公室",足见对这两件事情的重视程度。因此,在莱比锡国际书籍艺术展览会上,上海的出版社载誉而归(见表5)。在这次展会上,中国共有24件作品获奖,上海有8种图书获奖,其中的两枚金质奖章分别由上海人美社编辑出版的图书《上海博物馆藏画》和《永乐宫壁画》斩获。[3]《上海博物馆藏画》被指定为新中国成立十周年的献礼书,由编辑张苏予主编,[4] 共精选上海博物馆藏宋、元、明、清著名画家佳作100幅。此书内页采用铜版纸,小张印刷,贴页装订成四开精装本,封面材料采用深蓝色的丝绒,书名为陈毅市长亲自题写(图6-12)。对于这两本书取得的成就,《上海人民美术出版社庆祝建国十周年出版工作总结》中提到:

在工作开始期间我们成立了"重点书装帧组",召开了一系列的业务会议,解决了工作中存在的问题,规定了专题专人负责、集体编辑、集体审稿等等办法。由于明确了出书工作的重大意义,每个同志的工作态度也是认真的,为了保证质量,对印刷厂的签样掌握得很合格,宁可多费一些时间、手续,但绝不马虎、迁就。[5]

从"集体编辑、集体审稿、专人负责"等工作方式以及"上级领导的重视监督、具体帮助""出版局召开多次会议,解决纸

[3] 参见张磊《中国参加1959年莱比锡国际书籍艺术展览会史实新考与补遗》,《艺术设计研究》2018年第1期。另外,人民美术出版社的《印度尼西亚共和国总统苏加诺工学士、博士藏画集》(一、二),人民文学出版社的《楚辞集注》,民族出版社的《五体清文鉴》也在这次展会中获得装帧金质奖。

[4] 张苏予,1920年生,上海人,擅装帧设计。上海人民美术出版社美术编辑。1940年毕业于广西艺专。曾在重庆国立艺术专科学校(今中国美术学院)任教。历任上海人民出版社、上海古籍出版社、上海人民美术出版社美术编辑。作品《三家评注李长吉诗歌》获莱比锡国际书籍艺术展览会装帧铜质奖。获得装帧设计奖的还有《艺苑撷英》《中国科技史探索》《中国岩溶》《中国百科年鉴》。

[5] 《上海人民美术出版社庆祝建国十周年出版工作总结》,上海市档案馆藏,档案编号:B167-1-334-9,1959年。

表5 1959年莱比锡国际书籍艺术展览会上海获奖书目

序号	书名	出版社	奖项	设计者
1	上海博物馆藏画	上海人民美术出版社	复制金质奖	张苏予
2	永乐宫壁画	上海人民美术出版社	装帧金质奖	陈之初
3	在森林中	少年儿童出版社	图银质奖	黄永玉
4	中国货币史	上海人民出版社	装帧银质奖	任意
5	梁祝故事说唱集	中华书局上海编辑所	排字印刷银质奖	张苏予
6	三家评注李长吉诗歌	中华书局上海编辑所	装帧铜质奖	张苏予
7	我们的故事	少年儿童出版社	装帧铜质奖	张乐平、凌健
8	鱼背上面汽车跑	少年儿童出版社	儿童书籍铜质奖	陈力萍

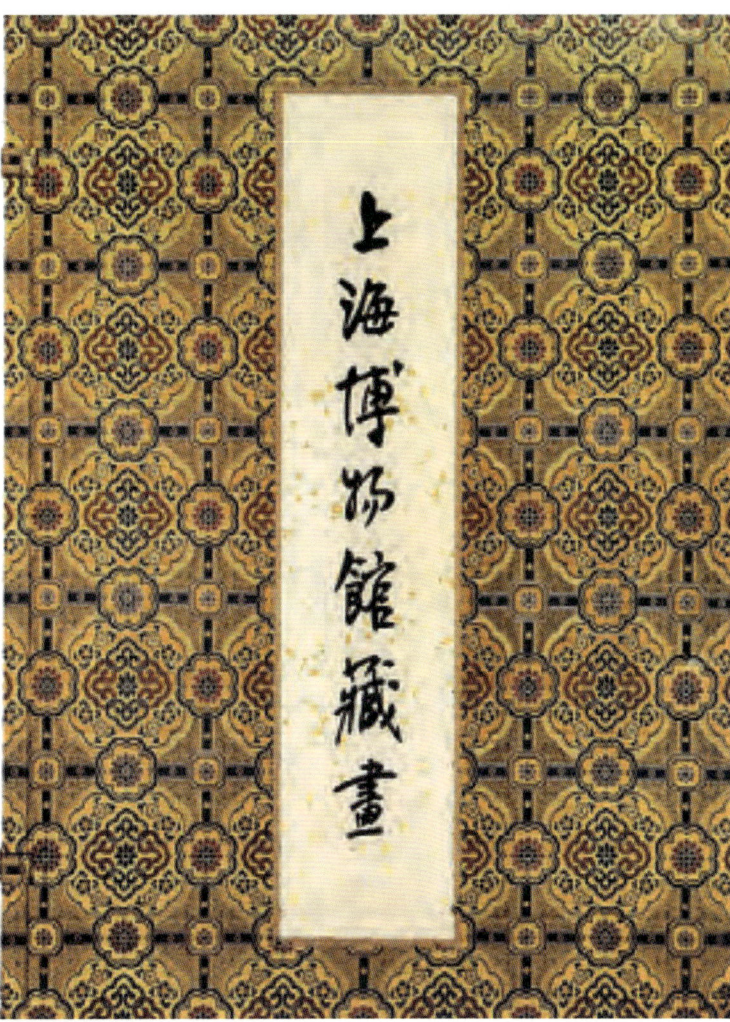

图 6-12
《上海博物馆藏画》书影
上海人民美术出版社
1959年

图6-13
《永乐宫壁画》书影
上海人民美术出版社
1959年

张、印刷和发行等一系列问题"可以看出，成就的取得是典型的"集体合作"的结果，这也是新中国成立后一段时期的典型工作方式。新中国成立后，我国面临的情况是社会资源总量不足，要强国，就要实施有组织的现代化。毛泽东在为中国人民政治协商会议第一届全体会议起草的宣言里，提议建立一个制度化、组织化的国家，他说："全国同胞们，我们应当进一步组织起来。我们应当将全中国绝大多数人组织在政治、军事、经济、文化及其他各种组织里，克服旧中国散漫无组织的状态，用伟大的人民群众的集体力量，拥护人民政府和人民解放军，建设独立民主和平统一富强的新中国。"[6]新中国成立之初，国家希望通过规则、制度的制定来实现思想意识的统一，对于新中国美术体制而言，就是要遵循统一规划的指导路线。虽然对体制的看法始终存在争议，但是不可否认，它确实在一定的历史阶段起到了积极的作用。考察莱比锡国际书籍艺术展览会金奖图书的制作过程，我们可以看到，这是体制之下集体合作的结果。正是体制对事物、对象整齐划一的规定，让我们切实感受到了上海人美社在体制之下所取得的成就：

[6] 毛泽东：《中国人民大团结万岁》，载《毛泽东选集》第五卷，人民出版社1977年版，第9—10页。

在装帧设计方面，也得到了兄弟出版社给予我们的热情帮助，提出了许多宝贵的意见，使书籍装帧能够精益求精。社内的协作关系也做到了相辅相成，环环紧扣。当书籍刚开始审稿时，装帧同志就去了解内容，使美术设计与编辑工作齐头并进，缩短了发稿时间。[7]

[7] 《上海人民美术出版社庆祝建国十周年出版工作总结》，上海市档案馆藏，档案编号：B167-1-334-9，1959年。

需要注意的是，这篇工作总结并非政治报告，而是出版社的内部资料，因此，我们可以确认这份报告是建立在真实基础之上，是公平、客观的评价。体制的监督与协作促成了新中国成立之后上海美术书籍甚至可以说是新中国书籍在国际展台上的首次完美亮相，但同样不能否认"个人"在集体合作中的作用。当《文汇报》在评论莱比锡得奖的美术作品时,首先说"集体合作结果,给世界一个新的中国",紧接着提到,"国际间一些印刷专家们在莱比锡评论《上海博物馆藏画》时说:'用陈旧的机器,印制出这样精美的印刷品来,主要是人的作用。'"[8]《文汇报》的评论并非要介绍制作画册过程中的人为因素,但确实让我们注意到个人在其中所起到的作用。作为《上海博物馆藏画》和《永乐宫壁画》书籍设计者的张苏予、陈之初,对书籍装帧设计、编辑策划的决定性作用至关重要,但同样不能忽略的是书籍印刷技术方面的人为作用。"制版过程中,上海美术印刷厂的照相工人沈浩良因首先创用'蒙版'方法,减少了修版工时,提高了画册的印刷质量。"[9]可以说,新中国成立后的十年间,胶印制版工艺都是萧规曹随、墨守成规,极少变更或创新,但沈浩良对印刷技术的革新,使《上海博物馆藏画》制作成功并获得了国际大奖,同时也对新中国印刷技术的发展起到了积极的推动作用。

参加莱比锡国际书籍艺术展览会是新中国书籍印刷品在国际上的首次亮相,而且斩获了不少奖项,这极大地促进了我国对古画复制的重视,引发了我国古画复制的热潮。数年后,北京、辽宁、天津、南京等地的博物馆都开始陆续刊印馆藏历代名画。上海人美社的书籍装帧,在新美术思想的指导和影响下,在吸收新木刻艺术特点的基础上,形成了一种新颖、简洁、明快的装帧设计风格,并为新中国书籍装帧艺术的发展奠定了基础。更为重要的是,作为国际书籍艺术交流的窗口,上海人美社的书籍装帧设计提供了对外交流的机会,上海开始举办并参加国外图书展览等形式的交流会,上海的书画、工艺美术品等陆续被选送至国外进行展览和交流,并在20世纪80年代后达到顶峰。

[8] 闻亦步:《一代盛衰看水印》,《文汇报》1962年1月18日。

[9] 徐志放:《纪念我国印刷品首获国际复制金奖五十周年——回忆〈上海博物馆藏画集〉的制作往事》,《印刷杂志》2009年第12期。

第七章
体制下
艺术家的灵动

在当代艺术研究中，人们注意到，对某一艺术品的研究往往要和它的作者联系到一起，而一件艺术品之所以能够被大家认知和解读，首先源于我们对艺术家个人的认知，这种认知逻辑之下的艺术形式分析也往往被艺术家个人的成就所掩盖。分析其原因，当然离不开艺术家个人的创造力、卓绝的技艺以及为追求自身理念而奉献的艺术精神。但与此同时，显然还存在另外一种事实：一件艺术品的成功离不开其创作者的"声誉"，在现代艺术史的评价中，往往是艺术家的身份，而不是艺术品本身的某种属性决定着我们对艺术品价值的判断，换句话说，人们对艺术品价值的判断并不一定取决于作品本身的性质，艺术家身份的获得及其价值也就不一定要与作品本身的艺术属性发生必然的联系。[1]而当今越演越烈的艺术交易市场中，名誉与价值更是紧紧地捆绑在一起，这些事实揭示了艺术家与艺术体制之间存在着某种必然的联系，艺术家的创造性与体制之间存在着关联，而这种关联性在艺术作品价值的实现过程中起到了主导作用。

而在研究新中国成立后的出版体制与创作形态二者之间的关系时，我们则发现了另一种体制与艺术家的关联性。新中国成立后，新的意识形态在群众中的普及、推广，需要艺术品作为桥梁和衔接，而在整个衔接过程中作为主体的艺术家，他们对艺术品的创作几乎都是在体制内完成的，在这种关系之下，艺术品中所阐发的思想意识理所当然地要符合体制的要求，符合意识形态推广的要求。新中国成立之后"人民美术"的发展轨迹似乎更印证了这一点，油画民族化、新国画、新连环画、新年画、宣传画等一系列新概念的提出，打造了全新的艺术创作模式。余丁在《试论1949年以来中国美术体制的发展与管理的变迁》中指出"美术体制是美术事业发展的基石""美术体制决定一个国家美术发展的趋势""新中国在1949年以来所取得的艺术成就，与美术体制的发展有着密不可分的关系，这种关系的紧密程度似乎不亚于一个民族国家……美术体制的不断发展、完善和变革，直接影响了20世纪后半期以来的中国美术史发展"。[2] 余丁对新中国美术成就与创作体制的判断，基本上印证了我们以往对它的认知和理解——新中国的艺术体制带动了艺术的发展，艺术家所创作的艺术品努力符合体制的要求。由此似乎可以推断出，体制的严谨性与功能性限制了艺术家创作自由的发挥。

但在对上海人美社近十位曾经的创作者的访谈中，我们发现一个令人惊奇的现象：当创作者在谈论当时的创作体制时，无一例外都心存怀念并感到幸福，对当时上海人美社宽松的创作环境都心存感激，他们的口述历史向我们呈现了一个不同于我们以往认知的体制内的创作环境。这个发现提示我们，任何一种体制环境下的艺术家，心态实际上都是极为复杂和多元的，如果仅仅从体制的表象来讨论体制，很可能得出与当时真实的体制环境并不相符的结论。事实上，艺术家都生活在真实的社会环境中，他们对于体制的认知，是和他们所经历过的那种生命轨迹以及在种种磨难之中仍然坚定不移的艺术理想交织在一起的，这种纠葛决定了这批上海艺术家在20世纪50年代的体制中投入创作时的成就感与"幸福"感。当然，这其中有创作理念与政策之间的偏差、个人利益与集体利益之间的冲突，但是在多数情况下，他们会把来自主管部门的要求看成是更高的艺术要求并努力设法转换成自身的艺术表达。那么，在这样的体制下，艺术创作的主体，作为艺术家的"个人"在体制中的创作状态究竟是怎样的？他们在意识形态的演绎与推广中扮演着怎样的角色？作为普通"人"的艺术家，他们的日常生活、审美体验、个人经历等又是怎样实现从体制话语到艺术创作的转化的？接下来的这一章，将以体制中"个人"的艺术创作和个人日常生活为主线，来进一步探讨体制中"个人"的生存状况。

1　殷曼楟:《从艺术体制看艺术家的创造性》，载《2009江苏省美术学会年会"当代审美文化与艺术传统"学习研讨会会议论文集》，2009年10月。

2　余丁:《试论1949年以来中国美术体制的发展与管理的变迁》，《美术》2010年第4期。

第一节 体制与创作者的日常生活

一、体制下的艺术家

前文提到，新中国的艺术创作主要是在五种体制下完成的，即美术家协会、美术教育机构、美术创作研究机构、展览机构、宣传出版机构。在宣传出版机构里，艺术家完成了年、连、宣的创作与出版，并且将这些最有利的意识形态推广工具推向全国甚至远销海外。虽然其他艺术机构，如美术家协会、美术院校也在参与年画、宣传画，甚至连环画的创作与出版过程，但是按照毛泽东艺术要为人民大众服务的思想，拥有广泛受众群体的出版机构，是新中国最重要的大众美术传播者，而这其中，以上海人美社的影响最大。据黎鲁回忆，当时，上海人美社所缴纳的利润在上海市静安区排名第三，新华书店的销售额主要靠上海人美社来拉动。[1] 由此，我们可以看出当时上海人美社的发行量之大以及发行区域之广阔。

那么，作为"人"存在的艺术家在出版体制中是如何进行创作的呢？他们的创作都会受到哪些因素影响呢？在上海人美社，对于进行艺术创作的艺术家有一个共同的称呼——创作干部。"干部"与"同志"这两个词汇虽然来自不同的语境体系，但是在新中国都具有强烈的意识形态色彩[2]，与"同志"所具有的普遍意义不同，"干部"是指在国家机关和公共团体中起骨干作用的人员，"是党的事业的骨干，是人民的公仆"。[3] 这对干部在新中国的职责做了明确的规定，首先是有一定的社会地位，其次是要宣传党的思想和理念。而"创作干部"一词是对艺术

---

[1] 根据2010年4月对上海人民美术出版社原副总编黎鲁的采访，他回忆当时上海人民美术出版社的销售利润时，说到该社的利润在上海当时的状况。但是笔者就此进行历史资料的检索，目前没有发现相关的记录。

[2] 干部是个地道的外来词。它在1539年第一次出现在法国大作家拉伯雷的作品中，借用意大利语的含义，指方框，后转义为一定的场所、环境；后转指作品的各部分安排；后又指领导一个军团的军官。之后，又指官方或企业中的高级人员，再指青年干部和所有干部。中国使用的"干部"一词，则源于日本。"同志"一词最早出现在春秋时期，与先生、长者、君等词的含义一样，都是朋友之间的称呼。1920年，毛泽东、罗学瓒等人在通信时，也开始引用"同志"一词。1921年，中共一大通过的党纲中规定："凡承认本党党纲和政策，并愿成为忠实的党员者，经党员一人介绍，不分性别，不分国籍，均可接收为党员，成为我们的同志。"这是中国共产党在正式文件中最早使用"同志"一词，并赋予其新的涵义。新中国成立后，"同志"这个称呼就成为全国各族人民亲切尊敬的互相称呼。毛泽东在1959年还专门指示，要大家互称"同志"。1965年12月14日，中央专门发出通知，要求党内一律称"同志"。至此，"同志"这一称呼已不单单只是一个称呼，而是发扬党的优良传统、克服和抵制旧社会腐朽习气和官僚主义作风的一种方式。

[3] 这是中共十二大对"干部"一词所做的具体定义。

家政治身份的界定，他们的职责之一是通过艺术的形式把党的思想和理念表现出来。

20世纪下半叶，艺术家的想象被颠覆并受到严厉的批判。在西方，这种批判表现为对艺术家霸权的批判；而在同时代的中国，则表现为"为艺术而艺术"的创作理念被否定。1942年毛泽东《在延安文艺座谈会上的讲话》确立了新中国文艺发展的方向和原则，明确提出革命文艺要遵循"社会主义的现实主义的"原则，同时对艺术的从属性做了规定，提出文艺要为"工农兵服务"，文艺是革命机器的"齿轮和螺丝钉"，"文艺是从属于政治的"等主张。[4]

艺术家与其他人一样，也是社会中人，他们事业的成功会受到各种社会、历史、文化因素的限制，甚至是体制的限制。在西方，博物馆、画廊、艺术评论等体制决定着艺术家身份的建构。在20世纪的中国，艺术家的社会身份、社会奖评体系、意识形态则是决定他是否能够继续成为艺术家的先决条件。

西方与东方在对艺术家进行重新批判的时候，出发点是不同的，一个是对日常生活的回归，另外一个则是对日常生活的放弃。新中国成立后，全民所有制的经济体制和社会化大生产，其目的是要铲除个人主义存在的土壤，张扬自我的艺术追求在新的形势下显得不合时宜。各种艺术创作机构、艺术奖评机构、艺术管理机构都在这场"统一性"的追求中发挥着各自的作用。从艺术品评价机制来讲，由国家和各级美协主办的各式展览成为衡量艺术品题材选择、质量优劣、价值高低的权威，同时也是确立新中国艺术范式的途径。1949年7月，第一届全国美展在北平举办，对国统区和解放区共计1600余件作品进行了筛选，[5]共有画报、窗花、剪纸、洋片、漫画、木刻、年画、连环画、油画、国画、雕塑等604件作品参展。[6]该展在北平展出之后，随后分别到上海、杭州进行了展出，在上海展出

[4] 毛泽东:《在延安文艺座谈会上的讲话》，载《毛泽东选集》第三卷，人民出版社1991年版，第847—879页。

[5] 第一届全国美展是作为1949年第一次全国文代会的配套活动而举办的。1949年5月4日，第一次全国文代会出版的《文艺报》发布了征集启事:"凡近五年出版（或演唱、展览）之文学艺术（包括文学、戏剧、电影、美术、音乐）作品，能真实反映人民的生活斗争，在群众中确有显著良好影响者，均可推荐。"征稿函奠定了展览的基调。美术组展览评委有叶浅予、江丰、艾青、蔡若虹、李桦、丁聪、王朝闻、特伟、吴作人、徐悲鸿、古元等来自解放区和代表左翼力量的艺术创作者。

[6] 《历届全国美展概况》，《美术观察》2004年第5期。

期间，上海展览委员会举办了木刻、漫画、连环画、雕塑、年画、国画、美术教育座谈会。这些由革命家和进步人士主导的座谈会跟文代会有相似之处，即通过座谈来探讨创作中存在的问题，确立以后的努力方向。例如9月8日举行的漫画座谈会，《解放日报》的报道就已经非常明确："美展漫画工作者昨举行漫画座谈会，认为必须坚定立场歌颂光明。"[7] 该展在上海将近一个月的展出时间里，虽然当时上海人民美术出版社还没有正式成立，但是后来组建上海人民美术出版社的美术工场、华东画报社都已经在正常运营，所以，可以推断当时上海的艺术工作者都去观看了此次展览，而且有很多参加了漫画座谈会。

这次展览对于上海甚至新中国转换创作范式是非常重要的，再加上作为全国美术界风向标的《人民美术》围绕这次展览展开了建构新的艺术评价体制的讨论，希望以新的标准取代旧的艺术评价体系。钟惦棐在《人民美术》上发表的《追论一篇对全国美展的批评文章》[8] 以及叶浅予的《从漫画到国画》[9] 等对新的艺术创作评价标准的文章都在追溯共同目标：对艺术创作的基本要求是选择重大生活题材，通过典型细节和现实主义的描写手法，去反映普通大众的精神面貌。上海人美社的成立为这种价值体系在人民大众中的推广提供了传媒空间，更为艺术家在新的价值体系下的创作提供了平台。艺术创作、艺术出版、艺术展览、艺术教育、艺术家活动等一系列体制相继建立，呈现出艺术创作追求主题化、社会化、非个人化的倾向，艺术的社会功能被前所未有地强调，艺术家个人的风格被纳入一种在集体认同之下才能存在的语境中，主体性的差异变得微不足道。

---

[7] 《美展漫画工作者昨举行漫画座谈会》，《解放日报》1949年9月9日。

[8] 钟惦棐这篇文章的发表，源于朱金楼曾于展览举行期间在《进步艺术》上发表《全国文代大会〈艺术展览会〉绘画、漫画、木刻部分观后感》一文，对本届美展的部分作品进行了点评。钟惦棐认为，朱金楼的文章过于关注作品的形式与技巧，而当时美术批评的首要任务，应该是"号召和启发大家向现实学习，了解新的现实，熟悉新的生活"，不应该引导艺术家沉湎于艺术形式的学习和研究之中。退一步而言，即使要求艺术家们继续进行形式的推敲，也应该是一种"适合表达现实生活、表达人民大众——主要是工农兵的思想感情的形式，而不是任何别的好像可以孤立起来理解的形式"。这种评论形式对后来的艺术评论产生了很大的影响。

[9] 在这篇文章中，叶浅予提出两种观点。一、什么是"丑"与"美"？他认为，凡是服从劳动人民利益和表现劳动人民精神的东西，都是"美"的；反之，违反劳动人民利益和歪曲劳动人民精神的东西，都是"丑"的。二、任何形式主义、趣味主义都应该抛弃。之后这种言论宣传步步升级，批判资产阶级思想、批判个人主义和形式主义，艺术为工农兵服务、为政治服务，几乎成为共识。

二、日常生活中的艺术家

任何体制都是为人而建立的,也是由人来执行的。人民美术创作的体制最终仍然要由具有个人体验与生活追求的艺术家来完成,这种"体制"与"日常"之间的二元关系,构成"人民美术"出版语境下艺术家追寻、表现自由的独特空间。

传统的艺术史叙事,在宏大叙事的历史主义和狭隘的形而上学意识形态主宰下,建构的是如同纪念碑一样坚固的艺术经典大厦,仅仅关注于追寻"艺术是什么"的永恒本质与终结形式,而忽略了艺术之外复杂因素的存在和对艺术创作的影响。[10] 在这里,我们姑且把这种"艺术之外的复杂因素"归结为"日常生活"。

目前在对日常生活与艺术创作关系的研究范式中,有两种观点。第一是把日常生活本身作为审美研究趣味。这种观点认为由于大众的日常文化、艺术生产方式与消费活动所发生的深刻变化,审美活动已经超越了艺术品本身,艺术互动场所也已经远远溢出与大众的日常生活严重隔离的高雅艺术场馆(如美术馆、音乐厅、剧场等),深入到大众的日常生活空间。[11] 不可否认的是,日常生活的审美化以及审美活动的日常化深刻地导致了文学艺术以及整个文化领域的生产、传播、消费方式的变化,乃至改变了对于"艺术"的定义。日常生活变得有意义或者说能够成为艺术,这在荷兰画派就已经开始。在荷兰画派之前,艺术所要表现的题材和内容受到天主教会和宫廷贵族约束,荷兰的资产阶级革命导致人们审美风向产生极大变化,描绘生活的生动写实、朴实无华的绘画语言成为主流艺术风格,市井生活、自然风光、市民肖像、景物等生活中的每一个角落都成为荷兰画派的创作题材。荷兰画派产生的最直接的影响或许是

[10] 王艳:《作为艺术研究视角的日常生活》,载《2010青年艺术评奖论文集》,2010年,第117页。

[11] 陶东风:《日常生活的审美化与文化研究的兴起——兼论文艺学的学科反思》,《浙江社会科学》2002年第1期。

第一节　体制与创作者的日常生活

对法国的巴比松画派的启发,巴比松画派对自然风光、普通百姓的描绘则更加动人,亲切无比。

无论是荷兰画派还是巴比松画派,日常生活仅是他们创作的题材。或者说,日常生活只是绘画或研究的对象。对日常生活研究与艺术创作关系研究的第二种范式则是把日常生活作为研究背景。阿格妮丝·赫勒在《日常生活》中给日常生活作了这样一个界定:"我们可以把'日常生活'界定为那些同时使社会生产成为可能的个人再生产要素的集合。"[12]赫勒的理论为我们提供了新的视角,日常生活与每一个个体的生存休戚相关,既是每个人日常活动的世界,也是每个人赖以生存的、具有普世价值和意义的世界。这也就意味着,日常生活世界不仅是人们的衣食住行、婚丧嫁娶、饮食男女、生老病死等具体活动的世界,也是人们在生存活动中表现出内在的价值、意义、传统、习惯、知识、经验等文化的世界。[13]"从根本上来说,'日常生活'指的是一种价值观念而不仅仅是衣食住行的具体形态。"[14]

艺术体制强调了艺术活动与意识形态之间的关系,艺术的社会属性在体制之内被无限放大,艺术评论家从社会学的视角对艺术作品进行外部研究成为一种时尚,艺术被界定在一个社会或者场域的视阈中。诚然,对艺术品的生成进行社会情境的考察为艺术的研究提供了新的理论范式,但在它的社会属性之外的其他属性的研究呢?

实际上,在谈论艺术家的社会属性之前,必须意识到日常生活中的艺术家这样一种存在。以往的美术史研究范例往往忽视艺术家的日常生活对其艺术创作所产生的影响。这一状况在尹吉男《明代宫廷画家谢环的业余生活与仿米氏云山绘画——中国绘画史知识生成系列研究之一》中有所改观,尹吉男以中国明代院体画家谢环为研究对象,描述谢环作为院体画家身份之外的业余生活与其创作的关系,如他写道:

---

[12] [匈]阿格妮丝·赫勒:《日常生活》,衣俊卿译,重庆出版社1990年版,第3页。

[13] 刘荣清:《批判与建构:日常生活领域的意识形态研究》,博士学位论文,安徽大学,2011年,第53页。

[14] 张贞:《"日常生活"与中国大众文化研究》,华中师范大学出版社2008年版,第39页。

作为供职宫廷的画家谢环也有两种生活：职业生活和业余生活。这一点长期在美术史的研究中被忽略。因为社会身份的本质论的逻辑不倾向于这种区分。这种分法只用于对文人画家的研究上。特别是对像谢环这样的文人并供职于宫廷的画家，社会身份本质论的方法就更加显得荒唐。在现代的明代绘画史的叙述中，对谢环的历史叙述仅仅放在"职业生活"中展开。而他的传世书画作品，却一件都不是职业性质的，相反，都是业余性质的。关于宫廷画家的业余生活和非职业创作一直是美术史研究的盲点。[15]

尹吉男对谢环业余生活与创作的探讨，向我们展示了画家的另一创作空间，一个不同于美术史叙事方式的认同体系。借用尹吉男的这种研究范式，可以追问两个问题。其一，新中国出版体制下艺术家的日常生活对于他们的艺术创作起了什么作用？其二，体制内的制度是否完全决定了艺术家创造性的发挥？

目前的观点普遍认为，直到20世纪80年代，艺术中的"日常生活"才得以从宏大叙事中超脱出来，结束了意识形态制约艺术发展的尴尬局面，艺术才得到了一片自由的天地。但笔者认为，日常生活从来都没有离开艺术家的创作。新中国成立之后，日常生活一直蕴藏于艺术创作中，主要体现在两方面。一方面，社会主流意识形态对文化进行着塑造，通过一系列体制、制度等形式作用于日常生活领域。作为意识形态与日常生活的连接点，艺术品的创作与出版在其中发挥着不可替代的作用。另一方面是人们在个体化的日常生活经验中传承和表现着文化及意识形态，这是日常生活领域的价值观，是社会的权力结构和权力关系下人们的情感表达和信仰，表现为现实生活中的情感抒发和思维方式，在艺术创作领域中则表现为艺术家将眼中的现实生活反映在艺术作品里。艺术家和体制之间的关系，最终反映在艺术作品的内容和形式上。在美术出版社作为创作主体之一的年代，我们或者可以这么说，在出版体制、创作者和艺术作品之间，一直存在着一种力量的"博弈"。

---

[15] 尹吉男：《明代宫廷画家谢环的业余生活与仿米氏云山绘画——中国绘画史知识生成系列研究之一》，《艺术史研究》2007年第12期。

第二节 政治挂帅与创作自由

一、对"红旗拳头枪"的批判

"红旗拳头枪,大头嘴一张,脸上加反光",[1]这句对宣传画的15字总结是蔡若虹1958年在视察上海人美社时,所提出的对宣传画创作程式化的批判。而这种程式化、概念化,根源上与新中国对苏联的宣传画学习有很大关系。众所周知,新中国成立后,在与苏联的外交关系上有将近十年的蜜月期,中苏两国开展了全方位的合作与交流,在"向先进的苏联学习""苏联的今天就是我们的明天"等口号的渲染下,苏联几乎成为中国人了解异域文化的唯一出口。宣传画作为意识形态的图像性表现,自然受苏联影响最深。根据周博的研究,苏联的宣传画影响早在20世纪30年代就已经在延安艺术创作中有所显现,但这种借鉴由于地理位置的限制、印刷技术的落后以及理论层面宣传的匮乏,并没有在当时的宣传画创作中得以延展,在解放军占领城市之后,文艺宣传的式样也顺应革命形势发生着改变。[2]

什么是苏联宣传画模式?苏联模式如何转化为造型艺术的语言,用什么样的图式去歌颂领袖、塑造英雄人物、表达社会信念?1949年之后,由于战局发生变化,国内报刊杂志经常介绍刊登苏联宣传画作品,在北京、上海、南京等地也能够买到原版引进的印刷品和作品集。[3]但苏联宣传画真正被新中国艺术工作者大规模地认识并接受,则源于1951年由苏联对外文化协会、中苏友好协会总会、全国美协联合会举办的"苏

---

[1] 资料来源:2013年2月周瑞庄采访录音。

[2] 详见周博《中国宣传画的图式与话语》,载陈湘波、许平《20世纪中国平面设计文献集》,广西美术出版社2012年版,第210—212页。周博认为,苏联宣传画之所以在部队进入城市后受到重视,是因为在延安地区以农民为宣传对象的新年画不太适合城市居民的审美,所以以城镇居民为主要宣传对象的苏联宣传画在这个时候就逐渐成为部队美术工作者模仿的典范。但同时,由于受到技术的限制,并非所有的部队都参与到了苏联宣传画的学习中。周博对中央美术学院图书馆收藏的两批作品进行了分析,认为华东军区第三野战军政治部美术队的作品就没有天津军事管制委员会文化教育部印制的宣传那么有苏联宣传画特征。

[3] 周博在《中国宣传画的图式与话语》一文中提到,冯健亲曾在南京的外文书店购买了一些苏联宣传画,而且这些原版作品对他的创作产生了很大的影响。

联宣传画和讽刺画展览会"[4]。目前学术界也普遍认为这次展览是我国向苏联宣传画学习的真正开端。此次展览当年4月在北京展出结束之后，6月15日，移至上海逸园（原老上海跑狗场，今上海文化广场）继续展出。

理论上来讲，上海的展览在视觉冲击力方面要比在北京的效果显著。作为当时中国最大、经济最发达的城市，上海的城市精神面貌以及人们的视觉感受与北京有很大的不同。解放初期上海的宣传画创作队伍主要由三大部分组成：一是从解放区来的画家，二是原国统区画家，三是刚从艺术院校毕业的学生。[5]如果说解放区的画家由于最早接受思想意识形态的熏陶，艺术院校毕业的学生由于对新鲜事物充满好奇，而对苏联宣传画和讽刺画的接受没有任何疑虑的话，那么来自旧上海的艺术家，他们长期为商业营销、市民文化服务，作品的情趣和格调与新政权的政治理念、价值取向南辕北辙，在这个重建审美取向的新时期是否能够接受苏联宣传画的画风呢？针对这一点，展览主办方上海市中苏友好协会、上海市文化局、上海市文联要求在展览期间组织美术工作者前往参观。1951年6月22日，针对这次"苏联宣传画和讽刺画展览会"，举行了美术工作者座谈会。对这次座谈会，在《苏联宣传画和讽刺画展览会工作总结报告》中有如下记录：

> 大家一致认为，我们要向苏联先进画家学习，吸取他们战斗的经验，跟随他们创作的路向，把我们抗美援朝、镇压反革命的爱国运动的宣传画和讽刺画工作，在思想性和艺术性上提高一步……对过去自己的作品，无论在内容或技术上均感觉不够认真，政治严肃性不够强，并一致表示要向苏联画家学习。华东或上海正在酝酿举办一场类似之展览会。若干画家均从事招贴画之创作，及进一步推广介绍苏联造型艺术的成就。[6]

这份记录详细地说明了"苏联宣传画和讽刺画展览会"对

[4] 马克：《建国十年来的政治宣传画》，《美术》1959年第1期。

[5] 来自解放区的画家以吕蒙、沈柔坚、黎鲁、黎冰鸿、翁逸之等人为主，来自旧上海在新中国成立后进行宣传画创作的以丁浩、钱大昕为代表，艺术院校学生则以李家璧、俞云阶、刘安华为代表。

[6] 《上海市文化局关于上海中苏友好协会上海市人民政府文化局及上海市文学艺术界联合会主办苏联宣传画和讽刺画展览会工作总结报告》，上海市档案馆藏，档案编号：B172-1-53-27，1951年。

当时的艺术工作者产生的触动。周博在总结苏联宣传画对新中国画家创作形式的改变时，谈到两个方面的影响：一是形式上学会了"英雄主义"的表达方式，二是苏联宣传画提供了某一类主题的基本图式。对此，毛时安也做了类似的总结，他认为除了提供宣传画艺术的样式与标准之外，苏联宣传画还为画家提供了关于"社会主义社会"的形象资源。[7]

在之后的宣传画创作中，我们也确实看到了苏联宣传画对上海宣传画创作者的影响。如丁浩的《同志们积极干吧！》（1955年）（图7-2），即是参照了伊凡诺夫的《五年计划四年完成》（1948年）（图7-1）的造型、色调以及构图样式，两幅画都没有描绘具体的空间环境，而是把人物置身于空白的背景中，几乎有着一致的着装，表现了同样的劳动场景。工农兵也是当时宣传画创作题材中经常出现的形象。在沈柔坚的《保卫祖国 保卫和平》（1953年）（图7-4）中，对工农兵形象的处理与苏联宣传画《荣誉属于祖国的保卫者》（图7-3）如出一辙，在背景的处理上，同样采用了纪念章式的领袖形象作为背景。事实上，这也是当时的宣传画经常使用的创作方式。其他宣传画作品，如陶谋基的《拥护宪法，维护宪法。》（1954年），哈琼文的《坚持不懈地和腐化堕落的倾向做斗争》（1955年），杨可扬、哈琼文、张隆基、陶谋基合作的《学习去！做一个有文化的公民》（1956年）等都带有深深的"苏联式"烙印，根据不同的创作主题，中心人物手里都握有与之相关的书籍，人物的表情、动作，甚至画面中对大色块的处理方式，都有相似之处。需要注意的是，对苏联的学习和模仿是在不同文化背景以及历史积淀中有选择地进行的，是胸有成竹的扬弃，而不是糊里糊涂的照搬。[8] 如丁浩在《同志们积极干吧！》的绘制过程中做了"中国式"的改变，这主要体现在对光线的处理方式上，伊凡诺夫强调受光面与背光面的冷暖对比，人物正面被炉火映照成红

---

[7] 上海市美术家协会：《上海现代美术史大系·宣传画卷》，上海人民美术出版社2012年版，第18页。

[8] 上海市美术家协会：《上海现代美术史大系·宣传画卷》，上海人民美术出版社2012年版，第21页。

图 7-1
《五年计划四年完成》
伊凡诺夫
1948年

图 7-2
《同志们积极干吧！》
丁浩
上海人民美术出版社
1955年

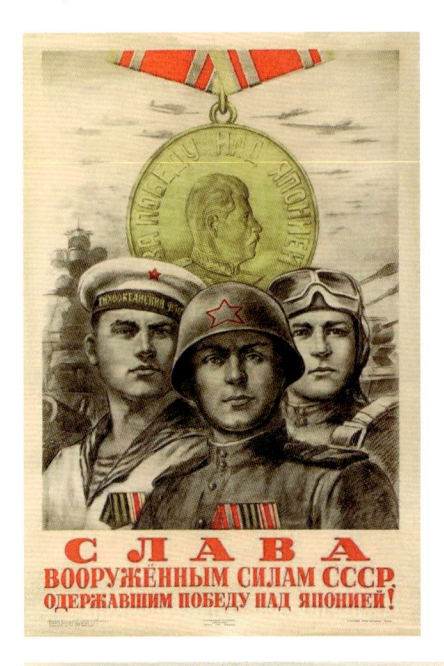

图 7-3
《荣誉属于祖国的保卫者》
作者不详
年代不详

图 7-4
《保卫祖国 保卫和平》
沈柔坚
华东人民美术出版社
1953年

色,背面则呈现蓝紫色。丁浩略微扭转了工人的角度,着重表现其暖光照射的正面,避免了中国老百姓向来不欣赏的"阴阳脸"。在题材上,中国的宣传画家对日常生活、农村题材的敏锐度和刻画能力也要比苏联宣传画出众得多。虽然对这些题材的刻画与当时的宣传口号有很大的关系,但是画家通过下乡学习与日常观察,创作出了许多令人满意的作品。在历史的叙事中,很多人认为这种转变与1956年毛泽东《论十大关系》的发表以及"百花齐放,百家争鸣"方针的提出有很大的关系。在《论十大关系》中,毛泽东阐述了中国社会主义建设中诸多问题的破解之道,在分析"中国和外国的关系"时,特别指出,每个民族、每个国家都有其长处和短处,要有分析、有批判地学习长处,而不是一切照抄,机械搬用。对于苏联和其他社会主义国家的经验,也应当采取这样的态度。毛泽东的这个观点,后来被认为是整个文艺创作方向的转折点,或者说是文艺界新的价值标准和努力方向的开始。由此开始,在创作中对于民族特色的追求开始弥漫开来。

此前,上海人美社的创作人员已经开始对苏联宣传画的创作模式产生质疑,考虑到艺术方向转折的问题。这在上海人美社《1955年国民经济计划执行情况的检查》中有详细记载:

9 《1955年国民经济计划执行情况的检查》,上海市档案馆,档案编号:B167-1-10,1955—1956年。

> 今年出版物的形式较前多样化了,选题范围也扩大了,但是和满足读者的需要还是距离很远。选题内容远远落在客观形式发展的后面。今年出版的有些年画,内容平淡无味,群众不喜爱。宣传画严重地存在着概念化、公式化的现象,配合运动和政治任务的宣传画,往往由于创作和出版不及时,落在运动高潮的后面。有些反映工农兵题材的连环画,故事不生动,公式化,不能为公众喜爱。[9]

"概念化""公式化""故事不生动,公式化,不能为公众喜爱",很难想象上海人美社在1955年就已开始对宣传画进行检讨和批判。当时中苏关系处于蜜月期，文中虽然没有明确指出是对"苏联"模式的批判，但也还是可以从"概念化、公式化"中找出苏联模式的印记。上海人美社想要扭转创作"大一统"格局的努力主要表现在两个领域：一是艺术形式的多样化，二是选题范围的多样化。1956年以前，由于口号式创作思维的影响，对艺术形式的多样选择是在不断尝试中探索的，这种探索与艺术家对某种艺术形式的偏爱有直接关系。

写实主义风格一直被新中国美术界所推崇，宣传画领域亦是如此。虽然抽象艺术在新中国成立之初就被排除在主流风格之外，[10] 但是宣传画领域并没有完全脱离以抽象形式为基础的国际语言，其中最主要的原因在于，宣传画的创作者（主要集中在上海）有一些受过民国时期工艺美术专业的图案训练，对当时流行的国际主义装饰风格有所接触，并为己所用，融入个人风格当中。蔡振华[11]的《庆祝五一劳动节！庆祝我们的新成就！》（1955年）（图7-5）就是画家个人艺术风格在宣传画作品中的直接体现。在这幅作品中，画家把大型拖拉机、高炉、水泥厂、农田，用理性的几何风格以及装饰主义加以表现，作品虽为政治宣传画却不失美感。[12] 创作完这幅作品之后，蔡振华又运用机械美学和装饰主义的手法创作了《为社会主义，为美好的生活，大家买公债罢！》（1956年）（图7-6）、《共同劳动·共享成果》（1957年）、《工农商学兵 共同前进 建设祖国》（1959年）（图7-7）、《百花齐放 万紫千红》（1961年）（图7-8）等宣传画作品。

由于对苏联的崇拜以及对苏联"社会主义的现实主义"创作思路深信不疑，装饰主义、机械美学在当时是受到轻视和排挤的，[13] 蔡振华却将纯粹的形式主义运用到宣传画的创作中，并且接二连三创作出很多此类风格的作品。如今，当时的状况已无从考证，但从作品中可以看出，即使当时的宣传画创作毫

---

[10] 这里所指的主流风格，绘画上主要表现为以苏联写实主义风格为主的绘画风格。

[11] 蔡振华（1912—2006），浙江德清人，1929年考入国立杭州艺术专科学校，1934年毕业。20世纪三四十年代主要在上海从事工商美术设计，备受当时广告界和出版界瞩目，业余时间画些漫画，并为出版社作封面设计和插图。中华人民共和国建立后，在上海人民美术出版社工作并创作了大量宣传画和漫画，因工作成绩突出，1956年被评为上海新闻出版发行单位、上海文化艺术单位先进代表，出席全国先进文化工作者会议。他的美术作品，无论是设计、宣传画、漫画，均有自己独特的艺术风格。1956年，宣传画《共同劳动·共享成果》被选赴莫斯科参加社会主义国家联展，后被中国美术馆收藏。1989年，漫画《宝贝啊，妈妈真的受不了啦》获第七届全国美展漫画铜奖。

[12] 关于蔡振华的个人经历与艺术风格的关系，详见上海美术家协会《上海现代美术史大系·宣传画卷》，上海人民美术出版社2012年版，第60—63页。作者认为，蔡振华对装饰风格的偏爱与其在国立杭州艺术专科学校的求学经历有关，蔡振华求学五年间，旅欧归来的林风眠建构了国际化的教学体系和师资队伍，教师有吴大羽、雷圭元、杜劳（俄籍）、斋藤佳三（日籍）等人。蔡振华当时创作的作品《法国化妆品——中国代销处：草祭洋行》就深受装饰主义风格影响。

[13] 十月革命后，以李西斯基为代表的机械主义先锋艺术家认为，他们在艺术领域的前卫探索，与俄罗斯正在进行的激进社会变革是一致的，是革命的一部分。但事实上，列宁和斯大林都表达了对这种风格的批判。20世纪30年代斯大林执政后，开始清理先锋艺术以及艺术家，积极倡导社会主义绘画风格，形成面貌统一的政治宣传美术样式，这也正是对中国产生影响的宣传画样式。

慶祝五一勞動節！慶祝我們的新成就！

图 7-5
《庆祝五一劳动节！庆祝我们的新成就！》
蔡振华
上海人民美术出版社
1955年

图 7-6
《为社会主义，为美好的生活，大家买公债罢！》
蔡振华
上海人民美术出版社
1956年

工农商学兵 共同前进 建设祖国
GONG NONG SHANG XUE BING　　GONG TONG QIAN JIN　　JIAN SHE ZU GUO

图7-7
《工农商学兵 共同前进 建设祖国》
蔡振华
上海人民美术出版社
1959年

图 7-8
《百花齐放 万紫千红》
蔡振华
上海人民美术出版社
1961年

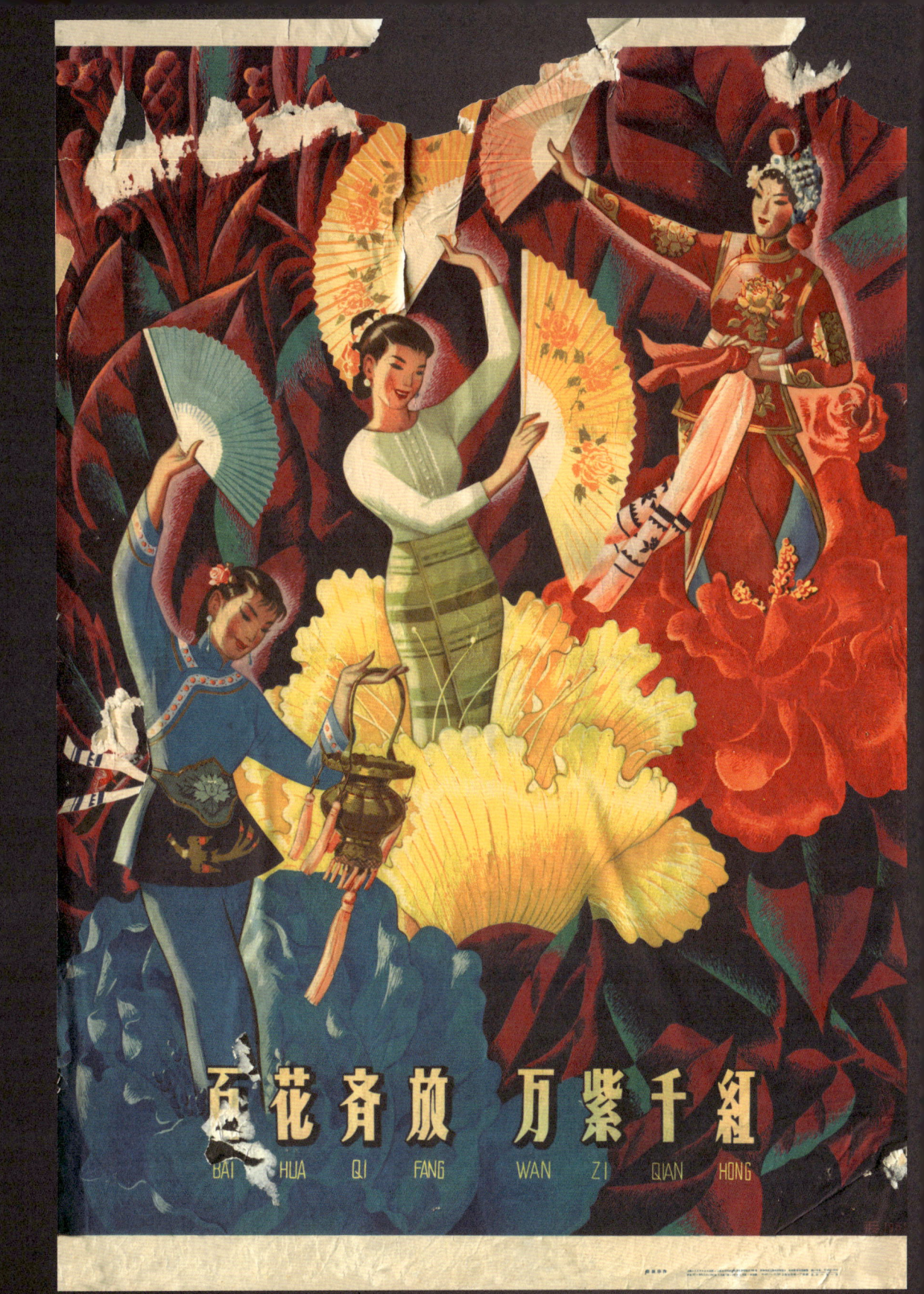

无疑问以宣传主流意识形态为导向，但实际的创作从来都没有脱离艺术家的个人印记，或者说，个人创作风格在这场清除个人主义的风暴中从来都没有完全消失过。

对创作题材范围的选择同样如此。有很多观点认为，宣传画的没落与它的政治性限制导致应用范围狭窄有很大关系。"宣传画"这一概念自新中国伊始，就与"鼓动性"联系在一起：

> 一幅宣传画鼓动力量的强弱，与画家是否理解和善于找寻宣传画艺术的特殊规律有关系。宣传画是鼓动的艺术，是鼓舞人们前进的号角，在开始确定题材进入创作的时候必须要考虑到这点。[14]

直到20世纪80年代，在国内学者撰写的权威辞书《中国大百科全书·美术卷》中，美术史学者杜哲森就这样定义宣传画："以宣传鼓动、制造社会舆论和气氛为目的的绘画。一般带有醒目的、号召性的、激情的文字标题，又名招贴画。"杜哲森认为："优秀的宣传画都是艺术家饱满的政治热情和强烈的社会责任感的体现。"[15] 作为宣传意识形态的鼓动力量，宣传画的创作难以摆脱政治因素的影响。但实际情况却是，上海人美社的宣传画题材虽受政治影响，但又敢于脱离政治画面；虽受表现内容的限制，但又在限制中成长。如黎冰鸿的《婚姻法给我们带来了幸福》（1953年）（图7-9）即是用再平常不过的三口之家的场景表现了新中国的婚姻法。整个画面平铺式构图，父母带着慈爱的目光看着怀中的孩子，表现了对孩子无尽的爱，父亲手中的玩具、婴儿手中的小兔子都是生活中经常能看到的物件，再加上朴实无华的着装、飘浮在空中的气球，创作者把普通人物拉进了创作中，同时缩近了主题人物与观众的距离，如果忽略宣传画下面的宣传标语，观众会认为这是一张表现家庭

---

[14] 沈鹏：《宣传画的形象、构思及其他》，《文汇报》1962年7月2日。

[15] 中国大百科全书总编辑委员会《美术》编辑委员会、中国大百科全书出版社编辑部：《中国大百科全书·美术Ⅱ》，中国大百科全书出版社1991年版，第949页。

图 7-9
《婚姻法给我们带来了幸福》
黎冰鸿
华东人民美术出版社
1953年

幸福日常生活的场景画。

纵观整个宣传画创作时期，不得不提两幅宣传画作品，钱大昕的《争取更大的丰收 献给社会主义》(1958年)(图2-11)以及前文提到的哈琼文的《毛主席万岁》(1959年)(图1-1)。这两幅宣传画作品展现给受众的共同之处在于它们对日常生活的描绘，所不同的是，一幅描绘的是城市的母女，另一幅是表现农民丰收时的喜悦。对《毛主席万岁》的评价，最有名的是冰心的《用画来颂歌》。在这篇简短的文字中，冰心首先谈到她看到过的一幅以母子为创作人物的非洲画家的作品，"一个年轻的母亲，勇敢地站在墙角，紧紧地搂着脸上充满着惊惶而愤怒的孩子，她以凛然的坚强的目光，怒视着前面，这目光充满了保卫孩子反抗顽敌的激情。这幅画也使我激动，永远不能忘怀"。[16] 对于《毛主席万岁》，她写道：

> 这幅以"毛主席万岁"为题的宣传画表现了一个截然不同的内心生活，它的整个气氛反映了今天中国人民在伟大的毛主席领导下，所过的和平幸福的生活！画上的人物，栩栩如生，我们不但觉得这个年轻的母亲和她可爱的孩子，都是我们所极其熟识的人，而且我们还能看到画中所没有画出的，站在天安门楼前，满面含笑，向着下面欢呼的群众招手的，我们最敬爱的领袖毛主席。我们还能想象到这幅画面的前前后后。比方说：这个年轻的母亲，和北京的六百万人民一样，从一早起，就满怀欢欣地迎接这个幸福的节日，她把她的小宝宝——她一定有一个很有意义的名字，还是不替她起为妙——细心妥帖地打扮好，衣服和鞋袜的颜色，都配合得很调和，最后在她很细的小辫上，结一根小缎带。小宝宝也许叫着说："妈妈，我也要拿一把花！"[17]

现在虽已无法考证冰心所谈及的非洲画家的作品，但从她的描述中我们完全可以想象出画中所表现出的悲壮与激烈，在《毛主席万岁》中，"和平幸福的生活""我们所极其熟识的人"以及她所想象的母女之间的对话，即是我们日常生活的写照。

[16] 冰心：《用画来歌颂》，《北京晚报》1960年1月16日。

[17] 冰心：《用画来歌颂》，《北京晚报》1960年1月16日。

第二节　政治挂帅与创作自由

如果说非洲画家的作品激起了我们心中的激情与斗志，那么《毛主席万岁》则激发了心中的柔情以及日常生活的温情，就如湖中泛起的一圈圈轻柔的涟漪。

哈琼文晚年在回忆《毛主席万岁》的创作体会时，总结道：

> 在宣传画里，如果以纯写实手法去图解政治口号是不可能使作品有较强的艺术欣赏性与感染力的，而且运用纯写实手法进行创作常常使自己的思路受到限制，有些主题则很难以生活形象表达而必须借助于象征与联想的办法使主题得到深化。一切艺术都必须以感情为基础，作者自己必须在作品中更多地注入感情，作品才有可能感动别人……[18]

感情源自生活。值得一提的是，哈琼文在创作《毛主席万岁》时，画中小女孩的年纪与他最小的女儿哈思阳的年龄相仿，画家把日常生活中对女儿的情感、来自日常生活的素材，成功地上升为高于生活的艺术想象。在这幅画中，画面背景被大胆地处理成绚烂的花的海洋，热烈壮美，有着很强的视觉冲击力。这种带有感情的色彩描绘在当时是很少见的，苏联宣传画里没有，新中国之前的宣传画里也没有，玫红色暖色调的处理，也融合了画家的真实情感。

创作的日常生活化或者说日常生活中的创作，包括两个含义，一是指创作者个人日常生活状态影响创作活动，二是指表现日常生活的作品与观众产生共鸣与互动。在以往的宣传画研究里，意识形态决定创作内容、体制控制创作思路的言论深入人心。但通过对上海人美社宣传画的研究发现，个人意志、审美趣味、日常生活从来都没有离开过创作。蔡振华对机械美学的追求、钱大昕对农民题材的偏爱、哈琼文对女性及儿童的刻画都是建立在日常生活的基础之上。观察生活、体验生活、描绘生活虽是20世纪50年代画家们从事创作必须遵循的规程，但是意识形态的主导地位不容忽视，尽管"社会主义的现实主

---

[18] 哈琼文:《哈琼文》，上海人民美术出版社2009年版，第50页。

义的"创作思路和毛泽东思想都不要求千篇一律,他们都认为应该发挥艺术创作的主动性,选择各种形式、风格和题材,但艺术家主动性的发挥是带有条件的。[19] 上海人美社的宣传画创作给我们带来了与以往认知有所不同的感受,如果没有创作者个人的情感,就不会有《毛主席万岁》的出现,而体制对个人意志的包容与肯定更是让众多带有个人生活印记的作品被全国人民熟悉并牢记。

二、在哪创作?

1961年8月2日下午,在上海市出版局内部会议上,上海人美社《关于改变连环画创作干部工作制度的请示报告》在与会人员中传阅。这份报告是上海人美社对社内创作人员中出现的一些问题提出的改进办法。这份请示报告主要谈到了三个方面的内容:

(5)允许一部分创作干部回家创作。

不少创作干部对社内规定他们与大家一样实行八小时上下班的工作制度表示不满。认为创作干部与编辑以及一般行政工作不同,要求除了集体学习与政治运动到社里参加之外,允许他们回家创作。

(6)创作定额由月定额改为年定额。

机械地要求按月完成定额是不符合客观实际的,现在改为年定额,时间长,创作干部可以主动安排,创作总数可以照样完成,不至于因为按月结算感到紧张,能够心情舒畅,更好地调动创作积极性。

(7)在保证创作质量逐步提高的前提下,提前完成创作定额者,给予创作假奖励。

在过去对提前完成定额者,支付超额稿酬以资奖励,但实际上提前完成定额者不多,相反延期交稿者居多。

正因为超额少而延期交稿多,因而影响了出书计划的准确性,使新书不能早日与读者见面,对美术创作的繁荣也是不利的。因此,拟改为在确保逐步提高创作质量的前提下,实行提前完成定额者予以创作假之奖励。在此期间,创作干部可以自行进修业务、学习理论或从事其他画种的创作,以提高自己的政治思想和艺术水平。[20]

---

[19] 周博:《中国宣传画的图式与话语》,载陈湘波、许平《20世纪中国平面设计文献集》,广西美术出版社2012年版,第202页。

[20] 《上海人民美术出版社关于改变连环画创作干部工作制度的请示报告》,上海市档案馆藏,档案编号:B167-1-486-2,1961年。

对上海人美社请示报告中所提及的问题，时任上海市出版局局长罗竹风做了如下批复：

> 人美的这个改进办法，是可取的。创作干部一律坐班不适合他们的工作特点。
>
> 人美如果实行后，势必影响其他出版社（特别是少儿），因此，需要仔细考虑，可否由人美先行一步……以上两点拟文件报市委宣传部。[21]

导致这个请示报告在出版局会议上讨论的直接原因，是自1959年秋季开始的《连编室创作制度若干规定》的实施，其中对创作干部的工作时间要求为“在社的创作干部，和行政、业务、编辑干部一样，按时上班，集中办公”。1958年5月的中共八大二次会议上制定了“鼓足干劲，力争上游，多快好省地建设社会主义”的总路线，就此后几年的经济建设提出了一系列目标和任务，不久，轰轰烈烈的“大跃进”就在全国范围内开展起来。这场运动不仅发生在工业生产领域，还蔓延至科学研究、文体教育各个行业。上海人美社也在这场运动中跟随形势，对当时的创作和出版工作做了相应的调整，《连编室创作制度若干规定》即是为配合这场运动而制定的创作干部改制方案。在1959年的改制方案中，除了创作干部的工作时间由自由创作改为八小时上班制之外，在创作任务的计划与制定、题材的选择分配和脚本关系、深入生活和劳动锻炼、业务进修等

21 《上海人民美术出版社关于改变连环画创作干部工作制度的请示报告》，上海市档案馆藏，档案编号：B167-1-486-2，1961年。

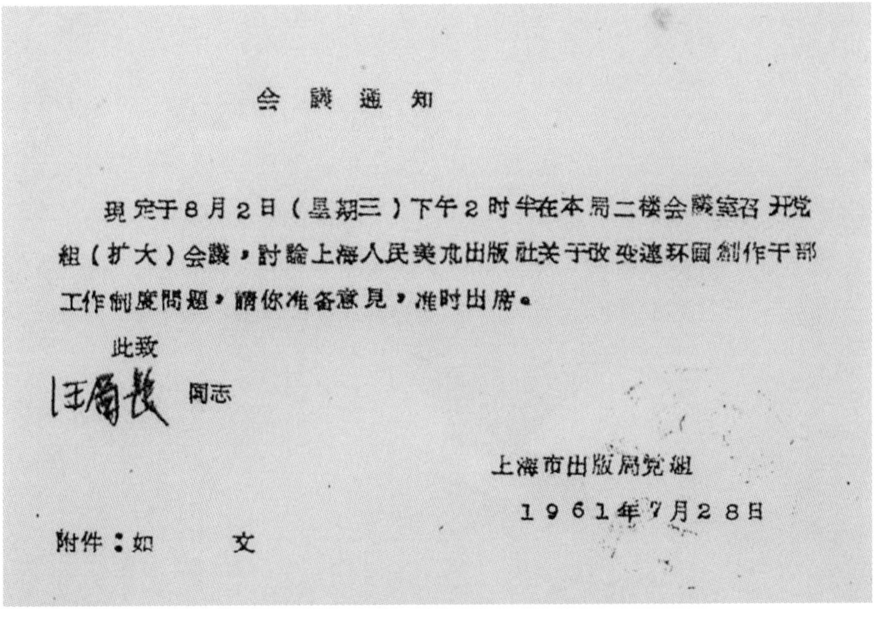

会議通知

現定于8月2日（星期三）下午2时半在本局二楼会議室召开党組（扩大）会議，討論上海人民美术出版社关于改变連环画創作干部工作制度問題，請你准备意見，准时出席。

此致

汪局長 同志

上海市出版局党組

1961年7月28日

附件：如 文

图7-10
会议通知
上海市档案馆藏
档案编号：B167-1-486-2
1961年

方面也根据形势做了相应的改变。

此时的上海人美社,虽不可避免地受到政治运动的影响,施行了一系列相关制度,如《连编室创作制度若干规定》等。但是,当时上海人美社的出版情况,却给我们展现了艺术家在政治运动中的另一方面。

1958年,上海人美社出版了宣传画166种,占该社成立以来宣传画出版品种总数的70%之多,总印数400万张,约等于前六年印数总和的50%。[22] 同时,上海人美社一些非常重要的作品都是在这几年创作出版的,如哈琼文的《毛主席万岁》(1959年)、钱大昕的《争取更大的丰收 献给社会主义》(1958年)及《光荣归于党》(1960年)(图7-11)、杨文秀

22 《上海美术志》编纂委员会:《上海美术志》,上海书画出版社2004年版,第84页。

图7-11
《光荣归于党》
钱大昕
上海人民美术出版社
1960年

第二节　政治挂帅与创作自由

的《大办农业大办粮食》(1960年)(图7-12)等。连环画创作在这个时期也产生了一批非常优秀的作品,如在1963年第一届全国连环画创作评奖中,贺友直的《山乡巨变》,丁斌曾、韩和平的《铁道游击队》,赵宏本、钱笑呆的《孙悟空三打白骨精》三部作品获得绘画一等奖,在二等奖和三等奖的获奖作品中,上海人美社也分别有四部及六部作品位列其中。[23]有学者认为这一现象与"大跃进"时期所施行的出版方式有关。[24]不可否认的是,"大跃进"以及之前全国文艺方针的转向确实对出版社的创作出版有推动作用,但同时不能忽视出版社创作制度的规定与创作人员之间的博弈所起到的作用,更确切地说,出版社对创作人员的政策制度在"大集体小自由"策略的指引下具有了一定的灵活性。1958年之前,对于创作人员在哪创作的问题,出版社根据编室创作职能的不同给予不同的规定。据丁浩回忆,由于宣传画的政治色彩浓烈,因此宣传画必须在出版社内部创作,这不但有利于把握政治方向,也有利于创作人员内部的交流与协商。当时宣传画创作室位于上海人美社大院内白色楼的三层,因此,现存的关于宣传画的创作照片即是以出版社的创作室为背景。而对于年画、连环画,则要宽松很多,创作者可按照创作题材和个人需求自行选择。[25]

尽管1959年制定的《连编室创作制度若干规定》规定了

[23] 参见《上海美术志》编纂委员会《上海美术志》,上海书画出版社2004年版,第80页。上海人民美术出版社获得绘画二等奖的作品为顾炳鑫的《渡江侦察记》,华三川的《交通站的故事》,刘旦宅的《屈原》,钱笑呆、汪玉山的《穆桂英》;绘画三等奖获奖作品为姚有多、姚有信、杨丽娜的《革命的一家》,陈宏仁的《车轮飞转》,任伯宏、任伯言的《灵泉洞》,盛亮贤、沈悌如的《木匠迎亲》,王亦秋的《杨门女将》,罗盘的《草上飞》。

[24] 朱海辰认为,"大跃进"期间,上海人美社展开一系列出版"大跃进"活动,如宣传画中的标题用成组成套或者连续出版的方式出版,同一题材如"庆祝中华人民共和国万岁"同时出版了20多种。同时,"大跃进"期间,社会各界画家的热情参与也促进了宣传画的出版,许多画家主动把作品送到出版社。

[25] 资料来源:2010年4月丁浩采访录音。

图7-12
《大办农业大办粮食》
杨文秀
上海人民美术出版社
1960年

八小时工作制，要求创作人员与行政、业务、编辑一样按时上班、集中办公，但我们仍能从补充制度中看出对创作人员工作特殊性的照顾：

创作干部的办公制度除了八小时上班制，对年老体弱、家庭有较好创作条件的，可以允许在家创作。因某个创作任务的特殊情况需要，也可以暂时短期回家创作。上述办法执行可由领导建议，也可由干部根据本人条件提出。

为了使创作干部尽量集中精力进行创作，除了重要的方针政策传达、政治运动、社中的重要会议需要参加外，其他一般行政性的会议、和创作关系不大的活动，可以不参加或减少参加。[26]

对创作人员办公地点的考虑，在当时的整风运动、反右派斗争、"大跃进"、人民公社化运动等一系列政治运动的洗礼中，出版社充分考虑到了创作人员工作的特殊性，为创作人员创造了宽松的创作环境，也为后来创作形式和风格的多样化提供了条件。虽然这一制度在后来受到批判[27]，但这种"大集体小自由"的体制也为创作人员最大限度地发挥创造性创造了条件。从艺术心理学的视角而言，虽然艺术家不可能真正地超脱于现实体制，但体制，尤其是特殊历史时期的艺术体制，却为艺术家的个人选择与创造性提供了实实在在的条件，正是艺术体制本身，为艺术家与结构性规范之间的永久张力提供了个人创作空间。

[26] 《上海人民美术出版社关于改变连环画创作干部工作制度的请示报告》，上海市档案馆藏，档案编号：B167-1-486-2，1961年。

[27] 据黎鲁回忆，在对上海人民美术出版社社长吕蒙的批判中，有人说："吕蒙要我们不要急，画不出来的话，可以休息，花园里走走。"整风运动及反右派斗争结束后，吕蒙被撤除社长职务，调至朵云轩从事编辑工作。

三、读者趣味的考量

在新中国的视觉图像建构中，读者是如何参与到建构体系中来的？或者说在整个视觉文化的历史叙事中，有没有受众的参与？1934年的第一次全苏作家代表大会通过的《苏联作家协会章程》中规定："社会主义的现实主义，作为苏联文学与苏联文学批评的基本方法，要求艺术家从现实的革命发展中真实地、历史地和具体地去描写现实。同时艺术描写的真实性和历史具体性必须与用社会主义精神从思想上改造和教育劳动人民的任务结合起来。社会主义的现实主义保证艺术创作有特殊的可能性去表现创造的主动性，选择各种各样的形式、风格和体裁。"[28] 这一段话在后来的历史进程中不断地被放大和深化，成为全中国文艺创作的标杆和方向，也被无数的历史研究者所引用，被看作是新中国文艺发展方向的起始点。1942年毛泽东发表了《在延安文艺座谈会上的讲话》，明确提出了革命文艺要遵循"社会主义的现实主义的"原则，[29] 虽然对苏联文艺模式的学习、借鉴和追随在1949年以后的十几年中不断地深入甚至发生转向，但"现实主义"的文艺路线在特定的历史时期对新中国的文艺宣传产生了根本性的影响，甚至影响到当代艺术话语的建构。《苏联作家协会章程》中"现实主义"文艺路线的提出是就艺术的表现手法而言，但在"为艺术而艺术"被否定的年代，"现实主义"只是手段，或者说"艺术是手段，而不是目的本身"。

那么，文艺在新的历史时期应具有什么目的呢？《苏联作家协会章程》中有一句话值得我们关注："艺术描写的真实性和历史具体性必须与用社会主义精神从思想上改造和教育劳动人民的任务结合起来。"[30] 中国接受并承袭了苏联的诠释，认为"社会主义的现实主义"，"既要描写现实的真实，也要以社会主义精神教育人民……如果不结合描写现实的真实性、历史具体性，就会使我们的作品成为标语口号的图解。……如果没有结合以社会主义精神教育人民的任务，所描写的就会只是现实的现象，只是表面的意义，没有深入现实的本质，也没有深刻

---

[28] 《苏联作家协会章程》，载《苏联文学艺术问题》，曹保华等译，人民文学出版社1953年版，第13页。

[29] 毛泽东：《在延安文艺座谈会上的讲话》，载《毛泽东选集》第三卷，人民出版社1991年版，第867页。

[30] 冯雪峰：《关于社会主义现实主义（节选）》，载上海师范学院中文系文艺理论教研室《文学理论争鸣辑要（下）》，上海文艺出版社1983年版，第642页。

的思想性"。[31]那改造什么、教育什么呢？毛泽东做了很好的阐释："要使文艺很好地成为整个革命机器的一个组成部分，作为团结人民、教育人民、打击敌人、消灭敌人的有力的武器，帮助人民同心同德地和敌人作斗争。"[32]也就是说，艺术是与敌人斗争的武器，对人民的改造和教育即是在这个前提之下进行的。

　　文艺目的的提出同时引出另外一个问题：艺术为谁服务？毛泽东提出我们的文学艺术都是"为千千万万劳动人民服务"，"文艺工作的对象是工农兵及其干部"[33]。既然人民大众是艺术的服务对象，那么艺术创作与人民大众的审美之间是什么关系？艺术是要真实地反映生活、反映人民大众的审美，还是要引导生活方向、引导人民大众的审美？在毛泽东的思想里，显然后者更符合他对文艺发展路线的要求，即艺术要源于生活，高于生活。毛泽东在延安文艺座谈会上提到了文学之源的观点："人民生活中本来存在着文学艺术原料的矿藏，这是自然形态的东西，是粗糙的东西，但也是最生动、最丰富、最基本的东西；在这点上说，它们使一切文学艺术相形见绌，它们是一切文学艺术的取之不尽、用之不竭的唯一的源泉。这是唯一的源泉，因为只能有这样的源泉，此外不能有第二个源泉。"[34]这似乎与前文提到的毛泽东对日常生活的批判背道而驰，但毛泽东对"生活"的选择是有特定语境的。首先，毛泽东所指的生活不是一般意义上的日常生活，而是专指工农兵的日常生活。其次，我们还必须注意到，毛泽东所说的"人民生活"是指一种被政治深刻干预了的日常生活。简单地说，他指的具体生活内容都被赋予了一种革命化、阶级化的意识形态色彩，这也是他赋予"生活"范畴的特定意义。[35]

　　"艺术为工农兵服务""艺术要源于生活，高于生活"等思想的提出，让我们不得不审视在这场政治运动中，受众者的审美趣味如何体现？作为艺术创作者，如何去协调"艺术高于生

---

[31] 蔡仪：《斯大林昭示我们前进的道路》，《美术》1954年第3期。

[32] 毛泽东：《在延安文艺座谈会上的讲话》，载《毛泽东选集》第三卷，人民出版社1991年版，第848页。

[33] 毛泽东：《在延安文艺座谈会上的讲话》，载《毛泽东选集》第三卷，人民出版社1991年版，第850—854页。

[34] 毛泽东：《在延安文艺座谈会上的讲话》，载《毛泽东选集》第三卷，人民出版社1991年版，第860页。

[35] 艾秀梅：《艺术何以源于生活，如何高于生活——从"日常生活批判理论"角度的重新解读》，《南京师大学报（社会科学版）》2006年第11期。

第二节　政治挂帅与创作自由

活"与受众审美趣味之间的平衡关系？有学者认为，木刻艺术形式的发展解决了出版物的亲和力问题，是一种符合大众审美趣味的艺术形式。[36] 木刻版画的可复制性、低成本及其高效的产出符合当时的社会需求，但从视觉感官来讲，"思想性强的看不懂、受外国影响重的不亲切"是一系列木刻版画在艺术创作形式上的弊端，显然与大众的审美趣味相差甚远。而年画这种家喻户晓、喜闻乐见的艺术形式正好解决了这一难题。新年画运动即是创作者在保持年画原来的视觉形式的同时，对内容进行的撤换。

上海人美社作为新中国成立之后的视觉传媒重地，对受众审美趣味和艺术创作之间的辩证关系也有过历史的考量。上海市档案馆收藏的一份《上海人民美术出版社关于送报1955年上半年度国民经济计划执行情况总结的函》中写道：

> 今年我社摄影画册、宣传画、年画等出版物印数下降的情况很严重。因而影响了出版计划，不能全部完成，并影响了创作干部的工作情绪……编辑部在制定一九五六年选题计划工作时，着重指出要贯彻普及的方针，很好考虑和研究读者的需要和喜爱，加强创作和编辑工作的群众观点。[37]

这简短的几行字给出了很多信息。首先，当时的摄影画册、宣传画、年画销售数量不尽人意。以新年画为例，虽然表面上热闹非凡，但是市场业绩却相当惨淡，国营出版社的新年画产品普遍积压，严重的搁置两三年都卖不掉，[38] 这也可以从上海人美社年画出版数量上进一步得到印证：1955年出版年画28种，重版32种，[39] 而同一年上海画片出版社出版年画380种，总印数达5000多万份。[40] 需要说明的是，上海人美社与公私合营的上海画片出版社在出版年画业务上的分工有所不同，上海人美社出版具有指导意义的新年画，上海画片出版社出版以月

---

[36] 详见姜节泓《"为了大众的艺术"和"为了艺术的大众"》，http://www.doc88.com/p-208337777849.html。

[37] 《上海人民美术出版社关于送报1955年上半年度国民经济计划执行情况总结的函》，上海市档案馆藏，档案编号：B167-1-10，1955年。

[38] 详见上海美术家协会《上海现代美术史大系·宣传画卷》，上海人民美术出版社2012年版，第64页。1958年，全国共出版年画546种，重版481种，印数1.3613亿张。

[39] 《上海人民美术出版社1952—1955年出版物种数印数统计》，上海市档案馆藏，档案编号：B9-231，1955年。

[40] 《上海美术志》编纂委员会：《上海美术志》，上海书画出版社2004年版，第74页。

份牌为主的普及性年画及通俗画片。

其次,是对读者审美趣味的重新审视。按照"艺术要源于生活,高于生活"的文艺路线,艺术要起到改造和提高思想的作用,对于艺术形式的推广即是按此思路来进行的。在1949年7月第一次全国文代会上的发言中,江丰谈道:"解放区的美术工作者作画多从民间艺术中学得单线平涂的画法,因为这种较为单纯而又明快的画法,群众以及民间艺人容易学,容易模仿,同时也便于印刷。有人轻视单线平涂的画法,而偏爱明暗的画法,认为明暗的画法观众也看得懂,喜欢看,当然是事实,但一般群众对于明暗的画法不易学,这也是事实。画法的问题,在这里,实质上可以说是一个群众观点与群众路线的问题。"[41] 这段话至少包含两层含义:第一,新文艺是大众化的、服务于工农兵的文艺;第二,"形式"不再仅仅涉及审美取向和个人趣味,而是关系着阶级立场、政治方向。

既然"形式"被赋予了除审美趣味之外更为广泛的政治意

[41] 江丰:《解放区的美术工作》,载中华全国文学艺术工作者代表大会宣传处《中华全国文学艺术工作者代表大会纪念文集》,新华书店,1950年,第227—234页。

第二节 政治挂帅与创作自由

义,那么年画中单线平涂的表现手法自然受到更多的推崇。新年画运动发起之后,组织的创作、展览以及1950年、1952年的两次全国年画评奖,为年画的创作者建立了创作的规范和标准,即推行单线平涂的样式。把单行平涂的技法运用到极致的是获得1952年第二届全国年画评奖一等奖的作品——林岗的《群英会上的赵桂兰》(图7-13)。在这幅画中,作者运用单线平涂新年画创作法、传统工笔画法和西方的写实技法相结合的方式,以精细、严谨、和谐的风格,将内容和技巧高度结合,把新年画推向了一个时代高峰。这幅作品被认为是"民间年画、延安时代以来的新年画的进一步发展的一件具有代表性的作品"。[42]

而在1950年第一届全国年画评奖的评奖结果中,甲、乙等奖共计11幅作品,并没有出现上海地区作者的作品,仅在获得丙等奖的14幅作品中,有俊生、清泉(杨俊生、田清泉)合作的《支援前线》和梅生(金梅生)的《新中国的歌声》两幅作品入选。[43]虽然在第二届全国年画评奖中,张碧梧的月份牌年画《养小鸡 捐飞机》(图7-14)和杨文秀的年画《好婆媳》荣获二等奖,但这并未改变年画在大环境下被批判的境遇。正如布尔迪厄对"经典"提出的质疑一样,作品本质上是一种"社会炼金术"的产物,也就是说,它取决于一系列特定的社会历史因素。新中国成立后的最初几年,在各种社会政治因素以及人为干预和调控下,一批符合政治话语的作品被塑造为视觉文化中的经典。作为旧上海独有的艺术形式,月份牌虽然有着全中国的消费市场作为依托,但又是资本主义、小资产阶级意识的表征,在社会主义、现实主义的工农兵艺术被推崇的新时期,"格调低俗"的月份牌自然不符合社会主义的艺术理想,登不上大雅之堂。[44]艺术,作为意识形态与大众之间的桥梁、传递者,尤其是作为大众传媒体系的出版社的艺术创作,理应在意

---

[42] 《群英会上的赵桂兰》线描稿最先发表在《人民美术》1950年第6期上,《人民日报》1951年1月3日首次发表了完稿。王朝闻说:"说它是一件比较优秀的作品,主要是指它已经创造了真实的形象,从而正确地体现了具有重大意义的主题。"后来在新中国成立十周年美术作品回顾时,有文章指出此画"无论从内容和形式方面看,都称得起是民间年画、延安时代以来的新年画的进一步发展的一件具有代表性的作品"。(参见陈履生《新中国美术图史1949—1966》,中国青年出版社2000年版,第82—85页。)

[43] 从1950年第一届全国年画评奖的结果看,获奖者多为有解放区背景的画家:获甲等奖的三位画家李琦、古一舟、安林,都有曾为晋察冀的华北联合大学或者鲁迅艺术学院美术创作员的背景;获乙等奖的八位画家,除了几位生平不详之外,其他人都是鲁迅艺术学院或者华北联合大学的学生。(参见杨冬《民族文化重建视野下的新年画与新年画运动》,载陈湘波、许平《20世纪中国平面设计文献集》,广西美术出版社2012年版,第238—239页。)

[44] 在1952年的第二届全国年画评奖中,从1000余幅作品中选出获奖作品40幅,39人获得殊荣,这其中虽有李慕白的年画《中国人民的伟大领袖毛主席》,但单线平涂的艺术风格仍然受到了推崇,除了林岗的《群英会上的赵桂兰》之外,侯逸民、邓澍的《庆祝中国共产党成立三十周年》,李可染的《劳动模范游园大会》,叶浅予的《中华各民族大团结》,力群的《毛主席的代表访问太行山老根据地》,石鲁的《幸福婚姻》,阿老的《中朝部队前线胜利联欢》,张隆基、方增先的《人民的西湖》等都被认为是具有代表性的作品,而这些作品的表现手法即单线平涂。

图7-13
《群英会上的赵桂兰》
林岗
人民美术出版社
1951年

养小雞 捐飛機

图7-14
《养小鸡 捐飞机》
张碧梧
通联书店
1952年

识形态的感召之下努力完成对人民群众审美趣味的改造。

那么，上海人美社对于群众的审美趣味是改造还是迎合？显然，在前述文件中，出版社倾向于后者，对读者趣味的思索足可以看出出版社对此做出的努力。即使新年画的政治性要求对年画出版设定了限制，也不难从新年画作品中看到月份牌年画的表现技法。如丁浩、赵延年、蔡振华三人合作的《在共产党和毛主席的领导下，加速建成社会主义并逐步过渡到共产主义社会！》(1955年)(图7-15)，这幅作品虽是采用宣传画常用的水粉材料，但立意和构图有浓厚的年画趣味，画法上采用月份牌的表现技法，细腻、含蓄地刻画表现毛泽东的形象，尤其是对画中瓜果的表现，与月份牌画法如出一辙。而作为上海画片出版社特约年画创作者的李慕白所创作的《热爱共产党 热爱毛主席》(图7-16)，在表现技法上充分运用素描擦色、水彩上色等月份牌绘制所特有的表现形式，向大家呈现出一位形象上丰满、立体，颜色上鲜明、丰富的领袖形象。据统计，截至1958年，这幅作品印刷量已达165万份，而同一年北京出版的阿老的《全中国的儿童都热爱你》(1954年)，印量只有68万份。为什么相同题材、构图相似的作品，市场的认同度会大相径庭？对读者审美趣味的迎合是其中一个非常重要的原因，长期以市场为导向的月份牌画家，深知观众的喜好和审美。这一点，也可以从笔者对沈家琳的采访中窥见一二：

作为月份牌年画画家，几乎每年过年都要去外地考察，像河北、东北、山东、陕西等，都去过。我们是带着任务下去的。年画出版以后，好不好卖、画面有什么问题等等，这些问题都要解决。比如有一年过年我去陕西，帮助当地的人卖年画，边卖边问老乡：为什么买这幅画？为什么不喜欢那幅画？老乡的意见很有参考性，比如他会说，这幅画颜色鲜艳，贴在家里好看；那幅画阴阳脸，不吉利。这对我们的创作很有帮助，我们在创作中就要考虑这些问题。[45]

---

45 资料来源：2010年11月沈家琳采访录音。

图7-15
《在共产党和毛主席的领导下,加速建成社会主义并逐步过渡到共产主义社会!》
丁浩、蔡振华、赵延年
上海人民美术出版社
1955年

热爱共产党 热爱毛主席

图7-16
《热爱共产党 热爱毛主席》
李慕白
上海画片出版社
1954年

按照毛泽东大众文艺发展路线的要求，艺术要完成两个使命：一是普及，二是提高。新中国成立之前，"普及"面临的是英勇抗战、保家卫国等军事题材；新中国成立后，"普及"的重心已转向与生产建设、医疗卫生、交通运输、防特肃反等与日常生活息息相关的大众题材。"提高"则自然是脱离"低级趣味"、封建迷信的牢笼，进入社会主义新的革命阵地。"阴阳脸""不吉利"等具有典型民间封建迷信色彩的思想和言论，在创作过程中应如何把握？是迎合还是改变，是屈服还是扭转？上海人美社对于什么是"好"的作品有明确规定和指示：好的宣传画、年画的创作，要注意从生活出发，从平凡真实的角度选取题材，构思画面。[46] 虽然仅是简短的几行字，但透露出对创作的拿捏与掌控并非易事。但我们也确实可以从作品中看到对大众审美趣味的思考和努力，对日常生活的关注和体现。连环画的创作更能体现这一点。《山乡巨变》《老孙归社》等连环画作品，遵循了"小题材"大格局的创作思路，或者说"显微镜"式的挖掘和刻画方法，使普通的题材更具有精致动人的效果。

在艺术是"自上而下"还是"自下而上"的问题上，有学者从线性历史的角度认为这是两个相互连接的发展阶段，大众真正参与到艺术家的创作或者说参与到艺术创作中是由于政治运动引发的参与形式的改变。[47] 高名潞则从"群众化"和"化群众"的视角切入，认为这是区别于苏联大众艺术的切入点："与斯大林一样，毛泽东《讲话》(《在延安文艺座谈会上的讲话》——笔者注)的核心也是强调大众艺术，强调艺术为工农兵服务。但是毛泽东的《讲话》中的大众艺术与苏联的'大众艺术'相比较，有了进一步的发展，那就是更激烈地打击了艺术的'本体'观念，使其更彻底地大众化和社会政治化，艺术不是'化大众'，而是'大众化'。而艺术'大众化'的根本是艺术家

---

[46]《上海人民美术出版社关于送报1955年上半年度国民经济计划执行情况总结的函》，上海市档案馆藏，档案编号：B167-1-10，1955年。

[47] 姜节泓认为，艺术创作的"自上而下"以及"自下而上"可以归纳为"为了大众的艺术"和"为了艺术的大众"，前者着眼于艺术的功能性，而后者着眼于艺术家参与艺术的主动性，区别在于是否为了配合政治运动的形势而展开。"大跃进"之后，更多关注的是"为了艺术的大众"。但笔者认为，单纯的用线性历史的分期会忽略艺术创作过程中艺术家的主动性及能动性。

的立场,思想乃至身份的大众化,是脱胎换骨的'化',是思想感情和群众打成一片的过程。"[48]

四、体制的"内"与"外"

"体制"是为人创建的,或者说,创建体制本身不是目的,而对人的管理和约束是其创建动因。新中国艺术体制建立之后,艺术家与体制之间存在着三种关系:一是被体制吸收和接纳,成为体制中的一员;二是完全被排除在体制之外,结束艺术创作的生涯;三是徘徊在体制边缘,既依附于体制生存,承担某些艺术作品的创作任务,同时又免去体制带来的诸多制度限制。

艺术体制对于新中国艺术家的成长与发展是至关重要的。以新中国女性艺术家为例,许多活跃在民国时期的、有强烈个人印记的女性艺术家,或因没有跟上时代步伐,或因子女家庭的拖累,或因某种原因,从公众视野中消失了,如潘玉良、关紫兰、丘堤、李青萍等。而一些紧随时代潮流、响应时代号召的女性艺术家则留在公众视野中继续创作,如萧淑芳、郁风、徐坚白等。[49]无论是在公众视野中消失还是在公众视野中继续留存,"体制"在其中起着决定性作用。进入体制,意味着艺术家职业生涯可以继续,体制之外的艺术家则是另一番景象。[50]体制对于艺术家的影响,虽不是新中国独有的现象,但不得不说要比历史上的其他时代、同时代的其他国家更为强烈、更为重要。通过对新中国女性艺术家的考察,我们可以发现新中国成立之后艺术家与体制的关系——或存在、或消失,或主流、或边缘。

上海作为新中国成立初期聚集的艺术家最多、艺术产业最

[48] 高名潞:《中国前卫艺术》,江苏美术出版社1997年版,第44—45页。

[49] 姚玳玫:《自我画像——女性艺术在中国(1920—2010)》,岭南美术出版社2010年版,第100—102页。

[50] 在考察新中国女性艺术家生存状态时,姚玳玫提及有的在美术院校教书,或在美协、美术馆任职,如萧淑芳等;有的过着颠沛流离的生活,如李青萍;有的远走他乡,虽可以继续艺术创作,但很快从大众视野中消失,如潘玉良等。(参见姚玳玫《自我画像——女性艺术在中国(1920—2010)》,岭南美术出版社2010年版,第100—102页。)

发达的城市,艺术家同样面临着体制内与体制外的选择。对于是否进入体制,不同艺术家有不同的选择。丁浩在回忆录中用"沈之瑜赶来扭转我的工作去向"作为标题,回忆了他差点与体制失之交臂的一段往事:

1950年初,在一次宴会上,我和《大公报》的副总编同桌……他听了就说,我们《大公报》正缺一位画漫画的,问我愿不愿去《大公报》任此职。由于没有思想准备,我只说我可以考虑。但隔了没几天,他就派编辑刘北汜来,希望我早日去《大公报》,并把工资待遇都告诉我,说是每月工资480个折实单位。

第二天我去美术工作者协会,在谈话中我把将去《大公报》工作的事告诉大家。而我从美术工作者协会回到家不久,沈之瑜急匆匆赶到家里来同我说,你刚才在协会里说你要到《大公报》去工作,但《大公报》是私营单位,你要参加工作,还是到军管会文艺处来好。经过沈之瑜一番劝说,我改变主意不去《大公报》,根据沈之瑜指引,在3月8日就到文艺处报到,分配在美术工场工作。[51]

丁浩的回忆真实地还原了当时艺术家在抉择时的举棋不定。"国营""私营"的选择,工资薪酬的差别,都是艺术家在当时所面临的主要问题,同时,对中国共产党领导的新中国是否有信心,也是艺术家对进入体制犹豫不决的影响因素之一。更为重要的是,艺术这一特殊行业,艺术家这一特殊群体,有着与其他行业、其他行业从业人员完全不同的特质。艺术领域中相对松散的结构以及各种艺术范式之间此起彼伏的竞争,无疑为艺术家的创作留下了相当大的空间。因此,对进入体制,不同的人有不同的看法:

今天的年轻人可能体会不到当年的历史状态,解放初始,参加共产党领导下的单位,特别是上层建筑单位,未必是所有市民的选择,赵延年和杨可扬刚参加华东画报社的时候,赵延年向我们谈起,他两人曾被一些人以不屑的语气形容"伊拉参加仔工作咧!"……这样看,到国营出版社工作,也要有点"毅然"参加的勇气。[52]

[51] 丁浩:《沈之瑜赶来扭转我的工作去向》,载丁浩《美术生涯70载》,上海人民美术出版社2009年版,第22页。

[52] 黎鲁:《连坛回首录》,上海画报出版社2005年版,第57页。

第二节　政治挂帅与创作自由

体制给艺术家的创作设置了限制，但体制带来的优质创作条件也为艺术家提供了进行艺术创作的遐想空间以及个人技能得以施展的场域。在这场创作空间与体制限制之间的纠葛中，前文提到的艺术家与体制的第三种关系，即社会美术工作者或特约年画创作者的存在，[53]使得在政治与艺术的纠葛中摇摆不定的艺术家，有了一个相对自由的创作空间。"社会美术工作者"是上海人美社对游离于体制之外、却依赖于体制生存的创作群体的统称，他们的共同特征是在新中国成立之前即有很强的创作能力、有很高的社会声望，同时，作品深受大众的喜爱。对待这部分群体，毛泽东曾有过思考：

在文艺界统一战线的各种力量里面，小资产阶级文艺家在中国是一个重要的力量。他们的思想和作品都有很多缺点，但是他们比较地倾向于革命，比较地接近于劳动人民。因此，帮助他们克服缺点，争取他们到为劳动人民服务的战线上来，是一个特别重要的任务。[54]

从毛泽东的指示中，我们可以看出他对这部分创作者的态度，既对"小资产阶级"的思想和作品持否定态度，又对他们所熟知劳动人民的喜好持肯定态度。因此，新中国成立之后，对这部分人员的吸收和接纳、教育和改造就成为革命工作的一个重要部分："对于旧文化工作者、旧教育工作者和旧医生们的态度，是采取适当的方法教育他们，使他们获得新观点、新方法，为人民服务。"[55]作为编外人员，上海人美社对当时几十位社会美术工作者[56]的教育和改造是通过两方面来完成的：首先，通过开展政治学习，确保社会美术工作者政治路线和方向的正确；其次，利用他们自身丰富的创作经验为新的意识形态服务。

需要强调的是，社会美术工作者的稿酬标准与体制内的创作者有明显的不同，前者稿酬标准明显要高于体制内的创作者：

---

[53] 据沈家琳回忆，在上海画片出版社并入上海人民美术出版社之前，对于编外创作人员称呼为"特约年画创作者"，"社会美术工作者"是上海人美社对编外创作人员的称呼。

[54] 毛泽东：《在延安文艺座谈会上的讲话》，载《毛泽东选集》第三卷，人民出版社1991年版，第867页。

[55] 毛泽东：《论联合政府》，载《毛泽东选集》第三卷，人民出版社1991年版，第1083页。

[56] 目前尚未有资料证实上海人美社"社会美术工作者"的确切人数，但通过对社里老画家的采访得知，旧上海月份牌画家李慕白、金梅生、谢之光、章育青等都曾被聘为社会美术工作者。值得一提的是，按照布尔迪厄文化阶级理论，当时的上海人美社对于画种的不同是有高低等级划分的。宣传画作为意识形态最有力的宣传工具，只能由"根红苗正"的体制内创作人员进行创作。连环画作为新中国成立之后要改造的对象，因此，对此类画种的作者也主要以吸收为主。年画由于没有宣传画、连环画那种强烈的政治意味，创作人员也最不受重视。由于思想性不强，年画创作对社会美术工作者的吸收和接纳最多，当然，月份牌画家自身不愿进入体制也是他们被排除在体制之外的原因之一。在本书中，社会美术工作者特指月份牌年画创作者。

出版社给他们发"津贴",不是工资。我们当时是拿工资的……他们的稿费要高,他们是自由职业者,靠稿费吃饭。出版社为了照顾他们,在国家的稿酬标准之外,又制定了另一个稿酬标准,这就是给他们的。[57]

新中国成立之后,文化部曾联合新华通讯社、广播事业局下发《关于新闻、出版工作人员全部实行工资制和改行货币工资制有关事项的通知》,对体制内的出版工作人员根据职位、职责的不同,设定了25个薪酬等级标准(对上海人美社的薪酬规定详见本章第三节)。1955年,上海人美社一般创作人员工资待遇为48.5元,稿酬另计,而社会美术工作者稿酬标准为每幅100—120元不等。笔者从访谈中得知,社会美术工作者产量很高,出版社内部稿件再加上其他出版社的约稿,每年能创作十几到几十幅不等,丰厚的稿酬收入保证了他们有充足的经济来源来继续进行创作活动。

由于出版事业关乎意识形态的传播和扩散,因此,对出版物的掌控成为新政权建立之后首先要解决的问题。1949年北平解放之后成立的"出版委员会",是新中国对"集中统一出版发行业"的努力和初步尝试。1950年9月15日至25日,在北京举行的第一届全国出版会议通过了"五项重要决议",[58]更鲜明地把"人民出版事业"作为新中国出版事业发展的方向。"人民出版事业"并不是空泛的概念,依照胡愈之的解释,指的是以"为人民服务为宗旨、以普及和提高人民大众的文化特别是工农群众的文化为根本任务的出版事业",之后对私营出版社的管控监督,就是在进一步加强"人民出版事业"。公私合营后,国营出版社或者说是国家意识形态领导下的出版机构和出版社,为社会美术工作者提供了可以继续创作的空间和场所,虽然受到体制的约束,但确实给大众呈现了一批视觉感受与"体制内"的创作者不同的艺术作品,如李慕白的《热爱共

---

[57] 资料来源:2010年11月沈家琳采访录音。

[58] 在第一届全国出版会议上通过了五项决议:《关于发展人民出版事业的基本方针的决议》《关于改进和发展出版工作的决议》《关于改进和发展书刊发行工作的决议》《关于改进期刊工作的决议》和《关于改进书刊印刷业的决议》。新中国成立之后的许多出版政策都直接或间接源于这五项决议,如统一全国新华书店,实行出版、印刷、发行分工和出版专业化,对私营出版业的整顿和改造等。(参见周武《从全国性到地方化:1945至1956年上海出版业的变迁》,《史林》2006年第6期。)

产党 热爱毛主席》(1954年)、《经常运动,使身体强壮起来!》(1955年)(图7-17),金梅生的《菜绿瓜肥产量多》(1956年)、《冬瓜上高楼》(1956年)(图7-18)、《全国民族大团结》(1956年),以及擅长描绘场景的绘画家章育青所创作的有关新中国经济建设的绘画作品,都给人耳目一新的视觉感受。上海人美社通过网罗吸收社会美术工作者的创作经验和艺术风格,弥补了体制对艺术创作的限制,丰富了新中国视觉图像的建构:

> 发掘和运用来自社内外潜在的编审力量,扩大了组稿范围,初步建立了社会创作力量的广泛联系……吸收社会美术作者和美术青年等9人出任编辑工作;同时,年画的诗文编写工作和儿童画片的脚本撰写工作,都适当地运用了社内外的业余写作力量。这样做的结果,是使工作真正地开展起来,为我社专业化的发展前途提供了条件。同时依据出版会议专业分工的决议,结合"百花齐放,百家争鸣"的政策精神,扩大了年画、通俗画片和儿童画片的选题、组稿范围,许多国画家、水彩画家、油画家、连环画家及动画家,都和我们建立了约稿关系,作者人数从原来的66人,扩大到166人。
>
> 实践证明,社会的创作力量有着极大的潜力,这些有生力量,完全有可能为我社所担负的美术普及任务和改造任务发挥出它的重大作用。[59]

对于社会美术工作者对出版社艺术创作贡献的研究,同样不能忽视另一支力量——社会美术青年在新中国艺术出版体系中的重要作用。他们或是艺术院校在校生,或是刚从学院毕业(如沈家琳、吴性清等),或是暂时在出版机构实习的社会美术工作者(如张道一、都冰如、冯健亲等)。这些人的共同特征是:在新中国视觉图像的建构过程中,他们通过自有体系,呈现出一种与体制内的画家完全不同的创作面貌,他们既与国家的意识形态相呼应,同时又保留着自己独特的创作印记,把"革命的现实主义和革命的浪漫主义"通过另一种形式表现出来。如张道一的宣传画作品《和平》(1956年)(图7-19),作

---

[59] 《上海画片出版社关于送上1956年工作总结的报告》,上海市档案馆藏,档案编号:B167-1-138-33,1957年。

經常運動，使身體強壯起來！

图 7-17
《经常运动，使身体强壮起来！》
李慕白
华东人民美术出版社

图7-18
《冬瓜上高楼》
金梅生
上海人民美术出版社
1956年

者把自己对中华民族图案的研究成功地运用到了宣传画的创作中，和平鸽身上的同心结、寿字纹，背景中的祥云以及边框中的唐草纹饰，无不表现出作者对中国传统纹样的研究和热爱。冯健亲当时作为南京艺术学院的学生，也把他对新中国的感情通过宣传画的方式表现出来，[60] 从他的画中，我们可以看出新中国成立以后培养的第一批艺术创作者所具有的个人情怀。作品丰富的民族特色和浪漫主义情怀，斗志昂扬的人物形象刻画，都可以反映出作者的革命激情和创作理想。在《全世界劳动人民大团结万岁》(1962年)(图7-20)这一巨幅宣传画中，我们可以看到作者对色彩、线条的熟练运用，对苏联、波兰、罗马尼亚作品风格的吸收和转化，作品有着强烈的视觉冲击力。

[60] 据哈思阳回忆，上海人美社在20世纪50年代末60年代初成立了美术编辑室，编辑和创作合为一体，画家既有创作任务，同时又要完成出版社的编辑任务。而冯健亲在上海人美社投递稿件，即是由哈思阳母亲游龙姑接待的。

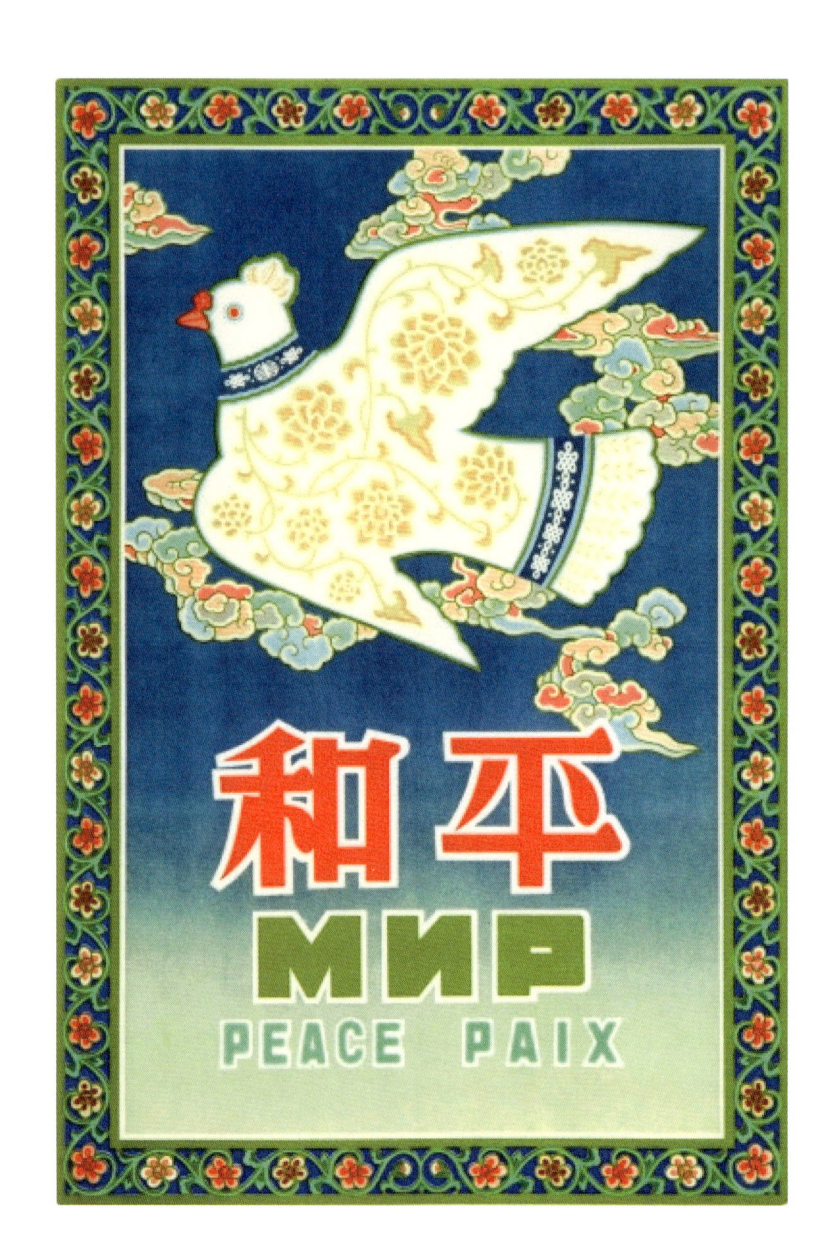

图7-19
《和平》
张道一
上海人民美术出版社
1956年

美国学者安雅兰认为，同一单位的画家通常住在同样的公寓里，如果是年长者，会住在同样的院子里，工作单位的影响既体现在日常私人生活中，又体现在创作生活中，这样的居住安排有效地阻止了职业或社会行为的极端形式。[61] 如果说这种制度性的工作方式及日常生活方式限制了体制内艺术创作者在创作形式上的发挥，那么社会美术工作者则为此提供了视觉语言的另一种形式。无论是老画家对上海原有艺术风格的延续，还是新画家对艺术形式的实验性创作，都呈现出与体制之内的创作完全不同的艺术风格及面貌，丰富了新中国视觉语言的表现形式，而体制内出版社在这个过程中承担着组织者和审视者的角色。与其他出版社不同的是，存在于中国最复杂的城市，同时要面对诸多文化背景、创作经验完全不同的创作者，上海人美社在完成新中国视觉图像建构以及新意识形态推广任务的同时，还要尝试把多重异质文化纳入同一体制内，对新、旧作品的编辑、出版、发行做出抉择，这其中的努力和尝试在中国美术出版体制的发展中是值得记一笔的。

---

[61] Julia F. Andrews. *Painters and Politics in the People's Republic of China, 1949–1979*. Berkeley: University of California Press, 1994: 6.

第 七 章　体 制 下 艺 术 家 的 灵 动

图 7-20
《全世界劳动人民大团结万岁》
冯健亲
上海人民美术出版社
1962年

第三节 稿酬与创作

"稿酬"一词的前身为"润笔",最早可追溯到西汉司马相如因作《长门赋》而得黄金百斤一事,至今已有2000多年的历史。[1]稿酬制度也是新中国出版系统中的一个重要环节,稿酬连接着作者与出版者,是出版业的第一条生命线。如果稿酬制度出现问题,势必影响出版业的运转,只有在合理的稿酬制度下,作者的创作热情才能被激发出来,一个国家也才可能拥有健康、发达的出版业。国内外出版业的发展证明,当稿酬体制合理的的时候,出版业就繁荣;当稿酬体制不合理甚至遭到破坏的时候,出版业的发展就停滞,这一点也清晰体现在上海人美社的出版与创作体系中。1952年至1966年,上海人美社的稿酬制度经历了折实单位制、印数定额制、月薪制、稿酬制等几个发展阶段。这其中有政策的原因,也有出版与创作矛盾的原因,通过对这几种稿酬变化形式的梳理,我们可以清晰地了解作为体制存在方式之一的稿酬制度与鲜活的创作者之间在日常生活层面所发生的碰撞。

一、折实单位制(1949—1952)

1950年第一届全国出版工作会议通过了《关于改进和发展出版工作的决议》,其中说道:"出版业应尊重著作权及出版权,不得有翻版、抄袭、窜改等行为。"关于作者的权益,该决议指出:"稿酬应在兼顾著作家、读者及出版家三方面利益的原则下与著作家协商决定;为尊重著作家的权益,原则上应不采取卖绝著作权的办法。计算稿酬的标准,原则上应根据著作物的性质、质量、字数及印数等。"[2]

---

[1] 李海文:《新中国60年的著作稿酬与币值》,《中国出版》2009年第9期。

[2] 《关于改进和发展出版工作的决议》,载国家版权局办公室《中国著作权实用全书》,辽宁人民出版社1996年版,第28—31页。

从1949年10月到1952年期间，我国并没有统一的稿酬办法和标准，各出版社只是根据第一届全国出版工作会议通过的决议中有关稿酬规定的精神，各自制订了自己的稿酬制度。当时流行的是以折实单位计酬的稿酬制度，折实单位，即以米、煤、布等生活用品折合钱数计算，每创作一幅作品付给多少单位，各个出版社因地域、政策不同，稿酬标准有所差异。[3] 由于当时上海人美社尚未成立，所以对当时稿酬制度的研究主要集中在上海人美社的前身——美术工场身上。据丁浩回忆，当时（1950年）《大公报》承诺给他优厚的待遇，每月工资480个折实单位，美术工场还不到这个数的一半，[4] 由此可得知当时体制内艺术创作人员的薪酬标准。作为体制内的另一支力量，当时新华书店总店的规定是每千字8—16个折实单位，分定期或定量形式付酬。[5] 新中国成立伊始，由于政治形势不稳定，艺术创作者并没有把薪酬作为创作工作的主要考虑因素，大多数艺术家还是把能否继续进行艺术创作作为首要考虑因素，因此，美术工场作为能够继续进行艺术创作的机构，吸引了大批旧上海艺术家的目光。

同时，由于公私合营尚未完成，私营出版社也为创作者提供了继续生存的空间，相对缓解了稿酬与创作之间的矛盾。如1951年6月的私营美术出版社座谈会就记录了当时的连环图画稿费标准：

1. 稿费每幅为四—七个单位，出版一万份按上开标准七折付作者，再版六折、三版五折、四版四折，以后都为四折。
——大众美术出版社
2. 每幅三点五—五单位，每印满一万份自10001本起每一万本赠书四百册给作者。
——灯塔出版社
3. 每幅四—八个单位，超出一万本者按定价百分之六（包括文稿画稿）计算。
——群联出版社
4. 版权一次卖绝三百—一千三百单位。
——中心书局[6]

[3] 新中国成立初期，为了稳定物价和保障人民的生活水平，政府和银行共同推出一种名叫"折实单位"的折算措施，这项措施后来为老百姓与各行各业所接受，其计算方法也十分便捷。但地域不同，每个折实单位所包含的内容也不尽相同。如上海是以白粳米一斤、生油一两、煤球一斤、龙头细布一尺四种物品前五天的平均价作为一个折实单位。

[4] 资料来源：2010年4月丁浩采访录音。

[5] 《1949.10—1999年稿酬制度变动情况简表》，《出版经济》2001年第3期。

[6] 《华东人民美术出版社稿酬标准》，上海市档案馆藏，档案编号：B1-2-3643-17，1953年。

虽然没有记录年画创作者的稿酬标准，但通过上述记录，我们可以看出，在新中国成立伊始，由于出版形式多样、出版部门庞杂，艺术创作者尚有空间进行艺术创作，而各出版机构之间的竞争，则使得艺术创作者获得了相对丰厚的报酬。

二、印数定额制（1953—1958）

从1953年起，国家出版总署学习苏联"印数定额制"，制定了国营出版社的付酬标准，稿酬为基本稿酬加上印数定额稿酬之和。因此，1952年成立的华东人民美术出版社自1953年开始实施印数定额制的稿酬制度。1953年制定的华东人民美术出版社稿酬标准[7]（图7-21），根据创作类型不同分设年画、招贴宣传画、挂图、连环图画、连环图书文字（创作）、连环图书文字（改编）、单幅画（包括油画、国画、漫画、木刻、插图、素描等）七种稿酬类别，而每一类别又根据等级、定量的不同设定不同等级的稿酬标准。如招贴宣传画的创作稿酬标准，按照创作题材的意识形态高低分五个等级，印数定量分5万、10万两种，稿酬按照等级自200万元、150万元、100万元、80万元、60万元依次递减，[8] 印刷品如再版也相应增加创作者的稿酬。

与此同时，稿酬标准中也对稿酬支付方法做了规定：

[7] 《华东人民美术出版社稿酬标准》，上海市档案馆藏，档案编号：B1-2-3643-17，1953年。

[8] 200万元是什么概念呢？当时北京一级教授的月薪是300万元左右，根据1954年修订后的高校毕业生月薪规定，北京地区大学四年本科毕业生的月薪是41.8万元，横向比较可得知当时稿酬的价值。

1. 稿酬一般于签订约稿合同时按照预计稿酬一次支付百分之二十五，付印时全部付清。
2. 第一次的印数未超过定量，稿酬仍以第一次全部稿酬计酬。一次印数如超过一个定量或超过数个定量时，稿酬在出版发行时按定量标准付给。
3. 特约稿件在进行中，本社因故要求终止发稿，得按该稿件的编绘数量交付作者应得稿酬。由于发现作品中有内容上的错误而停止付印时，已编绘毕之特约初版稿件仍支付给作者稿酬。
4. 稿酬之支付，由本社编务科评定级别后，交总编部批准。
5. 一幅作品如系集体创作，作者应推定一个为代表。

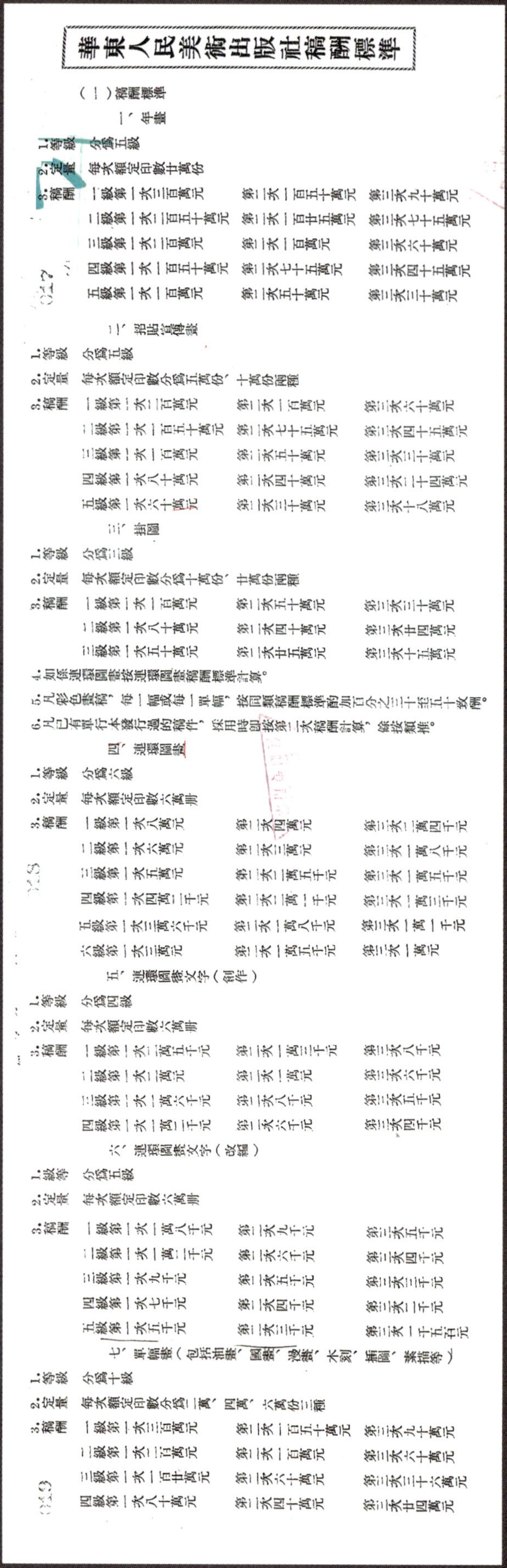

華東人民美術出版社稿酬標準

（一）稿酬標準

一、年畫

1. 等級分為五級
2. 定量每次額定印數廿份
3. 稿酬
   - 一級第一次三百萬元 第二次二百萬元 第三次九十萬元
   - 二級第一次二百五十萬元 第二次一百廿五萬元 第三次七十五萬元
   - 三級第一次二百萬元 第二次一百萬元 第三次六十萬元
   - 四級第一次一百五十萬元 第二次七十五萬元 第三次四十五萬元
   - 五級第一次一百萬元 第二次五十萬元 第三次三十萬元

二、招貼畫

1. 等級分為五級
2. 定量每次額定印數為十萬份兩種
3. 稿酬
   - 一級第一次二百萬元 第二次一百萬元 第三次六十萬元
   - 二級第一次一百五十萬元 第二次七十五萬元 第三次四十五萬元
   - 三級第一次一百萬元 第二次五十萬元 第三次三十萬元
   - 四級第一次八十萬元 第二次四十萬元 第三次廿四萬元
   - 五級第一次六十萬元 第二次三十萬元 第三次十八萬元

三、掛圖

1. 等級分為五級
2. 定量每次額定印數為十萬份兩種
3. 稿酬
   - 一級第一次一百萬元 第二次五十萬元 第三次三十萬元
   - 二級第一次八十萬元 第二次四十萬元 第三次廿四萬元
   - 三級第一次五十萬元 第二次廿五萬元 第三次十五萬元
4. 如係連環圖畫，按連環畫稿酬標準計算。
5. 凡彩色畫稿，每幅或每一畫面，按同類稿酬的標準加百分之二十至五十。
6. 凡已出單行本發過稿酬的稿件，採用時即按第二次稿酬計算，驗收後，按類推。

四、連環圖畫

1. 等級分為六級
2. 定量每次額定印數六萬冊
3. 稿酬
   - 一級第一次六萬元 第二次四萬元 第三次二萬四千元
   - 二級第一次五萬元 第二次三萬元 第三次一萬八千元
   - 三級第一次四萬元 第二次二萬五千元 第三次一萬五千元
   - 四級第一次四萬一千元 第二次二萬一千元 第三次一萬三千元
   - 五級第一次三萬六千元 第二次一萬八千元 第三次一萬一千元
   - 六級第一次三萬元 第二次一萬五千元 第三次九千元

五、連環圖文字（創作）

1. 等級分為四級
2. 定量每次額定印數六萬冊
3. 稿酬
   - 一級第一次二萬元 第二次一萬元 第三次六千元
   - 二級第一次一萬五千元 第二次八千元 第三次五千元
   - 三級第一次一萬二千元 第二次六千元 第三次四千元
   - 四級第一次一萬元 第二次六千元 第三次四千元

六、連環圖文字（改編）

1. 等級分為五級
2. 定量每次額定印數六萬冊
3. 稿酬
   - 一級第一次一萬八千元 第二次九千元 第三次五千元
   - 二級第一次一萬五千元 第二次七千五百元 第三次四千五百元
   - 三級第一次九千元 第二次五千元 第三次三千元
   - 四級第一次七千元 第二次四千元 第三次二千元
   - 五級第一次五千元 第二次三千元 第三次一千五百元

七、單幅畫（包括油畫、國畫、漫畫、木刻、年畫、素描等）

1. 等級分為十級
2. 定量每次額定印數為一萬四千份兩種
3. 稿酬
   - 一級第一次二百萬元 第二次一百萬元 第三次六十萬元
   - 二級第一次一百五十萬元 第二次七十五萬元 第三次四十五萬元
   - 三級第一次一百廿萬元 第二次六十萬元 第三次三十四萬元
   - 四級第一次八十萬元 第二次四十萬元 第三次廿四萬元

图 7-21
华东人民美术出版社稿酬标准
上海市档案馆藏
档案编号：B1-2-3643-17
1953 年

稿酬标准的制定和定额定量制度的确立，虽然参照了苏联的模式，但也明显参照了私营出版社的计酬方式。作为中国出版业最发达的城市，上海在清末、民国初期就已经建立了完善的稿酬制度。在1872年的《申报》创刊号上，登载了一份《条例》，称"如有骚人韵士有愿以短什长篇惠教者，如天下各名区竹枝词，及长歌记事之类，概不取值"，[9]表明《申报》有意免费发表"骚人韵士"的"短什长篇"。《申报》是上海乃至全国较早出现的现代性报纸，社会认知度较高，它的做法自然会对文艺界产生很大的影响。1901年，日方资本家在上海创办的东亚益智译书局在报上刊登广告征集书稿，引进了新的稿酬形式，"译出之书……当酌送润笔之资或提每部售价二成相酬"。"润笔之资"即稿费，"提成相酬"则是西方通行的版税制。[10]当时共出现了四种稿酬形式：送书代酬、买断版权、稿费制和版税制。由于形式上的弊端及作者权利意识的增强，送书代酬以及买断版权逐渐不被出版社和作者采用，稿费和版税由此盛行开来。在美术出版领域，出版社则根据画家地位及画种的不同，在这两种方式中选取适宜的支付方式。如1925年，郑曼陀一张月份牌年画的稿费是400大洋[11]，而版税制则更多是连环画、漫画作者的计酬方式。

印数定额制计酬标准的提出结合了苏联及私营出版社的稿酬制度，题材好、画得多、定量多，自然稿酬就高，这种方式使画家的创作积极性、能动性有了大幅的提高，画家在各自完成内稿任务的同时，都积极参与到外稿的创作当中。[12]从上海人美社1952—1955年出版物种数印数统计表（图7-22）中可以看出，作品产量有大幅的提高，宣传画的数量由1952年的14幅增加到1955年的54幅，年画由1952年的13幅增加到1954年的46幅作品，而变化最大的是连环画，由1952年的1部增加到1954年的63部。虽然没有直接证据表明稿酬与创作

[9] 转引自张敏《从稿费制度的实行看晚清上海文化市场的发育》，《史林》2001年第2期。

[10] 汤林弟：《中国近代稿酬制度的产生》，《编辑学刊》2004年第2期。

[11] 叶浅予：《叶浅予自传：细叙沧桑记流年》，中国社会科学出版社2006年版，第53页。

[12] 在此有必要解释一下"内稿"与"外稿"的区别。内搞通常是指社内人员的创作任务，当时上海人民美术出版社规定，创作干部每年都有创作任务，如宣传画家一年创作任务是四幅作品，这便称之为"内稿"。外稿包括两部分：一部分是社内创作人员完成内稿之后额外的创作，另一部分是指社外创作人员的稿子。在稿酬方面也有区别，外稿拿稿酬，内稿则不拿稿酬。

上海人民美术出版社
1952—1955年出版物种数印数统计

书种	52年 初版	52年 重版	53年 初版	53年 重版	54年 初版	54年 重版	55年(1—10月) 初版	55年(1—10月) 重版
宣传画	14		41	3	45	26	54	16
年画	13		24	12	46	12	28	32
连环画	1		14		63	13	75	62
摄影画册			4	1	45	3	28	19
艺术画册			3	1	7	4	10	1
小画片	2		2		3	4	48	21
其他				6			7	1
造型艺术论著					16		5	9
挂图	1		22	4	34	10	27	7
领袖像		18	12	1				
艺术画片					14		72	8
名人语录					6		0	6
合计	31	18	122	28	279	70	354	182
印数(初.重版)	1511(千册份)		6722(千册份)		19.969(千册份)		14.632(千册份)	

SC0039

数量之间的直接关系，不过我们可以大胆设想，稿酬的提高与艺术家创作积极性之间存在正向关系。

1955年，除宣传画之外，年画、连环画的出版种类大幅减少，据上海人美社内部分析，认为是由于单纯追求出版物数量而导致了创作质量及印数的下降。我们无法考证是否全国出版社都有此情况出现，但是1955年发布的一份关于新闻出版业工资制度的通知，改变了实行多年的薪酬制度。1955年，文化部联合新华通讯社、广播事业局发布了《关于新闻、出版工作人员全部实行工资制和改行货币工资制有关事项的通知》（图7-23），要求自当年7月起，新闻、出版工作人员实行新的工资标准，按照职能对全国文艺工作人员制定了25个工资等级（图7-24）。这一制度的制定，虽是贯彻"按劳取酬""同工同酬"的原则，但又激发了另一种矛盾，原来的创作者与创作者之间的矛盾，转化为创作者与编辑之间的矛盾。创作者在完成"内稿"后，可以继续创作"外稿"增加收入，这就拉大了与单纯从事编辑工作的人员的收入差距。因此，为了增加收入，不但社外艺术家想进入上海人美社，社内编辑及其他工作人员也都争相想进行艺术创作。在1957年的一份内部资料《上海人民美术出版社连环画创作干部实行稿酬制以后的情况》中，对稿酬制度做了批判性总结：

所有拿稿酬制的干部，照样都享有劳保，体验生活的生活费、舟车费也有津贴。这样一来，这些创作干部物质待遇就远远超过一般干部水平。

由于稿酬制的推行，创作干部内部也有三争。第一争题材。一般古装连环画销路广，书店欢迎，因此印数大，再版机会多。故而创作干部争画古装连环画，以便增加收入（另一方面现实题材连环画要体验生活，故事性较差，相对地比较难画）……发展结果，画古装画成了特殊待遇，成为大家争夺的目标。第二争稿费等级。本来稿费等级是按画的质量高低而定，但发展结果并不如此……由于对等级制定方案不满意，最后出现工作消极、磨洋工……不一而足。这样的争端很多，5元的争8元，8元的争10元，10元的争13元。第三争定额。这个问题较小，因为现在一般规定：现实题材定额四万，古装八万。

……

稿酬制推行的结果，创作室弥漫了一股铜臭气。一会儿有人送稿费来，一会儿又有人送稿费来，稿费来了大家又不免评论一番：多了！少了！为什么多了！为什么少了！……大家的嘴巴里都离不开一个"钱"字![13]

虽然这份资料记录的是连环画创作室在实行稿酬制之后所产生的矛盾，但也对我们了解年画、宣传画的创作中存在的稿酬矛盾有所帮助。稿酬制的推行，在增强创作干部的主动性、积极性方面起到了积极作用，也提高了作品产出，但是单纯增加创作数量而忽视了对作品质量的控制，导致了作品质量的下降。另外，不断拉大的收入差距[14]，也增加了"人民内部矛盾"。因此，1958年，另一个计酬制度——工资制，在酝酿许久之后颁布执行了。

[13]《上海人民美术出版社连环画创作干部实行稿酬制以后的情况》，上海市档案馆藏，档案编号：B167-1-240-34，1957年。

[14] 连环画作者可在三四个月完成一本连环画，平均每月可拿300—500元（仅指初版），甚至更多的稿费，如《虎牢关》作者刘锡永共画112幅，13元一幅，出版印20万册，即可拿3463元稿费，远远高于整个出版社每月90元的平均工资水平。资料来源：上海市档案馆藏《上海人民美术出版社连环画创作干部实行稿酬制以后的情况》，档案编号：B167-1-240-34，1957年。

三、月薪（工资）制（1958—1960）

1958年10月，工资制开始在上海人美社创作干部中实施。鉴于稿酬制制定实施后，创作者之间、创作者与编辑之间产生了收入差距，进而造成了矛盾，这次薪酬制度改革的目的，是想要解决原来由于收入分配不均而引起的内部矛盾，因此，这次薪酬调整方案采用月薪（工资）制。改变薪酬标准的另一个原因是在"大跃进"开展之后，原来的薪酬制度显然已经不符合当时的的政治导向。"大跃进"开展之后，"体会劳动人民的生活感情、正确深刻地表现劳动人民""积极投入社会斗争和各种政治学习"等各种政治运动，也影响到创作者对创作时间的掌控。对于如何改制，出版社做了具体规定：

關於新聞、出版工作人員全部实行工资制和改行貨幣工资制有關事項的通知

根據國务院關於國家机關工作人員全部实行工资制和改行貨幣工资制的命令，为統一新聞、出版等工作人員的待遇制度，並与國家机關工作人員的工资标準逐漸分开，进一步适应本部門工作的特點，特修訂了"全國新聞、出版工作人員工资标準表"，业經中華人民共和國勞動部函覆同意，並決定自一九五五年七月份起全部实行工资制和改行貨幣工资。茲将有關問題作如下規定：

一、新聞、出版各类人員原享受供給（包乾）制待遇的人員，自一九五五年七月份起全部改为工资制待遇，改行工资制待遇後，根據國务院規定，工作人員个人及其家屬的一切生活費用，均由个人負担。因此，自七月份起廢除現行的包乾費、老年优待費、家屬招待費、病員伙食補貼、回家旅費、妇女衛生費、生育費、保育、保姆費、兒童医藥費、公費生活費、一供一薪工作人員的子女教养補助費等規定。全部实行工资制後，工作人員中因多子女而在生活上發生困难者，可在福利費中予以補助。

二、全部实行工资制待遇後，工作人員住用公家房屋和使用公家傢具、水电者，一律繳租納費。在北京的新聞、出版單位可按國务院頒發的各种办法执行，各省、市、自治區的新聞、出版單位，可按照当地人民委員会所規定的办法执行。收費時間也同样按照上述办法处理。

三、**为貫徹"按勞取酬"和"同工同酬"的原則**，根据國务院規定取消保留工资的精神，新聞、出版單位部分工作人員的保留工资，自一九五五年十一月份起一律取消。取消保留工资後，个別人員在生活上確有困难者，可在福利費中予以補助。

四、軍隊轉业人員的工资問題：凡一九五五年一月一日以後轉业到地方的，統按國务院（55）國人

全國文藝工作人員工資標準表

一九五五年十一月

級別	工資	備考
特		一、表列工資款數係標準工資，有物價津貼的地區，應另加物價津貼。物價津貼的規定，詳見全國各地區物價津貼表。 二、本標準適用於全國各地文化部門的文學、戲劇、電影（編劇、導演、演員）、音樂、美術等各類文藝工作人員。
1	210元	
2	190元	
3	172元	
4	154元	
5	138元	
6	122元	
7	110元	
8	98元	
9	88元	
10	80元	
11	73元	
12	66元	
13	60元	
14	55元	
15	51元	
16	47元	
17	43元	
18	39元	
19	35元	
20	32元	
21	30元	
22	28元	
23	26元	
24	24元	
25	22元	

图7-24
全国文艺工作人员工资标准表
上海市档案馆藏
档案编号：B92-2-213-33

(一) 恢复月薪制，一切待遇与机关工作人员一样。

1. 实行创作定额制，在生产"大跃进"的基础上，在提高出版物质量的原则下，经自报公议，组织批准，为每个创作干部定出创作计划，并争取超额。

2. 今后如有外稿，一律由本社总编批准，统一分配，私人一律不得接受外稿，现已接外稿，统统交出，重新分配。

3. 按原薪级恢复月薪制，过去未正式评级者，可以按德才标准重新评定。

(二) 改制后相应的几个制度：

1. 分批轮流下放劳动锻炼，分期分批深入劳动，实行半工半制。

2. 在社的创作干部和行政、业务、编辑干部一样，按时上班，集中办公。[15]

[15] 《上海人民美术出版社关于干部改制问题的请示报告》，上海市档案馆藏，档案编号：B167-1-486，1958年。

月薪（工资）制的制定，以今天的视角，我们会认为这是对艺术创作活动特质的否定，是对艺术创作规律的颠覆。但不争的事实是，上海人美社的创作人员却在这一时期创作出版了一大批令人称赞至今的艺术作品，形成了艺术创作的高峰。如前文提到钱大昕的宣传画《争取更大的丰收 献给社会主义》（1958年）、哈琼文的宣传画《毛主席万岁》（1959年），都是在这个时期创作的。另外，其他宣传画画家的代表性作品，如杨文秀的《猪多肥多粮产高》（1959年）（图7-25）、游龙姑的《以苏联为首的社会主义阵营团结万岁！》（1959年）（图7-26）、吴性清《勤俭持家建设祖国》（1959年）（图7-27）也主要集中在这个时期。连环画的创作在这一时期同样出现了许多经典作品，如《山乡巨变》《三国演义》等，而在1963年第一

图7-25
《猪多肥多粮产高》
杨文秀
上海人民美术出版社
1959年

届全国连环画创作评奖中,上海有13件作品获奖。从创作数量上来看,仅1959年,上海人美社就出版连环画315种。[16]

有学者认为这一现象是政治运动导致的结果[17],而薪酬制度的改变,在当时的政治形势下的作用很小。但是也必须要看到,上海人美社长期的工作经验总结、对人民大众艺术形式趣味的追随、对民族性和多种样式的思索及追求等因素,都促成了这一艺术创作高峰的到来。薪酬制度的改变避免了单纯追求作品数量而导致的产品质量的下降,减少了收入不平等引起的创作人员情绪上的波动。但是,月薪制毕竟带来了更大的弊端,"大锅饭"导致的质量下降、计划不能按时完成等消极影响逐渐暴露出来。因此,在月薪制实施两年多后,稿酬制又被重新提上议事日程。

[16] 上海市美术家协会:《上海现代美术史大系·连环画卷》,上海人民美术出版社2010年版,第208—209页。

[17] 朱海辰认为,由于"大跃进"以及反右派斗争,群众参与到艺术创作中的热情比以往要高,所以导致了当时创作的兴盛。这个观点对于我们认识作品数量的激增有一定的帮助,但如果以此解释出版社作品数量的整体上升以及比较有代表性作品的集中出现未免失之偏颇。

图7-26
《以苏联为首的社会主义阵营团结万岁!》
游龙姑
上海人民美术出版社
1959年

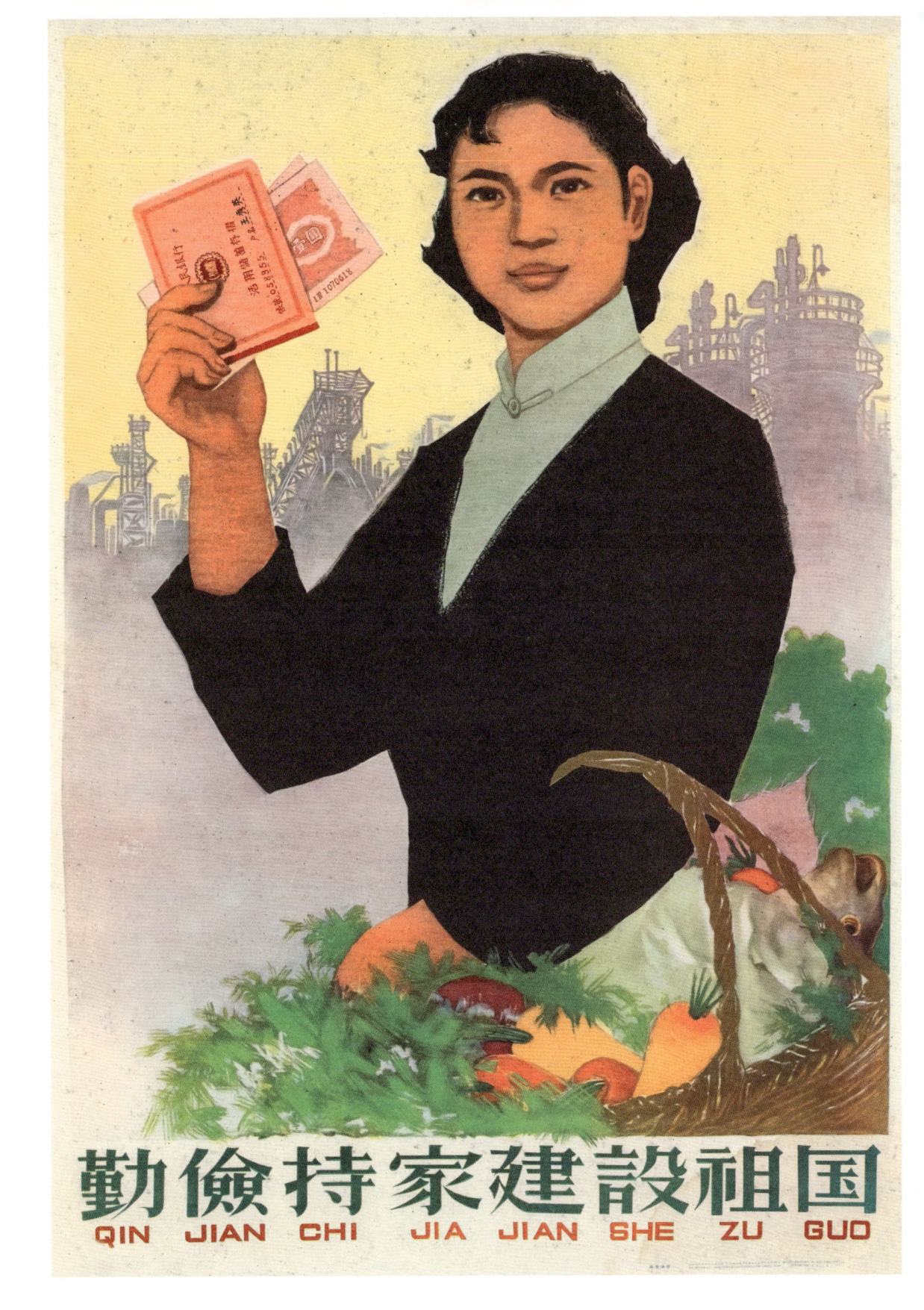

图 7-27
《勤俭持家建设祖国》
吴性清
上海人民美术出版社
1959年

四、恢复稿酬制（1961年之后）

在恢复稿酬制时，就稿酬制对于艺术创作的促进作用，上海人美社做了总结："对提高创作质量，保证计划完成，安定创作情绪，都收到有益的成效"，同时对月薪制的弊端亦有较中肯的评价："旧制度有机械刻板、不灵活的缺点。干部所创作的作品，有难有易，有熟悉有不熟悉，情况不一，各有差别。而制度的计算方法是平均的，不管是作者熟悉的还是不熟悉的，是容易处理的还是难处理的，都按照一个固定的计划数字要求，忽略了干部因作品不同、要求不同而产生的在实际创作时间上的差别。这种办法，不符合连环画的创作特点，增加了出版社内部矛盾，也缺少一种在可能条件下的灵活支配时间的自由。"[18] 从上述对由薪酬制度的变化而导致的创作弊端的总结，也可看出上海人美社在长期的工作中对创作者日常生活的关注和思索。在社内开会讨论与总结十余次之后，1961年6月29日，上海人美社向中共上海市委宣传部提交了一份文件，指出了旧制度的弊端，提出施行干部"计时制"的初步设想，并对新制度的优越性做了总结：

一、根据四年出书计划，每个干部根据自己的特点、水平、兴趣，选择适合自己的选题进行创作。这样可以大大增加干部的主动性，干部可以料及自己年内的创作任务。

二、在明确今后的创作任务后，创作干部根据自己的水平，定出每年的基本创作计划。

三、每个具体作品的创作，实行保质、保量、保交稿时间的"三保"办法。[19]

在经历了月薪制之后，新的稿酬制度的提出也从侧面反映了出版社对于艺术创作主体的重视，避免了常规化的领导方式和弊端，同时，也把制度细化为更民主、更细致、更深入的措施。而对创作者日常生活的关注、对创作本身特质的思考也能

[18]《上海人民美术出版社关于改变连环画创作干部工作制度的请示报告》，上海市档案馆藏，档案编号：B167-1-486-2，1961年。

[19]《上海人民美术出版社关于改变连环画创作干部工作制度的请示报告》，上海市档案馆藏，档案编号：B167-1-486-2，1961年。

让我们客观、历史地看待上海人美社在制定制度时的思考和探索，同时让我们对其的发展脉络有一个清晰的认知。遗憾的是，重新恢复的薪酬制施行没几年，"文革"就开始了，这一支撑创作理想的薪酬制随之被取消。

　　创作主体地位的变化是新中国美术史研究中的一条重要线索，而能够反映作者地位变化的因素有许多方面，比如作者是否享有自由表达的权利，是否享有出版作品的自由，是否能够从对其作品的分配中获得合理的报酬，作者与出版社的关系，社会生活对作者的影响，以及作者在社会生活中的状况等。对上海人美社薪酬制度的梳理，有助于我们了解和还原创作者在制度与个人利益的纠葛中，薪酬对创作所产生的有利或有弊的影响。同时，它更使我们知道，以目前我们对现实社会的认知，很难去还原当时的历史及创作者的生存状态。但是这并不影响我们对以往资料的深度挖掘，更不能阻止我们对当时人物心理活动的探究和从不同角度理解过往的历史。或许，研究历史的乐趣即在于此。

结语
体制建构中的断裂与延续

第一节 "新"中国与"旧"上海的断裂

本书以新中国体制下的"人民美术"出版研究为基点,以上海人民美术出版社为例,在新中国成立之初的文化语境中,展开对新国家形象塑造者美术出版体制的研究,考察它的形成原因、生产机制、传播方式,以及出版社工作体制之下的创作者如何从消失的"日常"中找寻自己的个性创作空间,以此剖析新中国美术出版体制与新中国艺术发展之间的关系。

1949年,从中国农村奔涌而来的革命洪流终于席卷中国所有的大小城市,它不但把中国带入了一个崭新的时代,还把产生于田野阡陌的民主思想、民族意识、地域文化带进了城市,在实践着新民主主义革命理想的同时追寻一种民族的、科学的、大众的时代文化,创建一种崭新的新民主主义文化艺术创作体制。什么是"新民主主义文化"?1940年2月,毛泽东在新创刊的《中国文化》上发表《新民主主义论》,文章最后明确了新民主主义文化的具体内涵:"民族的科学的大众的文化,就是人民大众反帝反封建的文化,就是新民主主义的文化,就是中华民族的新文化。"[1] 当时的新中国被认为处于一个铲除旧势力、打破旧传统的时代,"民族的""科学的""大众的"等宣传话语的提出,明确了新民主主义文化是不同于旧社会文化的概念体系。而"大众文化"的提出也表明了毛泽东对艺术的要求——要建立一种大众的、去精英化的文化。1949年第一次全国文代会召开,把"文艺为人民服务首先为工农兵服务"定为了基本方针,文艺为工农兵服务的方向以一种制度化的方式被确定下来。

"制度化"本身就意味着文艺工作体制的建立。体制组建

---

[1] 毛泽东:《新民主主义论》,载《毛泽东选集》第二卷,人民出版社1991年版,第708—709页。

的目的，是要统一新中国艺术发展的路线和思想，颠覆旧有的艺术创作机构和形式，对生成新的艺术范式起到示范作用。因而，在新中国成立以后相当长的时间里，艺术作品的生成与创作机构有着直接联系。艺术家在体制内生存、在体制内创作、在体制内改造，体制作为创作者日常生活的一部分而存在。但是，对旧有的文艺创作体制的颠覆以及对旧文艺创作者创作形式的改变并非易事。1949年上海解放之初，新政府面临着管理庞大而复杂的艺术团体的巨大任务，如何改造从"大地主大资产阶级统治的半封建半殖民地的社会"[2]的旧上海走过来的艺术创作者，是新政权在文化改造中首先要应对的问题，但具体的做法并没有明确的答案。改造首先要明确的是阶级划分的问题，新意识形态的理论对于工人、农民和他们在革命中的地位与作用有很清楚的界定，对于具有不同文化背景的旧艺术创作者阶级属性的划分，毛泽东谈道："对于旧文化工作者、旧教育工作者和旧医生们的态度，是采取适当的方法教育他们，使他们获得新观点、新方法，为人民服务。"[3]上海人美社的体制化进程正是在这个时代语境中进行的，社会历史的变动、文化价值观的转变，则是其体制格局重塑的前提。

20世纪初以来上海左翼文化的影响以及商业美术背景，使得上海人美社的组建过程矛盾重重。为了让"政治挂帅、意识形态领先"的国家要求在20世纪50年代的社会转型中起到主导作用，为了旧文艺体制向新文艺体制的平稳过渡，也为了使服务于"市场"的商业美术转变为服务于"大众"的新美术体系，政府通过私私联营、公私合营、公私合并等方式，把旧有的艺术创作机构逐步纳入到一个以公有制及集体所有制为主导形式的艺术创作体系中。对个人的改造则通过开办一系列年画、连环画学习班和研究班，通过不断的政治学习与实践引领，通过组织展览、作品观摩等方式完成，逐步建立起符合新

[2] 毛泽东：《在延安文艺座谈会上的讲话》，载《毛泽东选集》第三卷，人民出版社1991年版，第876页。

[3] 毛泽东：《论联合政府》，载《毛泽东选集》第三卷，人民出版社1991年版，第1083页。

第一节 "新"中国与"旧"上海的断裂

意识形态需要的艺术创作集体。出版机构在出版体制的建构过程中,首先利用主流体制的独特优势,通过"选题计划",把对创作题材、创作数量的要求纳入工作计划的范畴之内,以此掌控出版物的话语权。其次,将出版、印刷、发行职能分开,使得作为发行传播体系的新华书店,通过对全国销售网络的铺设、覆盖和垄断,建立起了强有力的媒介平台,反之又通过对市场、销售额、群众审美观念的掌握,影响艺术出版机构对创作方式、创作题材和创作思路的改革及探索。再次,出版机构发挥自身的专业优势,通过整合创作机构、组建创作队伍、集中创作实力等一系列办法,强化出版和创作力量,使得创作、出版、发行三个环节在一种新的组织基础上都得以高效运转,基本形成可以满足国家政治建设与意识形态需要的出版体制。

新中国成立之初,美术出版体制的建立为贯彻毛泽东"艺术为大众服务""艺术为工农兵服务"的文艺路线提供了有力保障,同时也对新文化、新审美观念与新文化价值观的生成起到引导了作用,促进了统一的舆论环境的形成。"具有特殊意识形态意义的概念和用语形成了大众传播的一种独立的语言系统;它为'讲'这些话的人提供了一种统一的联系和机制,而同时把不讲这些话的人或在其中没有地位的概念排除在外。"[4] 上海人美社作为这种文艺创作体制的组成部分,作为大众传媒领域中的体制机构,通过年画、宣传画等政治招贴的创作,在生成主流话语倡导的创作模式和艺术评价标准、规范艺术家的创作路径、实现自身作为传播体制的价值等方面,发挥了一定的作用。

---

4 [美]詹姆斯·R.汤森、布兰特利·沃马克:《中国政治》,顾速、董方译,江苏人民出版社2004年版,第200页。

第二节 在断裂中延续

在对上海人民美术出版社参与"人民美术"出版体制建构的历史资料梳理的过程中，我们又看到一种"在断裂中延续"的文化关系在整齐划一的时代语境之下悄然生发，而这与上海本身的特质有很大关系。上海这座城市的文化特质一直以来被冠以"海派文化"之称，至于什么是海派文化，仅从概念上看，我们很难寻找到一种放之四海而皆准的定义。上海文化中聚集着各种复杂的、相互对立、相互冲突和相互渗透的元素，而这些多歧性元素，从空间图景来说，包含外来文化与本土文化、东方文化与西方文化、城市文化与乡村文化。而在意识形态领域，上海既是自由派文化的大本营，又是左翼批判文化的故乡；既有着历史悠久的知识精英传统，也有同样源远流长的市民消费文化传统；既存在着近代中国最发达的资本主义的历史足迹，又有着解放后中国共产党对上海城市功能的新要求。而这一点在上海的租界文化中体现得更为淋漓尽致，因租界的设立而形成的"两个不同性质的空间"相互渗透、相互冲突的结果，使上海成为一座举世无双的"兼容"城市。或许这种多元、复杂的文化传统就是"海派文化"的本质所在。

1949年5月27日，上海解放。对于上海的解放，许多城市史研究学者认为这是一个转折或断裂的节点，这也可以从新中国成立后对上海的称呼中窥见一斑，"老上海、旧上海"与"新上海"这种因政权的更迭而对城市名称的区分并没有出现在中国的其他城市中，而"新上海"所承载的意识形态和价值取向以及城市结构的转变，也被大多数学者所认同。目前学术界对这段历史的文化延续性意义上的的判断有两种。第一，认为这段时期的文化改造是通往"文革"之路的过渡。这一研究导向因强调文化的政治属性而忽略了其社会延续性，因而忽略了艺术本身作为一种上层建筑活动的自然规律。第二，是把这段时期归结为"旧时代的终止、新时代的开端"的二元分割法，认为新的艺术体制的生成必然建立在割断与旧形式的联系的基础上。这一研究导向实际上忽视了1950年代之前的20世纪上半叶整个艺术生成的文脉与语境。事实上，无论是哪种判断，都忽视了作为精神文化产品创作主体的艺术家个体经验的存在，而只是简单地认为在统一化的体制管理之下，艺术家个体对于艺术创作的影响已经隐藏于整个艺术活动的背景中，隐藏于新中国主流意识形态的文化宣传之中。但这还是一种表层的解读。如前所述，体制是人创建的，体制的创建是为了制约人的行为模式。体制虽然规范着、限制着个体的行为，但是仍然不能避免日常生活经验对创作个体的渗透，并在与体制的交集中转换为艺术创作的诉求。在社会学的视野中，艺术语言不仅仅是意识形态的问题，它还是一种客观的社会存在，因为"意识形态必须放在情境之中，确定它运作其中的特定结构制约和历史环境"。[1] 通过对上海人美社创作主体的访谈以及对体制、机构建构过程的实证研究，我们发现历史的书写远不及历史本身那样鲜活和真实。

新中国成立早期的文化转型和文艺改造，是全方位社会主义改造的有机组成部分。上海人民美术出版社出版体制的建立，正是立足于要创造一种符合时代要求的新文化。文化创新的任务，对于从开埠以来就始终站在接收新文化、开创新时代前沿的上海来说，实际上是扬其所长，在某种程度上，毫不违背这个城市所乐于让人感受到的一种文化气息，甚至还成为这个城市愿意把自身的传统优势文化转换成一种新时代表征符号的催化剂。问题是如何才能创造出符合新时代要求之新文化？新的

---

[1] [美]约翰·R. 霍尔、玛丽·乔·尼兹：《文化：社会学的视野》，周晓虹、徐彬译，商务印书馆2004年版，第346页。

年画、招贴、连环画由谁来创作？大众传播文化的生产过程又由谁来控制？来自旧上海的商业美术创作者显然不符合新意识形态的需要，但是无论是由于人员构成的局限性，还是就专业发展的历史脉络而言，新的美术创作者又需要从他们之中产生，因此，改造旧艺术创作者，使之成为社会主义的文艺工作者，改变他们以商业营利为中心的生产和消费方式，吸收他们成为体制中的一员，就成为新出版体制建构过程中最为合理和正常的一种方式。在形式上，通过常规化的政治学习和业务学习，通过层层严格的审查，通过不断地批评与自我批评以及在政治运动中的洗礼，这些旧上海的艺术家相继完成了改造。与此同时，这也为上海原有文化融入新中国出版体制打开了一条通道，最能代表旧上海十里洋场文化特质的"月份牌"被改造成"新年画"，就是其中的典型案例之一。

通过对上海人民美术出版社创作者生存境遇的调查和研究，我们发现，作为个体存在的艺术家仍然在体制中追寻着艺术梦想，创作着适合表达自身个性与喜好的艺术作品。他们通过对创作场所的诉求，通过与主流话语的磨合和冲突，努力寻求既符合主流话语要求又能体现自身艺术旨趣的创作路径，把新政权所倡导的"自上而下"的接受模式转变为"自下而上"的创作模式；通过对主流话语的"游离性追随"，寻求着坚持技艺传承、艺术创作、个性特征的道路。20世纪50年代到60年代，在全国的美术出版略显生涩的时候，唯独上海的美术出版长袖善舞、游刃有余，应当说这与上海出版的特殊气质和历史传统有着深层的关联。而对稿酬标准的反复调整、工资制度的几经变革，则让我们看到反对"金钱诱惑"的新出版体制是如何在既定的政策框架之下，尝试着进行制度性、结构性的调整，以满足对创作者个人权益进行调控的需要。

20世纪50年代都市社会的转型，是一个不均衡的、不确定的,甚至常常带有曲折性、试探性的艰难过程。[2] 上海作为中国当时最大、最繁华的城市,是一个具有变革潜质,同时又充满动荡曲折的场域。从这一点来看,20世纪50年代上海社会文化的转型并未与20世纪以来这个城市所形成的自有传统相割裂,从某种程度上可以说是在特定范围内的延续。通过对上海人民美术出版社的个案研究,我们至少可以在三个方面发现1949年之前的文化在现代化进程中的延续。

首先是对上海原有城市文化特质的延续。上海人美社成立之后,(宣传画)创作人员的构成主要来自三个方面:解放区文艺骨干、艺术院校毕业学生以及上海原有的商业美术创作人员,而来自解放区的文艺创作团体在上海人美社成立之后的一段时期内占据着领导和创作的核心。新中国要发展的是以毛泽东思想为指导、为广大人民群众和工农兵服务的社会主义文艺,对苏联"社会主义的现实主义"创作形式的模仿则是其具体的执行方向。上海作为中国新文艺运动的中心,承受着转型的巨大压力。但通过对上海人美社的研究,我们发现,上海自开埠以来形成的"兼容"文化特质从来就没有断裂过。在上海这座中国当时最大的城市中,无论是来自解放区的文艺骨干,还是新中国培养出来的艺术创作团体,都在上海人美社这个体现着文艺改造路线的出版社中融合、重生。从出版社创作人员所展现出来的作品中,我们可以看到它与北京的区别,与中国其他城市的区别,在文艺改造整齐划一的路线之下,上海人美社既创作出适应新中国文艺改造要求的艺术作品,又走出了一条别具"上海"特色的艺术创作路线。

其次,与体制的延续相伴随的是对专业艺术技艺的坚持。以"擦笔画"为表现技艺的月份牌年画,曾经是表现老上海十里洋场纸醉金迷生活图景最直观、最大众的视觉方式,在新中国伊始即被冠以"嗲甜糯嫩"之名而排除在主流话语之外。但

---

[2] 姜进:《断裂与延续:1950年代上海的文化改造》,《社会科学》2006年第6期。

通过上海画片出版社的成立以及后来并入上海人民美术出版社的过程，一批老月份牌画家重新成为新创作体系中的重要成员，月份牌年画从被"排斥"逐步转变为"改造利用"，到最终被主流话语接受。这其中有月份牌年画自身市场基础、群众基础强大的原因，但同时也是老上海广告人坚持自身艺术选择的结果。

再次，对与革命题材相平行的、反映大众日常生活题材的执着追求。上海作为兼容并蓄东西方文化、以丰富的城市生活为特长的城市，这种对于日常生活体验的热衷与坚持是上海文化特质的重要组成部分。反映在上海"人民美术"的出版活动中，它不但表现在对政治招贴中国民经济建设内容的重视，而且表现在更多地注入宣传婚姻自由、男女平等、保家卫国、基本宪法等内容，即使是《毛主席万岁》这样政治色彩极浓的主题，也被作者处理成极具这座城市时尚特色的颇有人情味的画面，这正是上海城市文化在反映主流话语的政治性出版物中得以延续的典型表现。

综观上海人美社取得的历史成就，我们也必须看到，作为个体存在的艺术家通过作品所表现出来的对新中国、新生活的热爱和向往。从旧上海到新中国，从战争到和平，新中国的建立使上海结束了将近半个世纪的动荡不安的局面，稳定的政治和社会环境也为艺术家进行创作提供了条件，而通过举办培训班以及出版社内部的创作培训，艺术创作在更广泛的人群之中散播开来。随着时代的发展，虽然年、连、宣的创作形式和创作团体逐渐被排除在主流话语之外，排除在大众审美范畴之外，但是产生于特定历史时期的艺术作品却传达出艺术家在新中国诞生之日起就怀有的对新时代、新生活的向往和激动之情，也从侧面反映出上海自身的城市特质在面对时代转换、政权更迭以及不同文化、不同背景的人时所体现出的包容性和融合能力。

20世纪五六十年代是新中国政治和文化发展中非常重要的时期，也是上海人民美术出版社展现辉煌历史的重要阶段。

对这段历史时期的认识，需要摆脱那种非此即彼的思考方式，避免把新中国成立之初的文化体制与完整的城市文化史、民国文化史割裂开，或者把20世纪五六十年代国家制度的探索与80年代的改革开放完全割裂开。我们必须意识到，如果没有体制的保障，把大众传媒话语的实践者——年、连、宣纳入到制度建设层面，在新中国成立之初百废待兴的情况下，新中国美术和美术出版都不可能取得长足的发展。正是在这个特殊的历史阶段，上海人美社通过自身坚忍不拔的实践，在延续上海城市文化、美术出版"海派"精神的基础上，一步步进行着新中国"人民美术"出版、传播、研究的创新和实践，为新中国出版体制的完整建构做出了重要的历史贡献。

由于本书涉及的范围广、层面多，对某些问题的研究尚未深入，如对上海人美社与其他艺术机构之间的关系、上海人美社建社早期与20世纪80年代的另一段辉煌历史之间的关系以及对创作者的个案分析等，都有待进行更深入的探讨。笔者将以本书作为研究的起点，继续探究这些未深入和未展开的议题。

组　长：叶绍钧

审稿组
　　　余白墅（兼）

通联组　（绘画同志轮流制，四人）
　　　杨锦文　颜梅华　王克明　汪玉山

组　长：周达仁

创作组　盛亮贤（兼）

组　长：丁　浩
　　　游龙姑　周道悟　陈菊仙　张隆基　钱大昕　陶谋基
　　　蔡振华　程十发　吴性清　杨文秀　曹有成　翁逸之
　　　哈琼文

编辑组
组　长：张苏予
　　　胡海超　马仰峰　章春敏　蒋凤白　陈修范　刘安华
　　　陈锡奎　陶烈哉　钱福年

编辑组
组　长：杨道敏
副组长：李家璧
　　　杜德华　叶树平　陈荣英

第一编辑组
组　长：纪成昊（兼）
副组长：潘世聪
　　　沈在秀　齐添昔　杨海松　谢瑞堂　辛玉英　王寿美
　　　王振祥　张眉孙

第二编辑组
组　长：顾　震
　　　董林肯　袁子敬　陈安禹

摄制组
组　长：张福旗
副组长：尹福康
　　　曹震云　陆星辰　平　原　陈春轩

第一组
组　长：王　青
　　　任正先　姚缊芬　张谷香　姚慧新　吴嘉华

第二组
组　长：甘礼乐
　　　华　岭　王　伟　王笛楼　杨　攸　胡　逸

美术编辑室
主　任：杨可扬
副主任：王文秋

摄影画册编辑室
主　任：赵家璧
秘　书：纪成昊

编务科
科　长：汪　健

附录

上海人民美术出版社

社长室
- 社　长：吕　蒙
- 副社长：布凤友
- 干　事：浦增华

办公室
- 主　任：布凤友(兼)
- 副主任：赵锡君

总编辑部
- 总编辑：吕　蒙(兼)　赵家璧
- 副总编辑：黎　鲁　居纪晋　卢世澄
- 秘　书：居纪晋
- 干　事：朱大咨

经理部
- 第一经理：宋心屏
- 第二经理：朱联保

人事科
- 科　长：赵锡君(兼)　副科长：吴根生

行政科
- 科　长：林　岗
- 副科长：马邦荣　冯启元

连环画文字编辑室
- 代理第一副主任：居纪晋(兼)
- 副主任：吴　秋
- 秘　书：杨兆麟

文书组
- 组　长：沈　瑾
- 副组长：明宏宣

编文组
- 组　长：吴　秋(兼)
- 副组长：黄一德

藏画组
- 组　长：黄若谷
- 副组长：吴兆修

连环画创作室
- 主　任：黎　鲁
- 副主任：赵宏本　顾炳鑫　毛震耀
- 秘　书：余白墅　盛亮贤

第一创作组
- 组　长：顾炳鑫(兼)　毛震耀

第二创作组
- 组　长：王仲清　卢敦良

第三创作组
- 组　长：刘王斌　黄　裳

第四创作组
- 组　长：赵宏本(兼)　吕　品

社长室人员：兰　黎　孙卓君　王健华　胡纳民

办公室人员：方国芳　周文杰　李兆武　李仕费　谢连根　陈树仁　周林笙　吴彩珍　桑锦泉　凌玉忠　倪永富　唐玲弟　吴仲烈　吴汉华　茅声熊　张友林　姚金岳　陆伯康　褚阿毛　蔡生　关洁民　卢兆祥　徐本宜　刘志和　李穗林　张炳利　程进兴　周恒忠

文书组：黄康年　张　愈　江　梅　薛　萍　陆永春　刘永林　赵平栗　丁润富

编文组：吉志西　潘勤孟　章　程　胡子慎　胡梦坡　董子畏　王星北　章　帆　李白英　吴其柔　陆士达　冯若梅

藏画组：陈念云

第一创作组：陶长华　汪继声　费龙翔　宋治平　钟惠英　张钱翊　任伯宏　陈少华　蔡人燕　黄启荣　江南春　沈嘹如　任伯言　陈为明　张洪宝　罗　盘　刘文颉　夏宇玉　汪一菲　汪绚秋　陆　洋　丁斌曾　夏大经　杨步昇　邹　洼　陆宗铎　韩和平　张大经　金　奎　何　进　韩伍　施传梁　陈云昌　何　铭　陈　俭　洪荫培　汪观清　严绍唐　林雪岩　杨玉华

第二创作组：罗既张　张明曹　周公和　沈铁铮　吴合虹　冯春杨　王野秋　贺友直

第三创作组：郑家声　郁正芳　韩永安　胡克文　汤义方　卢　汉　水天宏　秦霖华　李铁生

第四创作组：徐正平　刘锡永　徐宏达　凌　涛　陈履平　陈光镒　钱笑呆　马以镟　赵三岛　江栋良　冯墨农

附录一
上海人民美术出版社1956年编室结构及人员名单

社务委员会

资料组
组　长：戴正英
张竹影　张铭谦

材料组
组　长：王九成
副组长：江长富
汪一平　马玉普　南祥伦
李扬芳　曹启梅

整理组
副组长：叶时伟
陈可宗　沈静生　席时舟
陆元列　钱光启

监制组
组　长：林谷之
陶士兴　张启英　程寿杰
鲍时雨　石伦卢　顾松茂
谢培元　陶茎庚　李景德

装订组
副组长：瞿大章
吴安康

调查统计组
副组长：刘巽钰
王朴庆　柳萱图　郭淑君
李治中　吴荻秋

编制检查组
代组长：吴步云
殷　明　孙炳奎　吴大昌
刘志雄　吴华桢

财务组
副组长：汪洛茵
吴家培　陈觉唐　史荣林

出纳组
副组长：吴国钧
张孟蕴

成本组
组　长：徐新荣
范显荣　张德章　戴崇礼
叶丹亭

工会专职干部：李虎林

出版科
科　长：王希槐
副科长：俞鼎梅

校对科
副科长：邓鲁麟

计划科
科　长：赵而昌
副科长：马有容

财务科
科　长：李家新
副科长：鲁崇礼

注：
此结构图为1955年底新美术出版社并入上海人民美术出版社之后，由上海人美社时任副总编黎鲁绘制。虽然最终这个结构组并未按照这个结构组建，但从中可以看出当年上海人美社的整体组织构架以及全社人员的面貌。

附录二
参考文献（以出版时间为序）

图书

1. 赖少其：《文代归来》，正风出版社，1950年。
2. 《中华全国文学艺术工作者代表大会宣传处》，载《中华全国文学艺术工作者代表大会纪念文集》新华书店，1950年。
3. 张静庐：《中国出版史料补编》，中华书局，1957年。
4. 中华人民共和国教育部办公厅：《教育文献法令汇编1949—1952》，人民教育出版社，1958年。
5. V.I.Lenin. *Party Organisation and Party Literature, Collected Works.* Eng.ed. Mosco: FLPH, 1962.
6. 毛泽东：《毛泽东论文学和艺术》，人民文学出版社，1965年。
7. 正中书局：《正中书局四十年》，正中书局，1971年。
8. Raymond Williams. *The Country and the City.* London: Oxford University Press, 1973.
9. 潘天寿：《中国绘画史》，上海人民美术出版社，1983年。
10. 上海市文史馆、上海市人民政府参事室文史资料工作委员会：《上海地方史资料（五）》，上海社会科学院出版社，1986年。
11. 汤伟康、朱大路、杜黎：《上海轶事》，上海文化出版社，1987年。
12. 赵宏本：《赵宏本连环画生涯50年》，中国连环画出版社，1990年。
13. 胡愈之：《我的回忆》，江苏人民出版社，1990年。
14. [匈]阿格妮丝·赫勒：《日常生活》，衣俊卿译，重庆出版社，1990年。
15. 《毛泽东选集》第二卷，人民出版社，1991年。
16. 《毛泽东选集》第三卷，人民出版社，1991年。
17. 姜士林、鲁仁、刘政：《世界政府辞书》，中国法制出版社，1991年。
18. 张树年：《张元济年谱》，商务印书馆，1991年。
19. 朱联保：《近现代上海出版业印象记》，学林出版社，1993年。
20. 杨东平：《城市季风：北京和上海的文化精神》，东方出版社，1994年。
21. 李超：《上海油画史》，上海人民美术出版社，1995年。
22. 中国出版科学研究所、中央档案馆：《中华人民共和国出版史料1》，中国书籍出版社，1995年。
23. 中国出版科学研究所、中央档案馆：《中华人民共和国出版史料2》，中国书籍出版社，1996年。
24. 中国出版科学研究所、中央档案馆：《中华人民共和国出版史料3》，中国书籍出版社，1996年。
25. 国家版权局办公室：《中国著作权实用全书》，辽宁人民出版社，1996年。
26. 《毛泽东文集》第三卷，人民出版社，1996年。
27. 高名潞：《中国前卫艺术》，江苏美术出版社，1997年。

28. 中国出版科学研究所、中央档案馆:《中华人民共和国出版史料4》,中国书籍出版社,1998年。
29. 中国大百科全书总编辑委员会《美术》编辑委员会、中国大百科全书出版社编辑部:《中国大百科全书·美术Ⅱ》,中国大百科全书出版社,1991年。
30. 中国出版科学研究所、中央档案馆:《中华人民共和国出版史料6》,中国书籍出版社,1999年。
31. 潘耀昌:《20世纪中国美术教育》,上海书画出版社,1999年。
32. 李欧梵:《徘徊在现代和后现代之间》,上海三联书店,2000年。
33. 黄可:《上海美术史札记》,上海人民美术出版社,2000年。
34. 《上海出版志》编纂委员会:《上海出版志》,上海社会科学院出版社,2000年。
35. 陈履生:《新中国美术图史1949—1966》,中国青年出版社,2000年。
36. 陈伯海:《上海文化通史》,上海文艺出版社,2001年。
37. 潘耀昌:《中国近现代美术教育史》,中国美术学院出版社,2002年。
38. 邹跃进:《新中国美术史1949—2000》,湖南美术出版社,2002年。
39. 郑工:《演进与运动——中国美术的现代化》,广西美术出版社,2002年。
40. 曹之:《中国古籍版本学》,武汉大学出版社,2002年。
41. 万青力:《万青力美术文集》,人民美术出版社,2004年。
42. 《上海美术志》编纂委员会:《上海美术志》,上海书画出版社,2004年。
43. [美]詹姆斯·R.汤森、布兰特利·沃马克:《中国政治》,顾速、董方译,江苏人民出版社,2004年。
44. [美]约翰·R.霍尔、玛丽·乔·尼兹:《文化:社会学的视野》,周晓虹、徐彬译,商务印书馆,2004年。
45. 陈平原、王德威:《北京:都市想象与文化记忆》,北京大学出版社,2005年。
46. 王震:《20世纪上海美术年表》,上海书画出版社,2005年。
47. 黎鲁:《连坛回首录》,上海画报出版社,2005年。
48. 王晓东:《日常交往与非日常交往》,人民出版社,2005年。
49. [法]纳斯塔·埃尼施:《作为艺术家》,吴启雯、李晓畅译,文化艺术出版社,2005年。
50. 中国社会科学院语言研究所词典编辑室:《现代汉语词典》(第5版),商务印书馆,2005年。
51. 黄可:《中国新民主主义革命美术活动史话》,上海书画出版社,2006年。
52. 王素:《话说姜维朴》,江西美术出版社,2006年。
53. 叶浅予:《叶浅予自传:细叙沧桑记流年》,中国社会科学出版社,2006年。
54. 熊月之、周武:《上海——一座现代化都市的编年史》,上海书店出版社,2007年。
55. 甘阳:《通三统》,生活·读书·新知三联书店,2007年。
56. 杨可扬:《可扬艺事随笔》,上海人民美术出版社,2007年。
57. 麦荔红:《图说中国连环画》,岭南美术出版社,2007年。
58. 李欧梵:《上海摩登:一种新都市文化在中国1930—1945》,毛尖译,上海三联书店,2008年。
59. 袁振国:《中国教育政策评论2008》,教育科学出版社,2008年。
60. 李泽厚:《中国现代思想史论》,生活·读书·新知三联书店,2008年。
61. 张贞:《"日常生活"与中国大众文化研究》,华中师范大学出版社,2008年。
62. 上海美术馆:《刀笔之魂——吕蒙纪念文集》,上海人民美术出版社,2009年。
63. 丁浩:《美术生涯70载》,上海人民美术出版社,2009年。
64. 哈琼文:《哈琼文》,上海人民美术出版社,2009年。
65. 李新:《珍藏的记忆——上海人民美术出版社60年文献集》,上海人民美术出版社,2012年。
66. 上海市美术家协会:《上海现代美术史大系·连环画卷》,上海人民美术出版社,2010年。

67. 姚玳玫:《自我画像——女性艺术在中国（1920—2010）》，岭南美术出版社，2010年。
68. 张鸿声:《文学中的上海想象》，人民出版社，2011年。
69. 吴永贵:《民国出版史》，福建人民出版社，2011年。
70. 潘耀昌:《走出巴贝尔续——艺术之桥》，上海书画出版社，2011年。
71. [美]本尼迪克特·安德森:《想象的共同体——民族主义的起源与散布》，吴叡人译，上海人民出版社，2011年。
72. 上海市美术家协会:《上海现代美术史大系·宣传画卷》，上海人民美术出版社，2012年。
73. 陈湘波、许平:《20世纪中国平面设计文献集》，广西美术出版社，2012年。
74. 潘公凯:《中国现代美术之路》，北京大学出版社，2012年。
75. 陈矩弘:《新中国出版史研究（1949—1965）》，上海交通大学出版社，2012年。
76. 中国美术馆、大连博物馆:《共和国美术之路——中国美术馆藏品选萃》，安徽美术出版社，2013年。
77. 刘蒙之、谢妍妍、严丽雯:《百年中国畅销书史（1912—2012）》，世界图书出版公司，2015年。
78. 孙中原:《管子解读》，中国人民大学出版社，2015年。
79. 梁玥:《行政组织法典汇编（1949—1965）》，山东人民出版社，2016年。
80. 陈履生:《陈履生美术史论集》，上海文化出版社，2016年。
81. 孙林、黄日涵:《政治学核心概念与理论》，天津人民出版社，2017年。
82. 龚云表:《海派油画史论稿》，上海人民出版社，2017年。
83. 朱建亮:《〈伪古文尚书〉研究》，光明日报出版社，2017年。

论文和报刊

1. 瞿秋白:《文艺的自由和文学家的不自由》，《现代》第一卷第六期。
2. 徐悲鸿:《中国新艺术运动的回顾与前瞻》，《时事新报》1943年3月15日。
3. 《出版会议的收获》，《人民日报》1949年10月21日。
4. 蔡若虹:《一九五〇年新年画工作概况》，《人民日报》1950年2月11日。
5. 陈烟桥:《关于上海彩印图画的发行与制作的一些问题》，《文汇报》1950年9月18日。
6. 林岗:《我们怎样创作连环画》，《美术》1950年第5期。
7. 《华东人民美术出版社成立》，《文汇报》1952年8月17日。
8. 蔡仪:《斯大林昭示我们前进的道路》，《美术》1954年第3期。
9. 约冈松:《苏联造型艺术的情况和任务》，《美术》1957年第4期。
10. 薄松年:《为月份牌年画说几句话》，《美术》1958年第8期。
11. 薄松年、王树村:《十年来我国新年画的发展和成就》，《美术研究》1959年第2期。
12. 马克:《建国十年来的政治宣传画》，《美术》1959年第1期。
13. 沈鹏:《宣传画的形象、构思及其他》，《文汇报》1962年7月25日。
14. 赵家璧:《鲁迅与连环图画》，《连环画论丛》1981年第2期。
15. 杨先让:《年画连环画系全体师生的怀念》，《美术研究》1983年第1期。
16. 朱石基、黄振亮:《上海"月份牌"年画的今昔》，《美术》1984年第8期。
17. 杨先让:《连环画年画系的创建》，《美术研究》1985年第1期。
18. 朱光暄、薛钟英、王益:《"出版"探源》，《出版发行研究》1988年第5期。
19. 黎鲁:《五十年代中前期上海连环画工作杂忆》，《连环画艺术》1989年第4期。

20. 吉少甫:《"出版"考（续）》，
　　《出版发行研究》1991年第5期。
21. 黄若谷、王亦秋:
　　《五十年代初上海的两期连环画研究班》，
　　《连环画艺术》1991年第1期。
22. 黎鲁:《新美术出版社始末》，
　　《编辑学刊》1993年第2期。
23. 王益:《出版发行的分与合（一）》，
　　《中国出版》1997年第1期。
24. 王益:《"出版"再探源》，
　　《出版发行研究》1999年第6期。
25. 《上海连环画改造运动史料
　　（一九五〇—一九五二）》，
　　《档案与史学》1999年第4期。
26. 《1949.10—1999年稿酬制度变动情况简表》，
　　《出版经济》2001年第3期。
27. 陶东风:《日常生活的审美化与文化研究的兴起
　　——兼论文艺学的学科反思》，
　　《浙江社会科学》2002年第1期。
28. 汤林弟:《中国近代稿酬制度的产生》，
　　《编辑学刊》2004年第2期。
29. 《历届全国美展概况》，
　　《美术观察》2004年第5期。
30. 艾秀梅:《艺术何以源于生活，如何高于生活
　　——从"日常生活批判理论"角度的重新解读》，
　　《南京师大学报》（社会科学版）2006年第11期。
31. 马林:《周湘与上海早期美术教育》，
　　博士学位论文，南京师范大学，2006年。
32. 周武:《从全国性到地方化：
　　1945至1956年上海出版业的变迁》，
　　《史林》2006年第6期。
33. 王飞:《海派绘画的商业化由来》，
　　《美术观察》2006年第10期。
34. 姜进:《断裂与延续：1950年代上海的文化改造》，
　　《社会科学》2006年第6期。
35. 朱晋平:《1949—1956年
　　中国共产党对私营出版业的改造》，
　　博士学位论文，中共中央党校，2006年。
36. 钱普齐:《黄宾虹父子和商务印书馆》，
　　《出版博物馆》2007年第6期。

37. 尹吉男:《明代宫廷画家谢环的业余生活与
　　仿米氏云山绘画——中国绘画史知识生成系列
　　研究之一》，
　　《艺术史研究》2007年第12期。
38. 黄宝忠:《近代中国民营出版业研究
　　——以商务印书馆和中华书局为考察对象》，
　　博士学位论文，浙江大学，2007年。
39. 宛少军:《20世纪中国连环画研究》，
　　博士学位论文，中央美术学院，2008年。
40. 宛少军:《小人书的历史印记》，
　　《中华文化画报》2008年第6期。
41. 胡绳玉:《吴待秋为章某人卖老子》，
　　《世纪》2008年第5期。
42. 李松:《军功章的一半
　　——美术出版·出版家杂谈》，
　　《艺术沙龙》2008年第4期。
43. 黄苗子:《张光宇的艺术精神》，
　　《装饰》2008年创刊50周年增刊。
44. 刘世清:《论新中国成立以来我国教育政策的
　　伦理取向及其演变机制》，
　　载袁振国《中国教育政策评论2008》，
　　教育科学出版社2008年版。
45. 孙涛、王曰国:
　　《解放初期上海市军管会组织系统研究》，
　　《黑龙江史志》2008年第23期。
46. 俞子林:《上海"三小联"始末》，
　　《出版史料》2009年第2期。
47. 徐志放:《月份牌的发展与演变》，
　　《印刷杂志》2009年第6期。
48. 李海文:《新中国60年的著作稿酬与币值》，
　　《中国出版》2009年第9期。
49. 夏雨:《我党的第一个出版社》，
　　《文史月刊》2009年第9期。
50. 徐志放:
　　《纪念我国印刷品首获国际复制金奖五十周年
　　——回忆〈上海博物馆藏画集〉的制作往事》，
　　《印刷杂志》2009年第12期。
51. 李朝霞:《新中国的美术观及其话语实践
　　——以〈美术〉（1950—1966年）为中心》，
　　博士学位论文，中国艺术研究院，2010年。

52. 余丁：《试论1949年以来中国美术体制的发展与管理的变迁》，《美术》2010年第4期。
53. 易图强：《新中国畅销书历史嬗变及其与时代变迁关系研究（1949.10—1989.5）》，博士学位论文，湖南师范大学，2011年。
54. 汪轶千、李俊杰：《新华书店管理模式回顾（1951—2001）》，《出版史料》2011年第3期。
55. 李天纲：《张充仁：我是第一名》，《文汇报》2011年9月16日。
56. 沈鹏、祁旺：《沈鹏谈人民美术出版社六十周年》，《中华读书报》2011年6月1日。
57. 莫小也、乔监松：《穉英画室的人员构成》，《美苑》2011年第1期。
58. 张馥玫：《20世纪初上海商业美术环境研究——以上海的"画报"为例》，硕士学位论文，中央美术学院，2011年。
59. 郑诗亮：《黎鲁谈五十年代连环画的创作与出版》，《东方早报·上海书评》，2012年8月19日。
60. 张磊：《中国参加1959年莱比锡国际书籍艺术展览会史实新考与补遗》，《艺术设计研究》，2018年第1期。
61. 屈波：《新中国成立初期人民美术出版社的图像生产与传播》，《美术》2019年第9期。

档案（上海市档案馆藏）

1. 《上海市军管会组织系统表》　　　　　　　　　　　　　　B1-1-995　　　　1949年
2. 《上海市文化局关于年画事件经过情况的报告》　　　　　　B172-1-49-4　　 1950年
3. 《大众美术出版社组织及工作情况报告》　　　　　　　　　B1-1-1875-37　　1950年
4. 《连环图画出版业联合书店组织纲领》　　　　　　　　　　B1-1-1879　　　 1950年
5. 《新中国美术研究所简况表》　　　　　　　　　　　　　　B172-4-40-36　　1950年
6. 《上海市私立比乐业余学校报美术班招生简章和招生许可证的报告及上海市教育局的指令》　　　　　　　　　　　　　　　　　　　　　　　B105-1-222-143 1950年
7. 《一九五一年新年画统一发行工作的总结》　　　　　　　　B1-1-1990-14　　1951年
8. 《上海市人民政府新闻出版处关于开展新年画工作的报告》　B1-1-1990　　　 1951年
9. 《上海市文化局关于上海中苏友好协会上海市人民政府文化局及上海市文学艺术界联合主办苏联宣传画和讽刺画展览会工作总结报告》　　B172-1-53-27　　1951年
10. 《通联书店年画发行目录》　　　　　　　　　　　　　　　B1-1-1990　　　 1951年
11. 《关于华东一级国营出版社和改造私营出版社的意见的报告》B167-1-22-8　　 1952年
12. 《上海市文化局关于一年来上海美术工作的报告》　　　　　B172-1-74-46　　1952年
13. 《新华书店上海分店情况介绍》　　　　　　　　　　　　　B167-1-14-167　 1952年
14. 《三年来上海连环画工作的初步总结》　　　　　　　　　　B172-1-74　　　 1952年
15. 《一九五二年年画创作总结》　　　　　　　　　　　　　　B172-1-74-44　　1952年
16. 《上海市文化局关于上海美术工作者政治见习班的总结》　　B172-4-247　　　1952年
17. 《上海市人民政府文化局关于年画的工作报告》　　　　　　B172-4-243-52　 1953年
18. 《华东人民美术出版社稿酬标准》　　　　　　　　　　　　B1-2-3643-17　　1953年
19. 《1953年上海出版新年画目录》　　　　　　　　　　　　　B172-4-243-8　　1953年
20. 《上海市文化局关于管理私立美术短期训练班的暂行条例、举办美术工作者学习班的计划、总结》　　　　　　　　　　　　　　　　　　B172-4-247-20　 1953年
21. 《华东行政委员会文化局关于年画工作情况的报告》　　　　B167-1-387-40　 1953年
22. 《对上海私营画片出版业、发行业合并改组为公私合营机构的计划（草案）》B168-1-23-4　　1953年

序号	标题	档号	年份
23.	《上海人民美术出版社的工作检查报告》	B167-1-283-14	1954年
24.	《上海人民美术出版社关于〈漫画〉月刊移京，请示出版总署给予具体指示》	B167-1-38-1	1954年
25.	《上海市人民政府关于1953年上海年画工作情况及存在的问题》	B-172-4-243-30	1954年
26.	《上海人民美术出版社1953年年画工作总结》	B9-2-31-38	1954年
27.	《上海画片出版社组织结构图》	B167-1-107-9	1954年
28.	《〈漫画〉月刊移京批示文件》	B167-1-38	1954年
29.	《新美术出版社1952—1955年生产情况表》	B167-1-14-28	1955年
30.	《1954年经济计划执行情况检查总结》	B167-1-9	1955年
31.	《上海人民美术出版社关于送报1955年上半年度国民经济计划执行情况总结的函》	B167-1-10	1955年
32.	《上海人民美术出版社1952—1955年出版物种数印数统计》	B9-231	1955年
33.	《1955年上海人民美术出版社组织结构图》	B167-1-107-4	1955年
34.	《关于新闻出版工作人员全部实行工资制和改行货币工资制有关事项的通知》	B92-2-213-33	1955年
35.	《全国文艺工作人员工资标准表》	B92-2-213-33	1955年
36.	《1955年国民经济计划执行情况的检查》	B167-1-10	1955—1956年
37.	《上海画片出版社关于送上1956年工作总结的报告》	B167-1-138-33	1957年
38.	《上海人民美术出版社连环画创作干部实行稿酬制以后的情况》	B167-1-240-34	1957年
39.	《上海人民美术出版社请批准出版〈上海画报〉〈东风画报〉的函》	B167-1-287-11	1958年
40.	《上海人民美术出版社关于干部改制问题的请示报告》	B167-1-486	1958年
41.	《东风画报出版计划草案》	B167-1-287-11	1958年
42.	《〈上海画报〉编辑人员配备名单》	A22-2-718	1958年
43.	《上海人民美术出版社关于连环画的工作报告》	B167-1-339-114	1959年
44.	《上海人民美术出版社庆祝建国十周年出版工作总结》	B167-1-334-9	1959年
45.	《上海人民美术出版社关于有领袖像的年画请予审阅的报告》	B167-1-394-42	1960年
46.	《上海人民美术出版社呈请批示关于本社今后原则上不出版摄影图片、画册之报告》	B167-1-341-109	1960年
47.	《上海人民美术出版社关于改变连环画创作干部工作制度的请示报告》	B167-1-486-2	1961年
48.	《上海新华书店关于美术书店的任务、业务范围等问题》	B167-1-643-54	1963年
49.	《上海人民美术出版社关于1964年出版少数民族文字版年画的情况简报》	B167-1-729-184	1965年
50.	《上海人民美术出版社汇报今年民族版年画标题需要译成少数民族文字等情况报告》	B167-1-729-195	1965年

附录三
上海人民美术出版社大事记（1949—1966）

1949年	5月	上海市军管会主任陈毅、副主任粟裕任命文教委员会文艺处及下属各室领导，原解放军《华东画报》主编龙实担任军管会文艺处美术室主任，美术室的基本任务之一就是指导全市的美术工作、美术创作、美术出版等工作，宣传政府的政策。
	8月	陈叔亮担任上海市军管会文艺处美术室主任，吕蒙担任副主任。
	9月	美术工场成立，沈柔坚、涂克分别担任第一任正副场长。
	10月	华东画报社在上海成立。社长由吕蒙担任，总编辑由黎鲁担任。
	12月	上海市军管会文艺处美术室组织创作完成新年画12幅，交由大众美术出版社以六色彩印出版。上海彩印图画改进会筹备组绘制月份牌新年画10种并印刷发行。
		《华东画报》月刊在上海复刊，其前身为《山东画报》，由华东画报社编辑出版。第一期刊有张乐平、黎鲁、赵延年、杨可扬、俞白墅、陶谋基等人作品。
1950年	1月	上海连环画作者联谊会成立。会员有新老连环画工作者132人。
	4月	中央人民政府文化部颁发1950年新年画创作奖金，上海俊生、清泉合作的《支援前线》，金梅生的《新中国的歌声》获丙等奖。
	7月	由上海市41家连环画出版商组成的统一发行机构连联书店成立。
	8月	上海彩印图画改进会成立，时有会员110人，理事长为孙雪泥，下设绘画、印刷、研究、制版、出版、福利六部。
		上海连环图画出版业联谊会成立。
	11月	上海市第一期连环画研究班开班，40名连环画作者开始接受为期三个月的培训。
1951年	6月6日	华东文化部、上海市文化局、上海市新闻出版处、华东人民出版社及上海连环画作者联谊会联合成立了上海连环画工作委员会，并举行第一次委员会会议，会议决定继续举办连环画研究班，以培养和提高连环画的创作力量。计划在本年度内基本清除有害的连环画。
	8月	华东画报社并入华东人民出版社。

	9月	《工农画报》在上海创刊,由华东人民出版社出版,吴耘任主编。
	9月	上海市第二期连环画研究班开班,为期三个月。
	12月	大众美术出版社、教育出版社、群育出版社、华东书店、兄弟图书公司、灯塔出版社、文德书局、一迅出版社、雨化出版社9家出版社,联合组建新美术出版社(后来的公私合营新美术出版社前身)。
1952年	7月	上海市文化局、上海美协等联合举办的连环画作者学习班开班,学员有162人。
	8月	由上海市文化局主办的上海市连环画工作者学习班开班,招收学员149人。学员结业后由上海市文化局分配工作。华东人民美术出版社成立。由原华东人民出版社美术编辑部第一、第二科与上海市人民美术工场绘画科合并而成。首任社长吕蒙,副社长兼总编辑沈柔坚。
	9月	公私合营的新美术出版社成立。华东人民美术出版社社长吕蒙兼任新美术出版社社长,副社长兼总经理宋心屏,副社长兼总编辑黎鲁。
是年		张碧梧的年画《养小鸡 捐飞机》、杨文秀的年画《好婆媳》,获第二届全国年画评奖二等奖。
1953年	3月5日	《工农兵画报》半月刊在上海创刊,由华东人民美术出版社出版,杨可扬任主编。
	12月	华东人民美术出版社和新美术出版社创作出版1954年新年画44种。
是年		华东人民美术出版社设置年画宣传画创作室,负责人张乐平,成员有丁浩、赵延年、俞云阶、陶谋基、翁逸之、钱大昕、蔡振华。创作室实行定额制,初定每人每年完成年画1幅、宣传画4幅。 新美术出版社开始实行老解放区的内部评奖制。 新美术出版社开始接手上海部分年画的出版工作。
1954年	3月	上海画片出版社召开第一次董事会议,讨论组织章程及盈余分配方法。
	8月	华东美术家协会、华东人民美术出版社联合举办的美术出版物展览会在上海开幕,展出华东人民美术出版社两年来所出版的各种美术作品及原稿共300余件。
	9月	公私合营的上海画片出版社成立,由原私营徐胜记印刷厂、三一印刷公司、达华印刷厂、万如工业社等9家出版商与画片社合并改组而成。吕蒙兼任上海画片出版社社长,陈惠任副社长、总编辑。

	11月	新美术出版社吸收、合并了三一美术出版社、群众书店、兴华书店、长征出版社、立化出版社等多家私营出版单位。 华东人民美术出版社出版1955年新年画46种。
1955年	1月	华东人民美术出版社改名为上海人民美术出版社,出版年画、连环画、宣传画和美术、摄影画册、理论技法等书籍。 上海人民美术出版社、上海画片出版社、新美术出版社联合年画展览在上海市工人文化宫举行。
	11月	上海人民美术出版社举办"五年计划宣传画草图观摩展",展品20余幅。
	12月	新美术出版社并入上海人民美术出版社。吕蒙任社长,黎鲁任副社长。并入上海人民美术出版社之前,新美术出版社职工已有189人,连环画书目991种一并转入上海人民美术出版社继续印行。上海人民美术出版社成为当时全国最大的连环画出版机构。
	是年	由丁斌曾、韩和平绘制的连环画《铁道游击队》套书开始陆续出版发行。 上海画片出版社出版年画376种。其中,初版100种,重版276种。印数超过5000万份。
1956年	1月	上海人民美术出版社年画展在上海市工人文化宫举行,展品160多幅。
	8月	上海画片出版社为谢之光、金梅生、李慕白成立画室,主要目的是为传统月份牌年画艺术培养继承人。
	9月	《美术》编辑部在上海人民美术出版社与10位画家举行座谈,对连环画题材问题提出指导意见。
	是年	由金梅生创作、上海画片出版社出版的年画《菜绿瓜肥产量多》印制发行。这幅作品获得1984年第三届全国年画评奖一等奖,在此次评奖中,上海创作于20世纪五六十年代的几幅年画作品也获得二等奖,分别是张碧梧的《百万雄师渡长江》(1955年)、王伟戌的《我们敬爱的毛主席》(1961年),金雪尘的《武松打虎》(1962年),邵克萍、王哲夫的《不让它吹倒》(1963年),沈家琳的《做共产主义接班人》(1964年)。 上海画片出版社出版年画432种。其中,初版132种,重版300种。印数6000多万份。
1957年	2月	为鼓励年画家的创作热情,促进年画创作水平进一步提高,上海市文化局、上海美协、上海市出版事业管理处联合举办的1954—1957年上海年画展览会开幕,展出了125位画家的年画作品209幅,并组织评奖委员会评选优秀作品,给予鼓励。
	3月	贺友直与卢汶合作的连环画作品《火车上的战斗》,获得第一届全国青年美展一等奖。

	9月	连环画《三国演义》开始出版,到1961年6月,累计出版60册,包含7000多幅图。
	10月	上海人民美术出版社和上海美协联合举办的苏联造型艺术(图片)展览会在上海美术馆展出。
是年		由蔡振华绘制的宣传画《共同劳动·共享成果》印制发行。
		上海画片出版社出版年画440种。其中,初版130种,重版310种。印数8000多万份。
1958年	1月	上海人民美术出版社开始筹办朵云轩木版水印室。
	6月	《东风》美术月刊创刊号由上海人民美术出版社出版。
	8月	上海画片出版社并入上海人民美术出版社。1958年,上海共出版年画600种,印数1.1亿多份,占全国当年年画发行总数的3/4。上海画片出版社并入上海人民美术出版社之后,原来的年画宣传画创作组分编,成立了单独的年画编辑室、宣传画编辑室。
是年		顾炳鑫出版了《怎样画连环画》。
		由钱大昕创作的宣传画《争取更大的丰收 献给社会主义》印制发行。
		上海人民美术出版社出版连环画350余种,发行5100万册;出版宣传画163种,发行数量达到695万份。
1959年	5月	上海举办准备参加莱比锡国际书籍艺术展览会的书籍装帧设计展览会。
		吕蒙调离上海人民美术出版社,去往朵云轩负责编辑工作。
	7月	上海美协与上海人民美术出版社举办连环画创作座谈会,讨论如何扩大连环画创作题材、提高质量和加强对少年儿童的阅读辅导等问题。
年底		贺友直开始绘制《山乡巨变》,后于1961年起陆续出版。整套连环画一共分为4册,共计500余幅画面。贺友直由此建立起自己鲜明的艺术风格。
是年		钱大昕、哈琼文、翁逸之合作的《怎样画宣传画》一书,署名"夏洪",由上海人民美术出版社出版,其后两次重印,累计印数10.1万册。
		由上海美术出版社出版、张苏予设计的《上海博物馆藏画》获得了莱比锡国际书籍艺术展览会复制金质奖,陈之初设计的《永乐宫壁画》获得了装帧金质奖。
		由哈琼文创作的宣传画《毛主席万岁》印制发行。
1960年	1月	《文汇报》报道,上海人民美术出版社1959年出版各种题材年画合计450种(包括重版),发行量达8000多万份。
		《文汇报》报道,上海人民美术出版社1959年创作出版连环画315种。十年来,上海印行的连环画达2.2亿册。

		《文汇报》报道，上海人民美术出版社1959年出版宣传画130余幅，总印数达450万份。
	12月	上海人民美术出版社出版1961年新年画140种。
是年		上海人民美术出版社出版《十年来宣传画选集》。
1961年	1月	朵云轩木版水印室脱离上海人民美术出版社，挂牌朵云轩。
	6月	汪观清绘制的连环画《红日》开始印制发行。
	7月	贺友直绘制的连环画《山乡巨变》开始印刷发行。
	11月	上海人民美术出版社邀请年画家和出版工作者举行三次座谈会，研讨年画创作问题。
	12月	上海人民美术出版社出版的1962年新年画开始发行，计400种，印数较往年增加30%。
1962年	6月	《文汇报》、上海人民美术出版社邀集作家、历史学家、科学家、画家举行座谈会，研讨关于提高连环画脚本的编写问题。
	7月	上海人民美术出版社为庆祝"八一"建军节，出版钱大昕、杨涵、哈琼文、沈绍伦绘制的4幅宣传画。
	8月	上海人民美术出版社举行建社十周年大会。
	12月	上海人民美术出版社1963年新年画印刷完成，共计320多种。
1963年	12月	《文汇报》报道，上海当年出版发行的年画达1.2亿张，初版年画100种，是新中国成立以来年画发行数量最高的一年。第一届全国连环画创作评奖，上海人民美术出版社有13件作品获绘画奖。其中，贺友直的《山乡巨变》，丁斌曾、韩和平的《铁道游击队》，赵宏本、钱笑呆的《孙悟空三打白骨精》获得绘画一等奖；顾炳鑫的《渡江侦察记》，华三川的《交通站的故事》，刘旦宅的《屈原》，钱笑呆、汪玉山的《穆桂英》4件作品获绘画二等奖；姚有多、姚有信、杨丽娜的《革命的一家》，陈宏仁的《车轮飞转》，任伯宏、任伯言的《灵泉洞》，盛亮贤、沈悌如的《木匠迎亲》，王亦秋的《杨门女将》，罗盘的《草上飞》6件作品获绘画三等奖。7件作品分别获得脚本一、二、三等奖，其中，董子畏的《屈原》获脚本一等奖，董子畏的《铁道游击队》(1—9册)、杨兆麟的《老孙归社》、王星北的《孙悟空三打白骨精》、陆士达的《苏武》获脚本二等奖。此外，全国有29人获得连环画工作劳动奖，其中，上海作者16人，分别是：卢敦良、杨兆麟、李白英、严绍唐、徐正平、仓阳卿、吴添汉、甘礼乐、赵吉南、李光羽、李大发、张炳隅、吴炳、浦增元、金文明、谢宝耿。

1964年	6月	上海人民美术出版社所出连环画稿42套（包括贺友直的《山乡巨变》，盛亮贤、沈悌如的《木匠迎亲》，丁斌曾、韩和平的《铁道游击队》，顾炳鑫的《渡江侦察记》），参加在北京中国美术馆举行的连环画展。
	7月	上海人民美术出版社的《连环画活页选》第一辑出版。
1965年	1月	韩和平、罗盘、金奎、顾炳鑫绘制的连环画《红岩》(1—4)开始印制发行，这部作品获得1981年全国第二届连环画创作评奖绘画二等奖、脚本二等奖（作者可蒙）。
	3月	由华三川绘制的连环画《白毛女》印制发行，这部作品获得1981年全国第二届连环画创作评奖绘画一等奖、脚本二等奖（作者大鲁）。
	4月	哈琼文绘制的宣传画《学大庆精神》印制发行。
是年		上海人民美术出版社出版连环画百种。
1966年	3月	上海人民美术出版社派哈琼文、沈家琳、王伟戌赴京参加文化部组织的年画创作组，绘制领袖题材年画。
是年		哈琼文的两幅宣传画《美帝国主义从越南南方滚出去》《学大庆精神》随中国现代画展到日本展出。

附录四
上海人民美术出版社（1949—1966）人员访谈录

一、姜维朴访谈录（节选）

姜维朴（1926—2019），山东黄县人，毕业于山东大学文艺系，1947年加入中国共产党。1949年随《华东画报》（原《山东画报》）进入上海，担任该画报摄影记者，并组织连环画脚本创作工作。1952年华东人民美术出版社成立之后兼任摄影记者。1953年调至北京，先后担任人民美术出版社《连环画报》编辑室主任、副主编，中国连环画出版社总编辑等职。他创作的连环画文学脚本《穷棒子扭转乾坤》荣获第一届全国连环画创作评奖脚本一等奖，组织编创出版了《水浒》《岳飞传》《西厢记》《志愿军英雄画谱》等连环画。他长期从事连环画的编辑出版、理论研究及组织工作，是新中国连环画事业的领军人物。笔者就姜维朴在《华东画报》以及上海人民美术出版社任职期间的工作情况对其进行了采访。

采访人：孙浩宁、张馥玫
受访人：姜维朴
时间：2011年7月10日
地点：人民美术出版社宿舍（北京北总布胡同）

孙浩宁（以下简称"孙"）： 您能否先介绍一下上海人美社在第一任社长吕蒙的情况，因为吕蒙已去世多年，我们对他的了解比较少，吕蒙在新中国成立之前的事情我们更不了解。您能介绍一下吕蒙在新中国成立之前，以及在上海人美社成立之前的一些情况吗？

姜维朴（以下简称"姜"）： 我送你一本书《新中国连环画60年》，这里有专门介绍吕蒙的文章。

孙：我在网上看过您的一篇文章，您可能在某一个杂志上发表过，当时吕蒙刚去世，你写了这篇文章，里面还有您对顾炳鑫的回忆。

姜：我现在记忆力不好，吕蒙的历史书上都有，再多的我也不太了解。1953年我就调到北京了，到北京以后，我们两个人还有联系，他始终很关心我，他的病和我老伴的病差不多。我和我老伴是1926年生的，都85岁了，吕蒙比我大16岁。

孙：那我们来谈一下上海人美社成立之前的情况。根据资料显示，您在上海人美社成立之前，就已经开始负责部分《华东画报》的出版工作，我们知道《华东画报》是组建上海人美社的主要力量之一。您能不能讲一下组建的过程？出版社在成立之后，《华东画报》处在什么样的位置？它由谁来管理？

姜：以前是分开的，但都在江苏路，我们是在一起的。吕蒙是一把手，后来以这个《华东画报》为基础，第一步先合并到华东人民出版社，华东人民出版社成立了一个美术编辑部。这个美术编辑部呢，有三个科。一个是《华东画报》科，当时我是科长，我管《华东画报》这部分的工作，负责人还有陈惠主任。第二个科是《工农画报》，由吴耘和杨可扬负责。吴耘是一个画家，也是一个记者。第三个科就是连环科，黎鲁任科长，还有赵宏本，都是老画家。黎鲁和我还健在，其他人不知道还在不在世。当时成立华东人民美术出版社是因为政府比较重视美术。

《华东画报》主要以摄影为主。最早的时候，是吕蒙当社长。我去了画报社之后，就不仅仅搞摄影了，还有组稿、选题等工作，还要做通讯员，全国各地都有通讯员。那个时候我专门办了一个油印的刊物，就是对《华东画报》中的连环画，尤其是好的作品，点评一下，我现在还保存着这个材料。当时中央精神是要精简节约，不能重复办报，因此就抽调了一些人到北京去。

孙：请您说说人民美术出版社成立时的情况。

姜：人美社成立时间是1951年9月，上海人美社是1952年。毛主席在1949年12月份，就是新中国刚成立的时候，找了周扬，说："连环画不仅小孩看，大人也看，文盲看，有知识的人也看。你们是不是搞一个出版社，出版一批新连环画。"周扬马上找了蔡若虹，蔡若虹当时是美术界的一个负责人，在延安时，他是鲁迅美术学院美术系的主任，他既能画画，也能写文章。所以，周扬请他组建这个大众图画出版社，由蔡若虹领导。这是根据毛主席的指示，在1949年底成立的，比人民美术出版社、人民出版社都早，是新中国最早的美术类出版社。这个出版社成立时留下的档案不多，当时《人民日报》刊登了大众图画出版社成立的消息，这份《人民日报》我后来找到了。在蔡若虹的记忆中，大众图画出版社是在1950年春天成立的，我认为还要再早一点，所以我在写《新中国连环画60年》这本书的时候，觉得这个历史资料我需要搞准确，就找到中国书店的一个报刊部，在那里有我一个关系很要好的同志，我就跟他说找一找，他找到了。这个资料很宝贵，我把它复印出来了。

大众图画出版社专门出版连环画，这是很重要的，这是毛主席的指示。我为什么后来又成立中国连环画出版社，离开人美社了呢？我心想连环画得有自己的出版社，所以打报告给胡耀邦，胡耀邦当时是中共中央总书记。而且我当时还找到萨空了，他是人美社第一任社长，当时是出版总署副署长兼人美社社长。我这个书上面都有。那个时候萨空了已经在不在人美社了，但我跟他联系很密切。他非常支持我的工作，因为人美社刚成立的时候，萨空了就特别重视连环画。1953年3月份，我从上海调到人民画报社，人民画报社当时属于人美社，我本来在上海以图片为主，以照相为主。因为当时华北大区撤销了，大众图画出版社并到了人民画报社，自然就属于人美社了。吕蒙在后来写的一本书中介绍了我，因为来京的这一批人是我带队的，上级部门让我把大众图画出版社这一部分，与人美社合并，成立一个连环画编辑室。

孙：您在上海人美社待过，在北京的人美社也待过，您觉得这两个出版社有什么一样和不一样的地方吗？

姜：很难说，北京当然是代表中央了，当时归文化部领导。在出版方面，包括连环画创作，起了一种带头作用，确定了一种大方向。所以，这个大众图画出版社要起到这样一个作用。我和我的同事接手的这个班子是有一定基础的，像刘继卣先生，《鸡毛信》就是他画的，他还画了《穷棒子扭转乾坤》《东郭先生》等，画得很好，他就是在大众图画出版社一成立，就被蔡若虹吸收进来的，因为蔡若虹发现这个人是个人才。

孙：在其他一些地方，比如领导思路上，或者是创作题材的选取上，有没有不一样的地方？

姜：各个出版社都有一些特点，这个我很难说，因为我也是从南边来的，我感觉这两个出版社基本上是一致的。上海当时是属于华东区管理，华东有好几个省。《解放日报》是当时华东区机关报，现在是上海市委的机关报。所以，当时的华东人民美术出版社不仅仅是上海的，它是华东这个层面的，再加上上海原有的文化基底，在全国也有影响。

孙：为什么您调到北京来了，而不是继续在上海，在上海人美社组织连环画创作？

姜：有这么几个情况。我以前在华东画报社主要负责摄影，《华东画报》合并到《人民画报》是要壮大《人民画报》的力量，它需要一些骨干力量。吕蒙当时舍不得我走，但是要服从组织安排，支持《人民画报》的工作。当时来北京的有十几个人，记者基本上都来北京了，编辑也来了几个，我是带队的。

图1　1953年1月，华东人民美术出版社全体同志合影，欢送《华东画报》编辑部部分同志调往北京工作。前排左二为杨可扬，左五为沈柔坚，右三为江帆，右四为吴来云；二排左六为吕蒙，左七为姜维朴。

孙：我注意到上海人美社的连环画创作很多都是集体创作的，人美社在当时又是什么情况？

姜：确实大部分属于集体创作，有一些长篇连环画，一个人是不行的。像上海的《铁道游击队》，丁斌曾和韩和平两个人共同创作，共画了十本，获得了第一届全国连环画创作评奖绘画一等奖。咱们这个《新儿女英雄传》比那还早呢，是四本，我这个书里边都写了。

孙：您了解上海市军管会文艺处的情况吗？

姜：所有关于文化宣传的工作都属于文艺处领导，军管会有一个胸章，我的胸章现在还保留着。我没有直接跟军管会文艺处打过交道，当时吕蒙是社长，吕蒙是军管会文艺处美术方面的负责人，所以我们当时在华东画报社以及上海美术界的活动，都是由吕蒙负责，他负责跟上级沟通，向下级传达命令。

孙：当时组稿的时候，这个题目由谁来决定？比如说"岳飞传"这样的题目，是如何确定选题并决定由谁进行创作的？

姜：我没当主编的时候，我在记者组，一般有什么任务，我们记者组负责写。我主管的时候，就是管设计题目了，根据国家大事、根据上级要求来规划选题。《岳飞传》这个连环画是我负责的。到人美社时，刚开始我是副主任，当时没有主任，我主要负责选题计划、每年的总结。选题计划很重要，现在的人美社很少出新的连环画，都是把我们过去的东西重新弄一下。因为一套书不是一年两年的事情，《水浒传》花了好几年才完成，《岳飞传》也是这样，《岳飞传》最后出了15本，《水浒传》本来定了30本，结果出到投降归顺朝廷，出了26本。

孙：当时人美社、上海人美社、辽宁美术社、河北人美社、天津人美社这五家出版社，他们在组织出版物的时候，有没有侧重和不同？

姜：有一些侧重。这五家美术出版社当时经常碰头，经常交流选题，特别是重要的选题，基本是有分工的，尤其是关于国家民族之类的选题。比如上海人美社是《三国演义》，人美社是《水浒传》，天津人美社是《聊斋》，河北人美社是《西游记》。基本上每年有一次碰头会，大家还是坚持协作，互通有无。后来不仅仅是这五家，地方出版社先后成立之后，都参与到这个活动中。

孙：仅限连环画碰头会吗？其他一些选题，像年画、宣传画有没有侧重？

姜：其他一些不归我管，我就管这一摊，而且连环画很重要，连环画是出版社很重要的出版物。当时印数很大，在我负责的时候，印数在120万册，还有几种一出来以后，基本上都买不到了，120万册都满足不了市场，但是没有纸张了。连环画印数第一版几十万册，有的连续卖了几百万册，连环画当时影响很大，对出版社的影响也很大。

孙：当时在组织选题的时候，考虑经济因素吗？比如说，好不好卖，有没有市场？

姜：首先要考虑经济因素，还有政治因素。基本上连环画都能够赚钱，赔钱的很少。但是这个钱赚得有没有道理，这一点很重要。不能说为了赚钱而不管内容，连环画是专业出版社出的，不是什么人都可以出的。但是美术类专业出版社，得有这个编辑能力，你不能为了赚钱，什么都出。

对这个问题，我想展开一下，说下我的几个观点。第一个，改革开放之后，上级部门也不怎么监管了，都来争出连环画，什么武打的，比如《霍元甲》，同时出了十几套，你说能好吗？都是粗制滥造，书店开始以为连环画赚钱就盲目进货，数量多质量肯定不能保证，质量不好肯定是卖不掉。这样的话，粗制滥造重复又重复，销售马上就掉了下来。后来我跟几位市委同志呼吁，当时我写了《连环画不能够见利忘义》，发表在《青年报》的第一版。但是仅仅呼吁肯定是不行了，钱这个经济利益很起作用，它可以使人忘本，利令智昏。我的书（《新中国连环画60年》——笔者注）专门把《青年报》发表的文章印在里边。新华书店总经理看到我这篇文章，专门给我来信，非常赞成我的意见。

第二个，进口的漫画乱七八糟。盲目地进口日本的动漫，现在叫作动漫，那个时候叫日本卡通画，乱七八糟的什么类型都有，我现在还有好几包。我那个时候已经是全国政协委员了，而且是连环画艺委会的主任，我得负起这个责任，我不能光挂名，我把这个书带了一些，到了政协会议上讲这个暴力、色情的害处，当时《人民日报》第一版就发表了一篇杂文，文章名是"书包在愤怒"。我在政协会议上发言，我就讲孩子们书包里边装的是什么，就是这些东西。

现在这些事情更不好解决，已经形成一个浪潮了。所以对美丑这个问题，不是三言两语可以解决的。一个孩子需要活泼，过去以教育为主的连环画一看就反感了，这个当然不光是连环画，别的美术类型也有这个问题，但是也不能忽视美术的思想意义，以及它的抽象性和价值观。

孙：改革开放之后的很长时间，我们在面对外来文化的冲击时，确实走了一些弯路。我们再回到人美社，当时人美社的组织架构是什么样的，编辑部门是如何运作的？

姜：经常变动。1951年创建时，分两个创作室：一个以来自老解放区的画家为主，古元是主任；一个是出年画、连环画、宣传画的创作室。还有画册编辑室，出一些美术家的作品，如木刻画册、油画画册等等。连环画则专门出大本的。还有《连环画报》编辑室，这个开始我不负责，"文革"以后我负责了，负责连环画编辑室和《连环画报》编辑室。

刚才提到的两个创作室在1957年之后就解散了，有的画家去了艺术院校和画院，有的则去了各编辑室任编辑。1978年，这两个创作室又重新成立了，邵宇同志担任第一任创作室主任，1991年这两个创作室就解散了。

《连环画报》在"文革"之后也停刊了。停了以后，1971年，周总理提出要尽快恢复连环画的出版。1971年3月，周总理专门召开全国出版会议，人美社就我一个代表去参加这个会，这个会议前前后后开了四个月。

孙：在那里住着，住了四个月？

姜：大部分时间是在休息。总理在4月份一个晚上找了三十几个人，在他的总理会议厅谈话，这个东西你可以回去再看一看，我这个书可以作为你们的补充材料。总理找我们谈话，晚上一点钟，前排当时是空的，我们在第二排靠边的位置。总理来了以后一个一个地问，你叫什么名字？什么地方的人？多大年纪？这么一问，大家就感觉特别亲切。过去我们听总理讲话也是比较多的，在"文革"以前，也经常来，但是到这时候再见到总理，已经是好几年不见了。跟我们一个个谈完以后，总理就说，在"文化大革命"中大家都受到冲击，不要害怕，这个问题是意识形态问题、思想问题。谈了四个小时以后，天已经亮了。凌晨五点钟谈完以后，我们离开了中南海，我的心里边有一种特别的感觉，感觉马路宽阔了。我迫切感觉连环画要搞一个选题，一个全国连环画选题。再一个呢，恢复《连环画报》，这个要筹备，因为人员都没有了，有的被打倒了，有的下放了。在这个情况下，周总理带病参加会议，接见我们，看我们的眼光是一种鼓励的眼光，是一种期待的眼光，是一种希望的眼光，那么亲切，我永远忘不了。连环画很重要，那个时候不光连环画是总理亲自抓，后来年画也是这样。周总理鼓励我们，谈话谈了好几次，会议结束了，又找我们谈话。1974年是新中国成立25周年，在人民大会堂开了一个国庆晚会，总理到会讲话，那是我最后一次见到周总理。

二、黎鲁访谈录

黎鲁（1921— ），广东番禺人。曾就读于上海新华艺术专科学校（简称新华艺专）。新中国成立前曾任军中各报编辑，新中国成立后担任《华东画报》编辑组组长，1952年担任新美术出版社副社长，1955年随新美术出版社并入上海人民美术出版社，任副总编辑，兼连环画编辑室主任。1978年任上海书画出版社总编辑、编审。中国美术家协会会员，上海市美术家协会第一、第二、第三、第四届理事，上海市美学学会会员，上海市出版工作者协会、上海连环画研究会顾问。

采访人：哈思阳、孙浩宁、张馥玫
受访人：黎鲁
时间：2010年4月1日
地点：上海市万航渡路

孙：您是在新华艺专学的美术？

黎鲁（以下简称"黎"）：是的。其实我曾经写过一篇关于新华艺专的文章，里面有在校时的一些小事，出版时略有删节，现在已经忘了。当时发表在上海辞书出版社王震编著的一本书里，他是专门研究徐悲鸿和汪亚尘的。

孙：您在进新华艺专之前没有学过画画？

黎：是的。我这人画得很差，但我比画家强一点的地方在于，我的革命资格非常老。我刚开始工作那会，并不认为画画很重要，后来感觉到革命工作需要有一个技能与本领，我才去学的画画。

孙：其实我们在《华东画报》里面看到过您的一些创作，画得很好。您是广东番禺人？

黎：对，我祖籍广东番禺，家里人讲广东话，我很小的时候便来到上海，在上海念书。

孙：这次采访您，是想了解两方面的情况：一方面是上海解放前商业美术的情况，另一方面是上海人美社创立时以及宣传画创作方面的情况。

黎：你们采访了丁浩没有？我们小时候都是看着他那一批画家的广告画长大的。新中国成立以前，广告画到处都是，现在又恢复这样的情况了，我们三四十岁那时社会上没有广告。报纸上很干净，没有广告，电影、电视上也没有广告。

孙：已经采访过丁浩先生了。我的研究方向是上海人美社的出版体制，希望以上海人美社为对象，研究上海人美社的创作情况及出版状况，了解出版社在宣传画推广上起的作用，有什么样的方针与指导思想。因此，需要了解上海人美社前期的情况。

黎：你一方面要研究广告画，一方面要研究宣传画，其实这两方面是非常近的，宣传画是宣传政策的广告，广告画则是商业性的宣传，于是有了上海人美社的连、年、宣，便是将宣传画和广告画、年画并在一起了。我在其中也起了一定的作用。1964年的时候，出版宣传画的有一个美编室，后来跟年画编辑室并成一个机构。美编室主要是编辑和创作，美术出版社有一个很大的特点，有一部分人别的事情不干，就是画画，那是出版社中最令人羡慕的工作。当时的出版社里有四类干部：创作干部、编辑干部、出版干部、行政干部。创作干部地位最高，工作内容也最愉快。当时的创作干部在很长一段时间段里隶属于美编室。

孙：那我们就按时间顺序往后走。您是哪一年去的根据地？

黎：1942年。我是上海去的大学生，组织上对我还是蛮重视的，把我派去了新四军二师，师长是罗炳辉，政委是谭震林。

孙：1946年之后，您又做什么工作呢？

黎：内战爆发得比较突然。当时我们宣传和平民主，但是蒋介石的进攻很厉害。于是部队北撤，我被调到一个教导营，当了几个月的政治教员。在这之前曾经在《抗敌画报》工作过。《抗敌画报》是1938年创刊的，吕蒙有参与，当时在这个画报的还有杨中流、赖少其这些人。后来这几个人各分东西，杨中流后来到第三野战军当了美术组的组长，那时候王流秋、杨涵、亚明都在这个组里面。而吕蒙到了新华社，新华社又北撤到山东，他便到了《山东画报》。几个月后，我待的这个教导营合并到淮南随营学校，后来又合并到很有名的华中雪枫大学。华中雪枫大学后来又与山东军事政治大学合并，成立华东军政大学，校长是张云逸，副校长有余立金。这是机构庞大的一个学校，主要是训练军官的。我在这个学校里面办报纸当编辑，当时一共有四个编辑，一个人编一版，五天编一期。我要跑印刷厂、要校对，很忙，但只要有空，我就刻木刻，刻报纸的报头、插图。在那里工作还比较愉快。我当了一年的编辑，后来因为当时学校文工团的领导都去参加土改了，便让我当了文工团的副团长兼支部书记。我这人不会演戏的，但他们也需要会美术的人。从1948年起，我便成为专业的美术编辑。

那时候，吕蒙到华东画报社去是正常现象，画画的人不想当编辑。回想起来，那是1948年，当时的华东画报社一直到上海解放都还存在的。华东画报社是华东军区政治部的一个下属单位。政治部下面有宣传部，宣传部部长叫陈辛仁，主管华东画报社。《华东画报》的前身是《山东画报》，《山东画报》原来是八路军编的，不属于新四军。《山东画报》改成《华东画报》以后，成员有山东八路军的老干部，也有新四军的老干部。当时编辑有四个人，我、涂克、江有生和吴耘。江有生参与编辑过一个刊物叫《战士文化》，32开，32页，内容比较丰富，有文字有图片。《华东画报》副主编是吕蒙，主编是龙实，他人很好，现在还健在。还有一个副主编叫鲁岩，三个主编领导四个编辑。涂克专门画油画，因为军队里也需要一些画家，他不干编辑工作。

孙：《战士文化》跟《华东画报》是什么关系？

黎：《战士文化》也是华东画报社出版的一本月刊。当时《华东画报》有一个方针，就是变成以摄影为主的一个刊物，反映战争、战斗场面。而部队军人也需要有文化生活，所以搞了一个32开本叫《战士文化》，有照片、文字、打油诗。一开始由江有生编辑，后来江有生提出他要搞创作，吕蒙便让我代接替他的工作，我便从华东军政大学调到了华东画报社。

孙：您去的时候叫《华东画报》还是《山东画报》？

黎：那时已经叫《华东画报》了，是1948年的9月，济南还没有解放，我就去了。那时画报驻址是在山东的青州，潍坊往西的一个地方，华东局、军区司令部都在这个地方，这是整个华东的领导中心。江有生画连环画，发表了很多作品，他编了第1期，往后的第2期、第3期是我编的。编到第4期的时候，又调来许平和居纪晋。许平是1949年第一次全国文代会华东49个代表中的一员。到第5期编好，部队南下了。整个画报社渡江南下，搬到上海。这是1949年春天。上海一解放，我们便入城了。龙实任上海市军管会文艺处美术室主任，接管上海国民政府时期的一个美术馆，在陕西路。当时接管的大员还有沈之瑜，原是华东军政大学文工团的团长。吕蒙接管时代印刷厂，这家厂曾经是叶浅予他们搞过的，现在变成国营的了。军管会负责接管的这几个人都住在江苏路，后来又搞了一个美术工场，沈柔坚主持工作。

这段时期《华东画报》机构设置方面经常变动，当时要派一个人随军去大西南，龙实便到西南去了，结果没搞美术工作，当了人代会的领导。

孙：您讲讲关于《华东画报》的一些情况吧，比如什么时候出的第1期，每期的封面由谁设计，美术字由谁创作？

黎：1949年12月1号出版的这一期，是新中国成立后复刊的第1期，里面报道了许多与苏联有关的内容。介绍苏联也跟当时的世界局势有关。当时苏联跟国内的艺术交流情况很多，首都北京跟苏联的交流更多。封面设计是杨可扬跟我。当时的版面一开始时是赵延年设计的，他有自己的风格，能够从大局上把握，第1期全部是由他设计的，他通过放大、排版，制造出一种气氛，能从艺术家的角度来联系政治局势，后来就基本上是杨可扬和我写的，有杨可扬写的，后来也找吴耘来帮忙。当时写美术字没有参考，好看就行。革命年代，画家什么都干，画钞票、画粮票、布置会场、画毕业证书，这些事情我都干过。后来分工越来越细致了。

孙：关于《华东画报》的印刷情况，您曾在一篇文章提到过，一开始是在三一印刷厂，第3期的时候则是在华光印刷公司，为什么要换印刷公司？这两个公司之间有什么差异或关系？

黎：第1、第2期出版前，吕蒙、赵延年和我，我们几个人一起找到三一老板金有成家里，谈得很融洽，因为三一是上世纪30年代前期承印极具专业色彩的《美术生活》杂志的印刷厂。为什么又找华光呢？当年上海除《良友》大型画刊外，还有一个与之齐名的杂志叫《文华》，是华光印的。到了第7期，又在新华书店介绍的国营新华印刷厂印刷，但是制版则改由大同制版厂（"文革"期间是组建上海照相制版厂的一部分——笔者注）承担。后期的印刷全改到美灵登，这时候的印刷、发行全都由谭铁流一个人去打交道，他也是很有干劲的老同志，但不幸于1951年病逝。

孙：军管会文艺处有参与《华东画报》的工作吗？

黎：那时军管会已经逐渐淡化了，新闻出版局成立了。《华东画报》第1期是由军管会文艺处黄源审查的，他曾是鲁迅创刊的《译文》杂志的主编，是很有名的文化人。后来画报从第2期开始便由新闻出版局审查了。

孙：我发现《华东画报》中照片的处理方式，有的完全是剪贴形式的？

黎：当时的美术编辑是赵延年，他可能也参加照片的修补。黎冰鸿则是客串，姜维朴拍的一些照片由他来处理。黎冰鸿是摄影组组长，搞得很好的。

孙：《华东画报》到后来又有了一个专门制版的公司？以前没有把制版公司给单列出来，这是怎么样的情况？当时的组稿又是怎样的情况？

黎：对，这个是大同制版厂，可能印刷方面有一些变动，我们根据这些变动来搞。组稿呢，像现在一样，上海也有好些画家，各个机关、单位、企业中都有，我们去组稿，他们就投稿。

当时的编辑是很容易做的，你只要讲一句，画家们都很愿意响应。这个时候组稿还是不要钱的。稿费制度在革命老区的时候一直严格执行，这个时候还是讲钱的。到了"大跃进"时期，就产生新舆论，觉得讲这个要受批评了。

孙：您再讲讲《华东画报》后来的情况吧。

黎：《华东画报》办到1951年，机构变了。华东画报社这个单位取消了，当时是张春桥的主张。张春桥告诉吕蒙要合并，吕蒙还不想合并到华东人民出版社。张春桥动员他，说华东人民出版社他们是拿工资的。我们当时还是供给制，所谓供给制，就是管吃管住，一个月发二三十块钱吧。而拿工资的话，就六七十块钱了。

图2 连环画的编创干部们和美术爱好者在一起

孙：那为什么吕蒙不同意呢？

黎：吕蒙有自己的革命理想。新中国成立后要给他配汽车，他不要。后来有人说他嫌这个汽车太差了，事实上，吕蒙是觉得汽车太贵重了。他觉得自己不是为了钱来革命的，事实上也是如此。

孙：当时编辑部的人想合并吗？

黎：我们最后合并，并不是想拿钱，是感觉到原来这个单位太小，我们羡慕华东人民出版社的政治水平，他们到底政治水平比较高。在我们小画报社，吕蒙是领导，六七个人，很难弄。到那里可以轻松一些。最终还是合并了。华东人民出版社是1951年3月成立的，合并是1951年8月份。关于美术出版社这个事情，应该说在我们中国历史上，各个朝代都没有这个单位，唐元明清，没有美术出版社。到了民国，有商务印书馆、中华书局，大书局里面有美术出版的一个小机构。

孙：上海民国初年不是有很多画片社吗？还有像徐胜记、三一画片这些。

黎：有正书局、艺苑珍赏社。徐胜记、三一画片这类有些没有编辑部，他们的目的是纯粹做生意。通过画画来赚钱，这是资本主义了。像外国的资本主义，都有发展专业的美术出版机构，中国没有的。这点我觉得可以提一提，这是个创造性的。那时，我知道商务印书馆、中华书局都出过不少好的画册。还有一家叫有正书局，那时有一个印刷条件，叫珂罗版，这个很重要，因为出版跟印刷密不可分。古代出版、印刷一本书，上面排铅字，中国发明印刷术，这是世界第一。但是美术出版是没有这个机构的。美术出版需要有印刷条件，美协不管，学校也没有出版任务，出版社就来出版，印刷方式、生产方式决定了出版方式。古代没有照相，现代有了。没有照相的时候只有用木版，所以明代、清代以木版插图形式出版，不是机器排铅字。中国的铅字宋朝就有了，却没有应用到绘画、美术方面。借助外国的技术，最早从外国传进来的是石印。谈到上海美术出版，吴友如是开篇的人物。像明朝的《十竹斋画谱》是用木刻水印。所以，鲁迅看重这个东西，他提倡新兴木刻，这个界限要弄清楚。19世纪，随着外国人到上海来设立租界，石印来了，《点石斋画报》大量出版印刷了，以前没有石印技术。石印之后便是珂罗版，它比起石印，能印出浓淡，用照相技术，石印没办法搞浓淡，它像连环画一样，用线，要么黑要么白，没有纹路的。生产力、生产工具的变化决定了美术出版物的形式。

至于画片社，那就是广告画了。工业产生了，香烟出来了，香烟是商品经济、市场经济，出来了就要做广告，就需要有广告宣传，有印刷。广告画，要制版，首先是珂罗版，后来又有胶印。胶印基本是上世纪二三十年代才出来，胶印比珂罗版又进一步，它可以分出更细的层次，而且胶印可以印彩色的。珂罗版在印数上也比较困难，只能印两三百张，不能多。而胶印可以印上千上万张，所以有了胶印，上海的《良友》画报、《文华》才能出版。

孙：当时组建上海人美社的时候有两个部门，其中一个是《华东画报》的编辑部？

黎：对。上海解放初期是华东画报社，后来合并到华东人民出版社美术编辑部，这个部门又分三个科，其中一个是《工农画报》，由原来《华东画报》的一部分人组成，像赵延年、杨可扬、吴耘这些名画家。《华东画报》是摄影为主的，画不太多。像过去《良友》画报，虽然也有些画，但以摄影为主。《华东画报》比《良友》画报的照片还多一些，但是还是有一些宣传画、漫画作品。到了华东人民出版社后，就分工了，摄影就变成《华东画报》的重要部分，另外把《华东画报》部分的美术活动抽出来了，这部分就是另创办的《工农画报》。漫画也搞一点，但不是主要的了。所以，吕蒙不愿意单独到华东人民出版社来，我们是摄影类画报，《华东画报》的记者，出去采访拍照人家会接待，若是并入华东人民出版社，人家就不大认可了。华东人民出版社听起来好像不如《华东画报》有名气，采访的时候不那么响亮。讲到出版社，我又联想到另外一个问题。1951年3月份，华东人民出版社成立了，北京估计也差不多。书店跟编辑出版、印刷分开，跟编辑部脱钩。原来老的传统，像商务印书馆、新华书店、中华书局，又有编辑部，又有印刷厂，又有书店，是合一的。现在我们三方面分开，编辑出版是一个单位，发行又是一个单位，另外又有印刷厂，分开来了。这个制度是从苏联学来的。

孙：华东人民出版社美术编辑部又分哪三个科呢？

黎：华东人民出版社美术编辑部分三个科。美一科是《工农画报》，以美术家为主，美二科是原来老的《华东画报》，以摄影为主，美三科是连环画。原来的新华书店也有连环画，新中国一成立他们就抓连环画，连环画是很重要的、大众化的。当时重视大众化，工农兵是最主要的，过去革命的时候连环画很重要，新中国成立后依然很重要。而且连环画出版社是毛主席提出来的，要办一个连环画出版社，后来北京搞了一个连环画出版社。而原来新华书店的连环画科，就变成美术编辑部的美三科。

孙：这三个科室的创作内容没有提到宣传画？

黎：那时候宣传画还没有，假如要出宣传画，由美术工场画。美术工场搞什么呢？一旦有大游行，宣传画就出来了，还有领袖像，不仅是毛泽东、朱德这些人的像，还有外国的，比如斯大林、列宁等等，还有其他国家的共产党，像波兰、匈牙利，一有大游行，美术工场就出来大画像。像钱大昕、李家璧，都是画领袖人物的。

孙：华东人民出版社当时的社长是谁？最后为什么又分出来？

黎：叶籁士，也是有名的文化人，语言学家。《华东画报》合并是1951年8月。当时吕蒙是华东人民出版社的副社长兼美术编辑部总编，管三个科，有一次正是"三反"高峰的时候，他跟我讲，现在要成立一个连环画出版社，还要成立一个美术出版社，但是他不想去。恰巧来了一个人，叫赖少其，吕蒙推荐他来当美术出版社的社长。他比吕蒙资格还老，是追随鲁迅的一个木刻家。

孙：您最后被调到了新美术出版社？

黎：对，我原来不想去，吕蒙调我过去，先去了第三科。我原来想画画，想当个画家。后来我看吕蒙忙管连环画忙得不行。连环画是从旧社会来的，画的东西蛮成问题的，有很多反动、淫秽、荒唐以及武打的东西，小孩喜欢看。鲁迅说要改造的，但是没有成功。吕蒙感到他管连环画还要管其他很多事情，很头疼。那些画稿老实说很有问题，出版社经常收到读者来信，说怎么能这样画。那时有很多题材是有关解放战争的，但画得完全不是那么一回事，所以战士的来信很多，吕蒙就想去改变，就叫我到连环画科去了。我搞连环画也搞了好几年，1951年8月份合并的，我11月去的。我的编制在《工农画报》，当时是想将来我还可以画画。张乐平也在那里，画画的机会也比较多。后来程十发也过来了。画连环画的人都对我们这些人非常热情，他们有一种翻身了的感觉，在旧社会他们是被压迫的，有些人是拉黄包车的。像徐正平，过去社会地位非常低，在社会上受歧视的，上海解放后翻身了，但政治上的内容觉得有些画不好，要有人指导。我们当时也是吸收了很多有名的连环画家，包括赵宏本，连环画"四大名旦"之首。这里我要提一下，连环画"四大名旦"，有三个后来都在新美术出版社，即赵宏本、钱笑呆、陈光镒，沈曼云一直没有吸收进来。当时画家很多啊，现在活着的也90多岁了。上个礼拜碰到徐正平，他说他脑子也不行啦。

孙：1952年时又是怎么从华东人民出版社分出来的？

黎：吕蒙有一天跟我讲一件事：准备要分出来，要成立一个美术出版社，一个连环画出版社，另一个就是新美术出版社，他又说不愿意去，说想让赖少其干。野夫呢，要他到新美术出版社当负责人，因为他原来在上海。上海一解放，有一家出版社，这个出版社很好，革命的、进步的，又出了很多连环画，就是大众美术出版社，是比较突出的，野夫是里面的骨干。他积极地参与经营这个出版社。因为新中国成立以前壁垒分明，"左派"跟非"左派"壁垒很分明，"左派"拥护共产党，野夫绝对是"左派"，鲁迅是"左派"，政治上分得很清楚。包括后来的杨可扬也是。这都是新中国成立以前革命的、造蒋介石反的人。

野夫是抗战时期鲁迅培养出来的一批年轻人中间的一个，包括我们出版社的张明曹。讲到野夫，还要讲到前面，李桦、陈烟桥，那是第一代的元老。鲁迅想搞两件事情，一件是木刻，一件是连环画，连环画最后没搞起来，木刻很成功。连环画没有成功是因为私商的垄断，当时鲁迅派赵家璧进入连环画的圈子里，但是进不去。赵家璧对连环画、木刻很热心，是出版家、编辑，认识鲁迅的时候才20岁，很年轻，是个了不起的人物。最后鲁迅在木刻方面是成功的，培养了很多人，包括张明曹、陈烟桥，他们当时也是搞美术的，是上世纪30年代左翼美术家协会的负责人，后来张明曹大家都不知道他了，很低调的一个人。杨可扬把张明曹介绍给我，他是温州美协的主席，杨可扬跟我说："他想画连环画，让他到你们那里吧。"来了之后一直闷声不响，我都不知道他的历史，当时画连环画的人不少，他不起眼，不知道他是个老革命。抗战的时候有几个木刻家、版画家集中的地方，桂林、重庆、上海、延安，加上浙江金华，金华后来就培养了一个杨可扬出来，杨可扬、杨涵都是那里出来的。赵延年跟他们不是一起的，他比我小三四岁，我参加地下革命的时候他刚上上海美专。

这些仍是鲁迅那一代的人。当时鲁迅的想法是文章要写好，美术也要搞好。鲁迅不是个美术家，但是搞美术的人都认为鲁迅是跟他们一起的，他是更伟大的一个人物，他对美术的的确确非常关心。连环画和版画都是他极力倡导的，所以鲁迅是个很了不起的人。说这些是想说明野夫在当时的地位，他在浙江出版了不少东西，我那时候在部队，抗战胜利的时候，还能看到上海的出版物，有一次突然看到一大批美术作品，我才知道野夫、杨可扬、邵克萍，还有其他的好几个人，才知道浙江出了这么多木刻家，因为当时我们也搞木刻。我们当时对野夫很崇敬的。他当时办了一个木刻合作社，杨可扬是骨干，邵克萍也是。浙江金华出来的这批木刻家，野夫是领军人物。之后抗战胜利了，鲁迅墓有很多美术家去扫墓，有野夫、余白墅、杨可扬等。

野夫在上海解放前夕打算搞一个出版社，但是需要钱，所以跟一个书商合作，这个书商叫黄仲明，是商务印书馆的襄理（比经理次一级，相当于副经理），是出版界的元老，喜欢美术，他把一幅黄公望的画卖掉之后的钱作为资本，成立大众美术出版社，这是1949年四五月份，上海还没解放呢。他就出了一些宣传画，宣传画用木刻的形式，这时候很重要的人物就是余白墅，版画家，比我大一岁。野夫在上海解放前找到黄仲明，他的思想比较进步，靠近共产党，他办出版社出一些进步的东西，他先认识野夫，野夫又推荐的余白墅。所以，大众美术出版社真正管编辑的就是余白墅，他出了好多解放区的美术作品，很多连环画都出了。当时国民党政府已经快垮台了，出宣传画的内容就是迎解放，上海是5月份解放，这家出版社是四五月份办的。大众美术出版社在当时的规模还是比较大的。讲大众美术出版社，是因为以大众美术出版社为骨干的九家私营出版社联营起来，成立了新美术出版社。其他八家分别是：第二家是群育出版社，社长是王希槐。第三家是教育出版社，也是出连环画的，不是现在的教育出版社，老板的名字叫赵而昌，是赵之谦的族孙，赵之谦是他的叔祖，他有些文化的，绍兴人。上海市文史馆出版过一本《世纪》，很有名，一开始是赵而昌参与编辑的。第四家是雨化出版社，老板是鲁崇礼，后来的上海人美社财务科科长，他也是资方代表。第五家是文德书局，老板是陈光普，他后来到新美术出版社总务科任科长，上海人美社名单里也有的。第六、第七、第八、第九家的老板都没有进来。第六家叫华东书局，单位合并进来，人没来，但是有一些书合并进来，他们出的《水泊梁山》挺不错。第七家是灯塔出版社，老板是茅声熙，他也没来参加工作。这个出版社人才济济，他们的人才最多，有个专职编文的叫黄一德，还拥有几个画家，其中有个叫胡丁文，这个人现在讲起来很了不起的。还有一个是严个凡，也是个名人，画连环画的。胡丁文原来是个国画家，是新华艺专的，后来他画连环画。这是个很有意思的现象，新中国成立后一部分画家很愿意画连环画，我刚才讲当时对连环画普遍是看不起的。这九家出版社合并起来，在1951年冬天成立了新美术出版社。

他们成立的时候我还在华东画报社，我与上海的连环画圈并无接触。当时华东画报社合并到华东人民出版社之后，1951年8月份，我就出去搞创作了，但是吕蒙还是让我到连环画科去，我那时候画了几部连环画，开始对连环画有一定认识，后来就让我去新美术出版社。社会上大家都轻视小人书，登不得大雅之堂，是小孩子看的，故事情节也很庸俗，瞎编乱造，威信不高，但群众欢迎，一般有文化的人是看不起的。但是工作需要有人去做。吕蒙叫我去，我考虑了一下还是去了，觉得大众文化还是最重要的。当时也是报着一种政治信念：艺术是要为工农兵服务的。我今天只能讲到1958年，1958年之后我就不是领导了。

1952年初，吕蒙曾经跟我讲，他说将来可能要成立一个新的人民美术出版社，但是他不想去，他推荐赖少其来干。他还说你们整个美三科都去，合并过去作为国营的。组建新美术出版社的最初九家出版社是私营的，我们作为国营的领导私营，但是将来可能要派野夫来当领导。当时这只是个考虑，还没有结论。后来没下文，又听说不搞了，可能是上级部门也在斟酌。我们还留在华东人民出版社，我的任务是帮吕蒙审稿，他的工作特别多，很忙，每天桌子上有一大堆稿件。到了1952年5月份，出版局召开会议，研究新美术的事情。当时出版局已经在筹备其他出版社了，因为只有一家华东人民出版社，其他都没有，上海解放已经两年了，就考虑应该成立一些专业的出版社，上海没有专业美术出版社，所以这个意义还是比较大的。

私商为主的时候出版社还没有什么分工，自从计划经济开始，专业分类就出现了，所以在当时成立了古籍出版社、财经出版社、教育出版社、少儿出版社、科技出版社、文艺出版社、美术出版社。这些是1952年的事情，当时抗美援朝已经胜利，"三反"运动结束，开始搞建设了。

老百姓感觉共产党真是好，真有办法，好好建设吧。知识分子当时也是这么想的。当时5月份出版局开会，陈烟桥去的，他是华东文化部抓美术的领导，华东的概念跟上海不一样，它是领导上海的。我也去了，出版局派了专门的干部跟我联系，当时还讲派宋心屏来跟我们合作，这个时候野夫已经去中国美协当副秘书长了。九家出版社，大众美术出版社除了余白墅之外，还有一个人很重要，叫吴秋，是个文学家，搞连环画的，他负责连环画的脚本。所以，大众美术出版社还是有很多人才的，再加上华东人民出版社美三科的不到十个人，有宋治平、凌涛、吕品、徐正平、赵宏本、我和周杏生（他跟赵宏本是老搭档,周杏生画背景,赵宏本画人物),还有两个编文的:杨兆麟、卢世澄。当时还有一批作者,没编制,如陶长华,后来到出版局审读处,后又担任上海画报社副社长。

到了1952年7月份,吕蒙在大会上宣布,现在新美术出版社要成立了,华东人民美术出版社也要成立。1952年8月份,华东人民美术出版社就成立了。吕蒙当时认为新美术出版社虽然专门出连环画,但是上海人美社也要出,而且出的水平要比新美术出版社高,是示范性的,由于当时上海人美社没人才,所以杨兆麟跟卢世澄就调到上海人美社去了。

孙:两家出版社成立的具体情况是怎么样的?比如开过什么筹备会议吗?有谁参与?

黎: 上海人美社我就不敢讲了。我知道一件事情,当时成立了一个筹备委员会,有沈柔坚、吕蒙、我和朱联保,朱联保是世界书局的高级职员,世界书局是官僚资本单位,是改造对象,所以朱联保就过来了,当时浦增华是秘书。成立出版社就要另找房子,长乐路现在的房子是我们一起去看的。沈柔坚是美术工场的,而且是一把手,"三反""五反"之后美术工场要撤销,归军管会文艺处的美术室,主任龙实,后来换成陈叔亮,副主任吕蒙、沈之瑜,这个职务是1949年10月份定的。美术室下面有三个单位,《华东画报》、美术工场、联络科,联络科科长是沈之瑜。我们的编制属于军管会文艺处美术室,黄源是文艺处的副处长,夏衍是正处长,具体事务由黄源负责。在上海人美社成立之前的夏天,我跟沈柔坚一起搭乘黄包车,他跟我讲上海人美社要成立了,他想到上海人美社去,要我跟吕蒙讲讲看。美术工场撤销后他到了上海人美社,1954年他到上海美协去了。

华东人民美术出版社成立的时间是8月中旬,而新美术出版社成立的时间是9月1号,差了两三个礼拜。我去了新美术出版社,到1953年的时候正式批下来了,1953年开了个成立大会。上海人美社无所谓批不批,它是国营单位,新美术出版社是公私合营,公方、资方要共同成立一个董事会,王念航(王希槐的父亲)任董事,涂克、吕蒙都是董事会的,涂克后来到文化局当美术科科长去了。涂克的夫人陈惠,是上海人美社的副经理(经理不做编辑工作),经理是朱联保。当时美术工场的人全部都并过来到上海人美社去了,比如刘安华、钱大昕、丁浩、闵希文、潘絜兹(后来到了中央工艺美术学院)、李家璧。徐甫堡不在这里(原在华东人民出版社,后调到上海戏剧学院任教)。后来,上海人美社有了很大的创作室,人员有张乐平、赵延年、俞云阶、王仲清、程十发、丁浩。程十发、丁浩二人画连环画,其他人画宣传画,丁浩也画宣传画,但是分工不明确。有一个美术创作室,专门画画的,后来叫年画宣传画创作室,这是上世纪60年代的事情。

孙：两家出版社成立以后的出版范围和内容各有侧重还是一样的？用的印刷厂是一样的还是不一样的？有没有什么鼓励创作人员的措施？

黎：新美术社和上海人美社是两家，但都是吕蒙当社长，他认定上海人美社要出示范性的东西，对于创作的要求比新美术社高。吕蒙为了突出上海人美社的示范作用，不是很希望新美术社出连环画题材，质量好的连环画只能上海人美社出，以保证上海人美社创作的高质量。我好像记得有个年轻画家叫周道悟，最早画了一本《半夜鸡叫》，是交给新美术出版社的，出版时交吕蒙签字付印，吕蒙一看，不仅同意出版，而且把他本人也调到上海人美社专门搞创作，这些我都认为是完全应该的。

上海人美社刚成立的时候，有一个非常有实力的创作室，他们画宣传画、年画、连环画，后来连环画就专门成立部门，由杨兆麟专门负责。杨兆麟原来在正中书局，是国民党官办的一个出版社，他在里面担任校对，但是到上海人美社之后做了不少事情，刘旦宅的《屈原》，丁斌曾、韩和平的《铁道游击队》都是他策划搞的，他对连环画是有功劳的。这是1952年到1956年的事情。

上海人美社和新美术社的印刷厂有没有区别，这个我不太注意，我主要把精力放在创作上。王希槐是出版科科长，鲁崇礼是财务科科长，赵而昌是计划科科长，都有分工，我不管这些事情，我管编绘，副社长还有宋心屏，他像一个大总管，处理很多事情。

新美术出版社最早采取评奖的方式，出版社内部评奖，是1953年的时候，这是我从部队学来的。部队有战斗模范、立功模范，我当时是希望鼓舞大家的干劲，他们有定额的，一个月要完成20幅。大家都对贺友直与卢汶合作的《火车上的战斗》特别有好感，于是被评上一等奖。

新美术社除了连环画没出别的东西，我想出一些剪纸的书，吕蒙不让我出，好的稿子让我给他。后来赵家璧的晨光出版公司并到我们那里去了，还有一个叫钱君匋的也并过去了，他们有很多书，包括理论书，我想出版，吕蒙也拿到上海人美社去了。新美术出版社合并到上海人美社之后，赵家璧也到上海人美社了，钱君匋去了上海文艺出版社，但是他的钱和书都到我们这里了。当时合并进来的出版社太多了，有一百家不到，经常有新的单位合并过来，这是1953年到1955年的事情。当时有个叫张眉荪的，是有名的水彩画家，也并入到我们那里去了，他不是画连环画的，最后让他设计封面。

这么多出版社的并入，现在来看要辩证地看当时的状况，主要是大势所趋，有的来了之后很低调，当时还是相当和谐的。

孙：1956年之后怎么又合并了呢？合并过去之后，您具体做哪方面的工作？当时的科室设置是怎样的？

黎：到了1955年11月，当时华东新闻出版局局长汤季宏叫我去，跟我讲新美术社要并到上海人美社，这是出版局的决定。我很高兴，我可以减掉一些负担，新美术社比上海人美社人员要多，但新美术社的效益要比上海人美社好。出版局开了两次会，会议决定1955年12月31号我们就搬家，本来我们在铜仁路，上海人美社在巨鹿路，我们从铜仁路搬到巨鹿路，巨鹿路全部给连环画，不是连环画的就到铜仁路去（史良才旧居）。

1956年之后我到了上海人美社。当时有一张大的照片,是新美术社并入到上海人美社的合照。1956年1月1号开始我就成为上海人美社的干部。我给你的这张上海人美社人事表,开始是想按照这个来安排编室,但是后来作废了,人员还是这些人。科室的安排其实是我的创意,我当时建议成立四个科室,连环画占两个,一个编文,一个画画,其他的一个是摄编室,一个是美编室,就这样,四个就行了。美编室把宣传画、年画都融入到里面,一个就够了,上海人美社一定要出宣传画,宣传画不会在别的地方出的。上海人美社出宣传画也出年画,出的年画也是要出示范性的、政治寓意高的。他们的方针是出的年画要比上海画片出版社出的好,画片是出给一般老百姓看的。当时上海人美社的年画画家像吴性清、陈菊仙,专门画年画,叫新年画。他们几个是浙江美院前身的那个学校的毕业生,与韩和平一起来的。

我讲个小插曲,说明为什么这张表格作废了。当时我建议连环画搞两个室,布凤友、吕蒙他们开始不同意,后来我说服他们同意了,所以我起草了这个表,由浦增华油印出来到出版局报批,但是被出版局否定了。他们认为黎鲁不可以管创作,我是总编,要抓编文,编文的问题大得很。当时新美术社正受到宣传部的严厉批评。1955年的时候连环画被认为是"三多",古装太多、翻译太多、战斗故事太多。正确的路子是要反映新中国成立初期八年的新气象,农村、工厂的新气象,而小孩子看打仗的故事对群众没有教育意义。我当时思想很抵触,搞两个连环画编辑室原是想有这么多画家,他们需要有一个好的创作环境。我感觉过去在新美术社时我的工作做得不够,合并后力量大了,想把精力放在"连创"(连环画创作室——笔者注)上,结果被否定了。

孙：您能介绍一下当时年画、宣传画的情况吗？

黎：年画原是个很古老的东西，比如杨柳青、桃花坞、四川绵竹年画，都很有名的，这是木版年画，当时珂罗版没有发明，胶版没发明，所以只能是木版年画。印刷技术发展了，又出现了月份牌年画，上海出年画不同于苏州桃花坞，不是木版印的，这是胶印的，可以大量印刷，上海解放前基本上就是广告画和年画，这两个一结合就成为上海独有的月份牌年画。

朱石基原来是上海人美社的年画编辑室主任，他极力宣传月份牌，对月份牌的评价是"嗲甜糯嫩"。1954年，出版局有个规划，当时已有连环画出版社，就计划成立一个年画出版社，专门出版年画，因为这个东西在农村的销量非常好，市场很大。在周新武当局长的时候已经有意向要成立画片出版社了，把陈惠调过去当副社长。朱石基是湖北人，原来在新四军五师，后来任文工团领导，对月份牌的研究是非常投入的，想大展宏图，改造年画，提"嗲甜糯嫩"是因为想改造这个。朱石基的工作联系实际，他是个调研高手，整天到农村调查农民喜欢什么。1955年，他担任上海画片出版社编辑部主任，整个上海的年画是由他来负责出版的，当时的上海画片出版社社长也是吕蒙，副社长有三个，黄仲明是其中之一。黄仲明在1952年合并的时候没去上海人美社而是去了新美术出版社，与我、宋心屏一起担任副社长。上海画片出版社于1954年成立，当时的人员有王伟戍、马乐群、金铭、曾景顺等。1955年，新美术社合并到上海人美社，上海画片出版社并没有合并。

孙：您后来是怎么从上海人美社到的上海书画社呢？

黎：反右派斗争开始后，我跟吕蒙被下放到农村劳动半年，这段时间上海人美社的事情我基本都不知道。回来之后我到了连编室，编文字，编了《海瑞》《于谦》。我是1959年4月份回来的，还是念念不忘创作连环画，但是社里不让我搞创作。吕蒙当时也画不了画，他回来后已经不是社领导了，降职到木版水印编辑室当室主任，当了两年，出的东西到香港展出。上海书画出版社的木版水印就是他亲手创办的。1959年他去的木版水印编辑室，1960年独立成为一个单独的朵云轩。1978年，我去了上海书画出版社，之后我与上海人美社就没多大关系了。

三、
浦增华访谈录

浦增华，宣传画画家钱大昕的夫人，1952年到1985年任职于上海人民美术出版社，担任总编室主任。后历任上海市新闻出版局外事处副处长、上海市出版工作者协会秘书长等职。

采访人：孙浩宁、张馥玫
受访人：浦增华、哈思阳
时间：2011年3月19日上午
地点：上海市

孙：您能谈一下上海人美社成立时候的情况吗？

浦增华（以下简称"浦"）：我是1952年进的出版社，直到1985年离开。上海人民美术出版社是1952年8月份成立的，是华东人民出版社美术编辑部分出来的。上海解放时后，开始只有华东人民出版社这一家综合出版社，后来慢慢成立了很多专业出版社。当时，华东人民出版社美术编辑部下面有《工农画报》、《漫画》月刊、《华东画报》，还有一个黎鲁负责的连环画科。当时所有的与美术相关的部门都分出来了，当时上海市文化局下面有一个美术工场，美术工场的任务主要是绘制一些领袖像等。这两个部门（华东人民出版社美术编辑部第一、第二科，美术工场——笔者注）合起来，在1952年8月成立华东人民美术出版社。当时的人比较少，第一任社长是吕蒙，他当时在华东人民出版社负责美术方面的工作，副社长是沈柔坚，他之前是美术工场的领导。吕蒙是社长兼总编，沈柔坚是副社长兼副总编。早期就他们两个人负责。姜维朴是华东画报社的，后来调到北京《连环画报》当负责人。我当时在出版社负责秘书工作，当时还没有总编办。出版社刚成立的时候各个部门还没有分开，好像叫创作组，还没有宣传画创作室，是到后来年、连、宣才分开。

孙：钱大昕老师是什么时候来的上海人美社？

浦：他是从美术工场并过来的，我是从华东人民出版社过来的，所以比美术工场那些人稍微早一点。我是1952年7月，钱大昕是1952年8月，我比他早一个月。像野夫他们都参加过美术工场，但不是所有的美术工场的人都过来，这个说不准。1952年刚成立的时候有一张照片，成立时就是那些人。美术工场一批会画画的和华东人民出版社一些会画画的合并起来，成立华东人民美术出版社。后来的华东人民美术出版社更名为上海人民美术出版社，又陆续合并了新美术出版社、上海画片出版社。

1952年成立的时候人很少，只有美术工场和华东人民出版社美术编辑部的一部分人，后来不断加入了很多人进来，像蔡振华、程十发、丁浩、顾炳鑫、闵希文、徐甫堡、俞云阶、张乐平、陶谋基等，都是那时候进来的，他们都是一些当时在社会上特别有影响力的画家。不一定都是同一天来的，这些画家都是陆陆续续来的。

孙：当时年连、宣、创作室的情况是怎么样的？我在看丁浩的回忆录的时候，他在书里说当时宣传画的创作部门叫宣传画创作室，是这样的吗？

浦：这我要打问号，当时不明确叫宣传画创作室，叫创作组。丁浩当时在出版社什么都画，不仅仅是宣传画，还画连环画，《老孙归社》就是他画的。另外的连环画画家赵宏本、周杏生，他们是从华东人民出版社转过来的。顾炳鑫、罗盘是另外一批。那个时候没有分开编辑室，以前画什么后来就画什么。之后才调整机构，年、连、宣规模不断扩大，创作组由杨可扬负责，他搞《工农画报》，当时还有一个《漫画》月刊，负责人是米谷，这个刊物1955年转到北京去了。我的印象是开始的人比较少一点，后来就都是一些名人了，上海人美社年、连、宣的队伍就不断扩大，上世纪50年代是上海人美社的鼎盛时期，知名人物很多。当时有很多专门搞创作的人。

不过后来人都慢慢地调走了。沈柔坚最后调到上海美协。姜维朴、吴兆修他们调到北京去了，连环画、宣传画有几个主要的创作者，像俞云阶、陶谋基、张乐平、丁浩等人，也都慢慢调走了，张乐平、邵克萍最后调到上海美协，在那里待了三四十年。还有画《红楼梦》的大胡子刘旦宅，他1951年来到上海人美社，刘旦宅在上海人美社的时间不长，1956年调到上海中国画院，后来又去了上海师范大学。那个时候计划经济，他们的创作任务都是很紧的。关于年画和宣传画创作，年画创作室是在上海画片出版社并到上海人美社之后，朱石基是室主任。年画发展分两批人，一批是月份牌年画，一批是沈家琳他们的新年画，两批创作队伍。

哈思阳（以下简称"哈"）：我记得是以前食堂的三楼。

浦：新美术出版社最开始在铜仁路史良才旧居，后来不是合并了嘛，大家都搬到长乐路那个院子里了，1956年以前就搬过去了。吕蒙、黎鲁、赵家璧他们都在总编办公室，行政部门、管理部门都在洋房里。我当时在铜仁路史良才的旧居上班，杨可扬住楼上，韩天衡也住这里附近，他是一个篆刻家，也画国画。

孙：好像当时年、连、宣的创作者有很大的变动，是吗？

浦：我们的绘画队伍有几批，一批是老的旧上海过来的人，另一批是从学校毕业过来的，还有就是从部队转业过来的。哈琼文就是从部队转业过来的。丁斌曾、韩和平、杨文秀、吴性清、陈菊仙、张隆基、郑鹍都是从浙江美院过来的。龚继先是中央美院过来的，他是李苦禅的学生，后来是上海人美社的总编。

哈：我父亲哈琼文是1955年转业过来的，比我母亲（游龙姑，上海人美社宣传画画家，美术编辑——笔者注）晚几个月，她也是1955年转业过来的。

浦：后来还有陈真馥、王麟坤、袁春荣，赵延年早就调到浙江美院去了。我1952年到上海人美社，吕蒙是第一任社长，之后的社长是胡炎、洪荣华、李槐之。袁春荣当过总编，他是上海美专出来的，负责编文字书籍。王义是摄编室主任，后在上海画报社当社长，丁斌曾早去世了，韩和平还健在。丁斌曾和韩和平是比较早的上海人美社的人。

图3 哈琼文、沈绍伦、钱大昕一起创作室外大型宣传画

孙：当时的宣传画审稿时由谁来决定？

浦：是由社长、总编来决定。那个时候由吕蒙来决定，因为沈柔坚后来调上海美协去了。创作题材是由画家自己决定的，但是每个时期会有一个中心任务，宣传画紧跟着国家的宣传政策，国家在每个时期都会有一个大的政策，这就给选题提供了一个大概的范围，比如说古巴革命、朝鲜战争，或者是"三反""五反"运动。有任务下来，他们晚上不睡觉，把画赶出来，第二天就要去印刷，其实当时还是快的。比如说上级派下来什么任务，大家开会集体议论一下，然后每个人就各自做自己的创作，最后把关是由社长、总编来做。

孙：钱大昕先生的艺术生涯是怎样的？宣传画创作持续到什么时候？

浦：他小时候没有很好地念过书，画画都是自学的。他以前画过一段时间的商业美术，画广告什么的，后来进了美术工场。我认识他的时候他就在美术工场。他是上海奉贤人，10岁左右就来上海了，来出版社之后一直搞宣传画创作。

最后一张宣传画好像是1991年创作的《中国共产党万岁》，是他退休以后画的，他是八几年退休的，他去世的那年是80岁，1922年出生，2002年去世的。他画的《列宁》由中国美术馆收藏，上海美术馆收藏了《军民鱼水情》。年画不是宣传画，宣传画的一个特点就是创作周期短，很快就印出来了。这些作品的原稿都没有了，只剩下照片了。以前上海人美社全是有名望的人，现在可是养不起这样的人了。

哈：其实还是社会需要。以前我们这里有一些画年画的，比如金梅生、张大昕、金雪尘这些画月份牌的，他们都是社会作者，上海人美社给他们一些生活费用。其实他们还是很自由的，如果社会上有什么稿子，他们还是可以继续画。那时候如果他们给上海人美社画画，也可以拿到不少稿费，至少可以养活自己和家人。

浦：稿费他们都是最高档的，他们每个月也都有固定收入，好像是80块，在当时是不得了的。当时上海人美社有相当高的利润。以前上海人美社也是静安区的纳税大户。那时候年画、宣传画的发行量大，许多年画、宣传画的发行量都是几百万张，虽然每张的定价不高，但是如果发行量这么大，利润是不得了的。贺友直那时候就很吃香，颜梅华是跟他一起进来的，那时候有很多工人画家。上海人美社前三十年，社会上有名望的人想进来，包括后来的年轻人也很想进来，都是以能进上海人美社为最高的荣誉，包括施大畏，现在是上海中国画院的院长。周瑞庄是浙江美院过来的，在宣传画组，还有王麟坤是上世纪60年代进来的。

当时上海人美社的权力是非常大的，这和体制有关系。想画画，想出书，就只能到上海人美社，这是个官方渠道，其他的地方没有这种权力。这也是专业分工的问题，美术书在美术出版社出版，音乐书在音乐出版社出版。在上海人美社能发表作品那是搞艺术的最高境界。当时国家或者个人要出版美术画册，那这些工作问题就只能在美术出版社解决。上海人美社的人事调动也是很频繁的，之后有好多人都离开了。周道悟原来也是宣传画组的，结果到了工厂画镜子的背面。他是先到的上海人美社，后来又去读大学，那时候大学都是分配的，结果分配到了工厂。

孙:"文革"期间的宣传画创作是什么样的情况?

浦:"文革"期间没有宣传画组,几乎是停了。

哈:年、连、宣都没有了,并到局里,有一个出版革命组。

浦:"文革"的时候,上海人美社各个科室都被打乱了,一天到晚开会。后来成立一个出版革命组,由出版局下属的八个专业出版社、一个编辑所和一个文献资料编辑所的部分人员组成。

哈:经常听他们讲,原来是分的,分之后又并了,"文革"期间有一段时间是请社会作者,请部队的、大学生、工厂里画得好的,请他们到社里画一些宣传画,署的都不是自己的名字。

浦:当时大部分人都去改造了,小部分人去了出版革命组。钱大昕去了出版革命组的美术编辑室,开始的时候也是去下面劳动过的,他们是中层干部,冲击少一点。哈琼文后来也是到的出版革命组。

图4 做模特

哈:他是后来去的,分久必合,合久必分。出版社当时大部分人去"五七干校"了,小部分人留在出版革命组。当时翁逸之在"五七干校"。

浦:翁逸之也是美术工场来的,钱大昕、翁逸之、蔡振华,都是从美术工场来的。美术工场是文化局下面的一个单位,国营的。

孙：我们再回头说说钱大昕先生进入上海人美社之前的事情，您能说一下钱大昕先生在进入上海人美社之前的艺术经历吗？

浦：钱大昕在1946年到1949年间从事商业美术，也教过美术、英语。1951年1月进入上海市文化局下属的美术工场。从事商业美术期间没留下什么作品。他跟丁浩很像，丁浩以前也是搞商业美术，也画连环画和宣传画。所不同的是，丁浩调走了，钱大昕最后一直在上海人美社直到退休。他主要画宣传画，没参加过连环画创作。我记得他画过领袖像，其他的不记得，那时候没照片，领袖像都是靠人画的。

哈：当时宣传画创作的时候每个人都会画同一个题材。比如说焦裕禄这个题材，我父亲画了，我母亲同样也会画。他们当时也画油画，习作多、创作少，油画太慢，但是也有油画创作。

油画他们也画，但是由于油画的创作周期很长，只是习作。

浦：他们当时几个人的画风还是很相像的，经常在一起探讨宣传画怎么画，彼此之间的影响还是很大的，都是很厚实、厚重，很扎实，不是那种薄的。

哈：上世纪50年代初的时候，能够把毛主席像、朱老总像画得那么好是不容易的。市场经济以后，上海人美社经济滑坡得很厉害，宣传画、年画都没有市场了，整个市场的气候与以前都不一样了，整个出版的计划也不符合当时出版市场的情况。

哈：创作手法也不一样了，以前的宣传画现在叫招贴，用电脑拼一下，那种视觉冲击力就没有了。

浦：现在宣传画、年画没人买，时代不一样了。

浦：现在出版社也不养画家了。1985年我离开出版社的时候，工厂来的画家还是有几位的。

哈：年、连、宣那时候还没撤，直到年、连、宣创作室撤了之后，画家也就没有了。好像没有具体的时间，逐渐逐渐也就没有了，时间好像是从上世纪80年代到90年代这个跨度。我父亲退休是80年代，之后像沈家琳、黄妙发退休之后，逐渐逐渐就没有了，宣传画没有了，年画也没有了。朱石基（原年画编辑室主任——笔者注）去世了，接下来徐飞鸿（原年画编辑室主任——笔者注）也去世了。现在有一批连友，他们就喜欢五六十年代画的连环画，而且这批连友全国各地都有。连环画的创作也是社里要求的，这一点跟宣传画一样，但宣传画必须跟政治形势联系在一起，先画出来，出不出版是另外一回事。

孙：出版社初期几任社长的情况，您还有印象吗？

浦：吕蒙自己是搞创作的，做木刻，《铁佛寺》就是由他创作的。他原来是华东人民出版社的副社长，来上海人美社之后，因为本身是搞美术的，懂行，所以起到一个很好的领导作用。有一次生病之后，他只能用左手画画。沈柔坚是第一任副社长，也是搞版画的，但他大部分时间不在社里。有次《文汇报》开座谈会的时候晕倒了，就过世了。胡炎过去是上海文化出版社的社长，是上面派下来的。洪荣华是出版局的干部，原在出版局组织部门工作，后来调到上海人美社当社长，是胡炎后面的第一任社长。李槐之是搞业务的，但到上海人美社之后没有作品出来。

孙：您当时是怎么进的出版社？

浦：当时出版社招生，我大学没念完就报考了出版社，开始时在三联书店，后从三联书店转过来。我是1950年进的三联书店，之后去了美术工场，随着美术工场并入到上海人美社的，所以我进上海人美社时很小。

四、沈家琳访谈录

沈家琳（1921—2023），浙江宁波人。擅长年画。1951年考入苏州美术专科学校，师从颜文樑。1954年毕业于华东艺术专科学校，进入华东新闻出版局工作，后历任上海画片出版社编辑，上海人民美术出版社年画创作组组长、年画编辑室主任等职。曾任全国美展年画评委、中国美协年画艺委会副主任、中国出版工作者协会年画艺委会副主任，创作出版了大量年画。年画《做共产主义接班人》《友爱》分别获第三届全国年画评奖二等奖和三等奖。

采访人：哈思阳、孙浩宁、张馥玫
受访人：沈家琳
时间：2010年11月10日上午
地点：上海人民美术出版社办公室

孙：沈老师您好，很高兴能有机会采访您。您在退休之前担任上海人美社年画编辑室主任多年，您能谈一谈您是如何去上海人美社工作的以及上海人美社早期的情况吗？

沈家琳（以下简称"沈"）：我是1954年进的出版社。进出版社之前是华东艺专毕业的。毕业时我们集中分配，我是分配到出版局的，其他的同学分配到各个出版社。1955年之后我就到上海画片出版社了，先做编辑，再搞创作。1958年上海画片社合并到上海人美社，我就分配到上海人美社了。上海画片出版社当时是公私合营，领导是陈惠，她的爱人是涂克，是广西美协的主席，是经历过皖南事变的人。

上海画片社跟上海人美社不一样，经济效益考虑得多。仅月份牌年画，上海画片社的发行就占全国的2/3，经济效益很好，而且把很多老的月份牌画家集合在一起，李慕白、金梅生、谢之光之前都有到上海画片社工作，我们当时称他们为"特约年画创作者"，出版社给他们发"津贴"，不是工资。我们当时是拿工资的，我们刚来的时候工资48.5元，也有版费（这里指稿费——笔者注）。他们的稿费要高，他们是自由职业者，靠稿费吃饭。出版社为了照顾他们，在国家的稿酬标准之外，又制定了另一个稿酬标准，这就是给他们的。上海画片社比上海人美社的稿酬高，而且组织他们参加政治学习，政治学习之后讨论年画稿，之后编辑室主任就敲定每个人画什么，所以团结这批人的工作是非常细致的，这都是陈惠在的时候做的，她工作细致，我们对她的感情很深。陈惠经常到老先生家里访问，有什么困难都会照顾到，所以他们对陈惠有感情。合并之后陈惠在上海人美社待过一段时间，好像是副经理，时间很短，与胡炎（第二任社长）同期，再之后是李槐之，他上世纪60年代在上海搞了一个美院，拉走了一批人。

孙：年画宣传画创作室当时是什么情况？如何确定选题的？我们现在能看到的很多年画主题，是由谁决定年画题材的？如何分工的呢？

沈：我来上海人美社之后继续搞年画创作，当时已经叫年画编辑室。当时副总编是钱大昕，他最早搞宣传画创作，宣传画由他负责，我是中层干部，是年画编辑室主任。当时我们年画下面有两个摊子，比如说宣传画有一个创作组，我们年画也有一个创作组，年画同时还有一个编辑组，宣传画没有编辑组。年画周期要比宣传画长，宣传画没有编辑是因为它创作时间短，有专门写美术字的人，叫臧家，1974年进来的林伟光，也是专门写美术字的。宣传画的标题很重要的，宣传画创作人要跟他们两个人说我要什么字体，因为有时候字体要在画里面的，主要是这个分工。

年画编辑室的任务是一年要考虑一个发稿计划，编辑组要把计划定下来，哪几幅是由谁搞，创作人员有定额，有时候两张，有时候三张，还有四张的时候。编辑主要做调查研究，当时编辑有规定，他们要调查年画发行比较多的地方，去过陕西延安等地方。

作为月份牌年画画家，几乎每年过年都要去外地考察，像河北、东北、山东、陕西等，都去过。我们是带着任务下去的。年画出版以后，好不好卖，画面有什么问题等等，这些问题都要解决。比如有一年过年我去陕西，帮助当地的人卖年画，边卖边问老乡：为什么买这幅画？为什么不喜欢那幅画？老乡的意见很有参考性，比如他会说，这幅画颜色鲜艳，贴在家里好看；那幅画阴阳脸，不吉利。这对我们的创作很有帮助，我们在创作中就要考虑这些问题。

年画创作的同志每人都有特长，有的擅长装饰，有的擅长现实、领袖题材，那相关题材就由他画。10月份的时候，新华书店的发行人员就来了，他们会给出具体的数据，比如说哪幅画很好，销量多少。我们就会根据新华书店给的反馈搞创作。当时整个经济效益是靠年画。上世纪60年代后期到70年代，年画成为"四旧"，就这样没落了。我们那个时候正年轻，所以对我们的打击很大。

孙：合并之后，年画创作环境有没有变化？

沈：合并之后上海的年画创作力量都在这里，社会上个别的也有，李慕白、金梅生一直不愿意到出版社，他们认为出版社行政事务太多，而他们长期自由绘画惯了，所以不愿意来。我当时到上海人美社的时候，上海人美社也有年画编辑室，合并之后有40多人，没合并之前有二十几人。宣传画有一个宣传画组，美编室画画片，任务重，宣传画当时政治任务多，合并之后美编室合在一起，连环画有连环画创作室、编文室。连环画创作的时候跟编辑一起下去，那个时候有不成文的规定，美院的学生刚分配到出版社的时候一定要深入生活，因为有距离。我在学校时学的是西画，来了以后画年画，年画用水粉和水彩表现，最开始单线平涂，因为形象不能搞得太丰富，这个跟学校就不一样。我们从学校出来就容易画灰，出版之后就没人要，虽然卖得不好对个人经济利益没有什么影响，但会慢慢改变创作风格。

孙：题材最终由谁决定呢？宣传画是要对政治形势、国家政策有及时的反映，年画在确定选题的时候有没有这种考虑？

沈：我们是三审制，初审、复审、终审。初审的时候是创作人员跟编辑要好好研究的，题材呀、草图呀是否合适，初审通过要复审，之后再是终审。出版局管重大题材，主席像要请出版局过目。对于年画没有政治性的要求，但是年度计划的时候要有一定的比例，现实题材跟传统题材比例要有多少，所谓传统题材比如瑞雪兆丰年、戏曲、胖娃娃等，比例每年都不一样。上世纪五六十年代的时候，传统题材能占到70%，后来占到80%，再后来由于政策的原因，就是对半开了。

孙：除了完成社里规定的任务，创作人员平时会有额外的稿酬吗？

沈：上海人美社对创作人员也是有要求的，出版社的利润要上交。出版社的职工没有奖金。版税是给社会作者的，计划以外我画了一些稿子，也出版了，也会有版税。这个很好处理，工作稿完成了，业余稿就拿版税。业余稿有的人一年画两三幅，做编辑的人不甘心，也画。印刷超过多少，就能得到版税，一张稿子275元，有的人版税都能超过这个数。那个时候创作干部的生活、待遇要高很多，手里有钱。出版社那个时候是不管的，连环画也是这个样子，宣传画也有业余稿，有的是外边的出版社来邀稿，全国的出版社都会来邀稿。

孙：我看过您之前的文章，您提到上海人美社举办过几次年画培训班，能详细说一下当时的情况吗？

沈：我在退休前主持过三届年画创作班。第一次是1986年，在天津，找来了26个创作人员，在干休所里。之前上海人美社在向全国出版社讲课的时候，都是把年画创作技法无私地告诉其他出版社的创作人员，比如到广东、浙江、安徽等地方，因为月份牌年画在农民中受欢迎的程度很高，各地出版社希望自己也能搞，所以各地都建立了年画创作室，我们那个时候都是手把手地教。月份牌擦炭粉，要很淡，把结构、体积都擦出来，擦了以后上色，水粉也是。我的技法是从老先生那里学的，他们那个时候也是无私地教给我们。1956年，上海画片社办了三个画室，金梅生、李慕白、谢之光每人一个画室，我们在社会上招了三十几个人。当时上海有私人搞画室的，哈定、任微音、陈秋草都有个人画室。我做过这个工作，我去找过学生，找素描、色彩都画得很好的学生，找来之后作为出版社正式成员，由三个老先生教他们。这个很有长远眼光，这批人后来进了上海人美社，他们接续了老先生的工作。后来又招了73届的学生，他们这批没念完高中，只念了初中，出版局找了51个学生，先到"五七干校"锻炼，回来再分别到出版社报到。上海人美社留了十几个人，余下的学生分到各个出版社，大部分搞装帧、编辑工作。所以出版社工作做得比较具体，承担了传承的工作。73届学生是作为年画接班人考虑的，教学任务是搞创作，在工作中间来提高画年画的水平，同时给他们上一些擦笔技法课，这批学生中有的会利用业余时间到上大美院去学油画。"文革"之后年画创作人员只有二十几人了，有的退休了，有的干别的工作了。我们最兴盛的时候是上世纪五六十年代，特别是"文革"之前最兴盛。所以，我觉得这个工作回过头来看很有意义。后来老先生们都去世了，也没留下声音、录像，这是最大的疏忽和遗憾。

孙：培训班的主要教学内容是什么呢？

我是跟随金梅生学的，他的特点是画风细腻，擦得很细，他把夕阳红先铺上去。我们的水彩画颜料很讲究，要用进口的，老先生家里有，颜色很透明，是通过香港进口的，内地也有，是油性的。画纸也是进口的，都是从香港买德国人的纸，两米宽，这个纸在国外是搞建筑用的，它的好处就是经得住擦，不起毛，画坏了也能洗掉，国产的都不能用。外地的月份牌画家用的都是保定的纸，他们不知道上海有西洋的颜料。老先生家里的存货很多，去世时家里还剩很多，颜色很讲究。我们当时很奇怪，怎么画都画不到他们那种程度，后来才知道颜色很重要。老先生的技法就是讲究，比如刘海怎么留，衔接得很好。

谢之光的背景画得很好，有国画的背景，他画背景的时候大家都要去看。胡伯翔用国画的工笔去画月份牌。李慕白原来是在杭穉英的画室，金雪尘画景，李慕白画人，金雪尘的景画得很好，他也是李慕白画室里的成员。杭穉英画室的工作形式也是分工。谢之光后来画国画去了，他的国画很有一套，画得简练，他偶尔也在出版社画。技法上也很独特，他有时候不是用笔画，而是把纸揉了揉当笔来画。金雪尘也有国画的功底，但是他很含蓄，一直与李慕白合作。金雪尘画的《武松打虎》，作者只有他的名字，但是武松这个人是李慕白画的。他们两个人关系很好，李慕白先去世，金雪尘是1992年去世的。

沈：培训班学习绘画的技法，怎么擦色，怎么上色，每个老先生手法都不一样。

上海是月份牌的发祥地。很可惜，老先生都没有留下创作步骤，现在都失传了。李慕白在新中国成立前给有钱人家的太太画肖像，用粉笔画，也是进口的，所以他画的粉笔画感觉很好，这种粉笔，现在在苏州的杭穉英儿子杭鸣时家里还有。杭鸣时是李慕白的学生。另外，我们还请韩和平教素描，请陈秋草、贺天健、江韩汀、张大中等教国画。

年画印刷出来之后，跟创作稿差距不大。开始还没有胶印，是石印。石版印刷需要把画稿剪碎，画稿就不存在了，这个非常可惜，所以月份牌画稿很少留下原稿。解放之后我们也搞过铜印，农民买回去要挂起来。上海老的制版工技巧很高，很多老师傅专门做月份牌老先生的稿子。我从学校出来的，对月份牌很感兴趣，但社会上看不起月份牌，认为很俗，一点也不雅。但是工作中我发现月份牌要融合很多绘画技法。像李慕白他们都有一套，能把它画出油画的效果。

五、
王义访谈录（节选）

王义（1926— ），原上海画报出版社社长、总编辑。曾在20世纪50年代担任上海人民美术出版社摄影编辑室主任。

采访人：哈思阳、孙浩宁、张馥玫
受访人：王义
时间：2010年11月17日
地点：上海人民美术出版社院内

孙：很高兴能有机会采访您。您当时是上海人美社摄编室的主任，我在查阅上海人美社档案的时候，也翻到了关于您的一些资料，当然就是任职的一些资料，有好多问题想要问您。首先您能说一下您怎么去上海人美社的吗？

王义（以下简称"王"）：我是从部队转业过来的。开始转业到新华社，1949年以后我就到了地方，在新华社。那个时候是这样的，从北京到保定，保定下火车过分界线到了老的晋察冀，那是原来的抗日根据地，实际上就是去的新华社。从1949年到新华社，到现在有半个多世纪，搞摄影50年了。过去在新华社搞文字做记者，我们那个时候从华北到部队，到了安徽后我又回到了北京。上世纪50年代的时候，新华社摄影部成立，真正作为新闻的有力部门还得需要一些人，我们一批人就到了摄影部。过去第一代搞摄影的干什么的都有，有在解放区搞保卫工作的，像侯波那些人就是保卫部门的，也有学校毕业搞摄影、搞电影的，还搞点其他的活动。新华社要求新闻观念正确，就调了批人进去。蒋齐生你们知道吧？他来了以后是新闻摄影协会的主席，在摄影部领导工作。我那个时候也调回去了，我就负责政工方面的工作，也就是政治工作。我到了上海之后，负责上海分区摄影报道，夏道陵、陈娟美等，都是上海新华社的一批人。

孙：您之后是如何到上海人美社的？

王：新华社的这几个人就不讲了。我到上海人美社来是怎么回事呢，1957年时要搞个《上海画报》，本来刚解放的时候，上海有个画报叫《华东画报》，上面为了支援《人民画报》《解放军画报》，就把《华东画报》撤销，有些人就到北京去了，像张韫磊、钱浩等。1959年是一个双喜临门的年份，新中国成立十周年和上海解放十周年，那个时候为了办《上海画报》，就把我从新华社调到上海人美社来，当年是吕蒙当社长，他开门见山地提出要我负责参与筹建工作，并提出把我从新华社上海分社抽调出来，调到上海人美社负责《上海画报》的创刊和出版工作。上海人美社在出版界赫赫有名，还有出版名家赵家璧坐镇，而我又熟悉新闻摄影的采编业务，何乐而不为呢？当时那个画报的计划搞好了，其他的事也都安排好了，但是始终没批下来。

孙：我看档案从1958年到1960年，上海人美社每年都会向上级去申请创办《上海画报》，当时草拟配备名单主任就是您，还有徐飞鸿是年画编辑组的主任。徐飞鸿是老干部，他在《晋察冀画报》里是搞美术的，《晋察冀画报》是在抗日战争时期成立的。

王：徐飞鸿比我们早，我是抗日战争后期。画报没有批准，但已经到进行到那一步了，以后怎么办呢？我们就在摄编室搞别的，双庆日是一定要搞的，新中国成立和上海解放十周年，搞什么呢？就搞一个欢庆上海成就的纪念大画册，北京庆祝新中国成立有一个大画册知道吧，上海也要搞这个，就把所有的力量集中搞这个。上级召集我们开会，说搞一个画册欢庆新中国成立十周年、上海解放十周年。那个时候我是积极策划者。我们这个院子那个时候是很热闹的，当时说得不像现在这么多，调动的十几部车，记者也集中，报社也集中，画家也动员，搞那么个大画册，这本画册就叫《上海》画册，大画册那是庆祝十周年的，是作为一种记录的即时画册。

孙：您能介绍一下当时摄编室的情况吗？我们也找了当时的一些摄影宣传画，非常震撼。

王：我们当时是有几个干将的。原来的华东画报社留下的一些人，比如尹福康，后来还有王寿美、陆星辰等人。当时在摄编室是要有些绘画基础的，在摄编室搞摄影宣传画，主要是综合能力，单靠一张画很难有作为，都是综合的。宣传画要求要有号召力，一定要有鼓动性、号召性，还要有正义感。单单摄影比较局限，只能用别的东西拼出来合成。比如哈琼文的《毛主席万岁》，是经典作品了，但是他那张人物的造型，是上海游行照片中的一个场景，当时这个衣服只有上海有的，北京也没有，服装很时髦。游行这么大的场景，摄影肯定没有绘画表现得综合，所以摄影比较有局限性。真正做的时候应该是在里边来挑选的，政治导向要有保证。像她爸爸（指哈琼文——笔者注）画那个《万盏红旗》，要突出画面的主要角色，摄影就不能这样做，摄影无论如何也不能在人群当中把主体人物拔得这么高。

图5 1962年，上海市文代会开幕，上海人民美术出版社出版的《上海》画册作为献礼书，隆重入场。

孙：当时选题是如何确定的呢？

王：选题每个编室几乎都分成两块。一块是每年要报选题，然后就是正常渠道批下来，编辑就去做。还有一块儿是突发事件，突发事件就是大家讨论。包括绘画也是，绘画的东西，你像哈琼文的宣传画《支援古巴》。那个时候经常搞合成，大家凑在一起，该摄影的摄影，该绘画的绘画，把不同形式的作品拼合在一起，那就是合成。

孙：但是很特别，很有特殊性，您刚才说到一个词是"合成"，您听说过民主德国的一个摄影家哈特菲尔德吗？上海人美社在1958年到1960年期间，就集中出了合成的一些宣传画，哈特菲尔德也是在1958年或者是更早来中国访问过，不知道合成这种创作方法跟哈特菲尔德之间有没有关系？

王：那倒跟他没有关系。合成这种形式我们在新中国成立之前就搞过，比如有一些画报像《晋察冀画报》，如果主题突出一个人，就把他放大一些，再用其他的背景把他贴上去，这也算合成。过去有两个画报，一个《山东画报》，一个《晋察冀画报》，这些画报做报头、搞创作都用这种方法。我们过去在解放区搞摄影展览，把一张张照片贴起来到处展出，都是放大一张照片弄些背景再贴上去。当然，我们在创作的时候，宣传画不占主要形式，它只是个特色，所以力量并不太强，整个摄编室的力量中它只占一小部分。这个形式跟摄影相比，有好多限制性。经过拼贴以后，宣传画的鼓动性、号召性增强了，但视觉冲击力不够，没有单纯的宣传画视觉冲击力大。现在电脑技术这么发达，要搞合成太容易了。

摄影原本表现的是一张张具体的单幅照片，对反映那个年代的一些情节、事物却显乏力。怎样提升摄影功能，更好地服务于意识形态，成为当时摄编室编创人员的责任。我们大胆借用绘画的"加法"，用多张照片合并为一幅，形成了内涵丰富、形象鲜明的图像。随后，经过几次试版，日渐成熟，终于纳入正式出版物，成为政治宣传画行列中的一员。

孙：当时《晋察冀画报》还有《山东画报》的这种创作手法，您觉得是从哪里来的？有没有受到苏联的影响或者是受到其他国家艺术家的影响？当时能看到苏联类似的宣传画作品吗？

王：当时有苏联的画报，我个人认为受到了一些不好的影响，它是合成，但是明显地搞一些摆布。所以，苏联画报、苏联的摄影就有这么一个东西，我在北京写了一篇文章《论摄影组织加工与导演摆布》，中心意思是讲注重内容但是不能忽视形式，也不能光形式而忽视内容。

孙：当时在做摄影宣传画的时候，有没有跟宣传画家一起来探讨，比如说跟哈琼文、钱大昕探讨过宣传画创作手法？

王：有探讨，从选题的时候就是这么谈的，这里应该突出什么，那里应该强调什么，你一句我一句，这样给了一些启发。

孙：那像我刚才给您看的这几幅宣传画出版之后，领导或者是群众的反应怎么样？

王：当时应该这么讲，宣传画主要是团体单位买的，工厂买一些直接就贴出去了，真正的个人的手里是没有的。我们这东西一直都是好的，销量也蛮大，跟现在人的概念是两回事情，现在很难测验受欢迎还是不受欢迎。内容形式都要有，要宣传性强的才购买，个人不购买。

领导是一致赞成的，世博会上次还叫搞宣传画，还让搞这些东西。就宣传画的东西而言，它是艺术形式，但是更重要的是意识形态的反映，基本上是这些东西。作为艺术的欣赏不是这种。长江以南，上海人美社是把销量几乎包下来的，销量很大，比岭南派都要有影响。长江以北是以北京的人美社为主，但摄影还是以上海为主的。宣传画不是我们主要做的东西，我们主要编辑、拍摄画册，还有画片，最后以年画或者画册的形式卖出去。

孙：年画跟摄编室又有什么关系呢？

王：那太有关系了。我们的东西是蛮受欢迎的，比如舞台剧《梁山伯与祝英台》，舞台上蝴蝶飞舞的场景拍下来一放大，贴到老百姓家里边，他们太高兴了。就戏曲年画来说，梅兰芳的那些东西都是戏曲，最后都转变成年画。我们是去拍这个剧照，把很多剧照连在一起，叫电影连环画，相当于电视了。尤其像县里小剧团拿着这个作范本，这个还可以当成一些剧团表演剧目的范本。

孙：我刚才给您看的一些合成的宣传画，它就是集中在1958年到1960年期间出版的，这种形式的宣传画为什么后来不出了呢？

王：1958年到1960年以后，恐怕这个形势变了。"文革"的时候，我们都被下放了，具体情况就不知道了。1978年以后，形势变化了，到以后就基本上没有了，而且合成的表现力不太强，它有很大的局限性。

孙：您刚才说当时上海人美社的摄编室是全国覆盖面比较广的出摄影画册的部门，好的摄影画册都是在摄编室出。这里有个1960年的文件，是让摄编室不要出太多的画册，要保留一些力量，然后让别的人美社也来参与到这个摄影书籍的出版，这是什么情况？因为当时摄编室这种成就特别多，然后出版的东西也特别多，所以好像要分一批力量到别的地方去，是有这种情况吗？

王：这个没有实现。中国摄影出版社在北京成立，它想成为摄影家协会下的摄影出版社，可能有这么一个想法，就是成立中央摄影出版机构，要我们支援一部分力量。现在不还是有中国摄影出版社嘛。

孙：现在看来很多好的画册都是在十周年之际出的，比如《江山如此多娇》？

王：《江山如此多娇》是一个系列，你比如扬州一个专题、杭州一个专题。还有最大的一个是新中国成就系列画册，本来像这些农业的部分叫农业部搞，水利部分叫水利部搞，但他们承担不了，我们承担得了，所以就赶上1960年这个《江山如此多娇》系列，还有《祖国的山河》和《长征路上》。《长征路上》是纪念册，也算是历时的一种纪念，从井冈山一直到陕北，我们派一些记者出去。两个系列的大型画册，当时说是中型，但是这个规模是大的。

孙：摄编室当时的经济效益怎么样？每年出版社给摄编室一些经济上的规定吗？

王：那个不叫经济，那个叫政治挂帅，不能够叫经济挂帅。所以，那个时候摄影家不一定赚钱，因为记者要带着机器去现场，消费比别的要多，仪器都是社里买的。当然，那个时候我们社里很赚钱，一年有一两个亿，当时一两个亿不得了啊，我们的连环画、摄影连环画拿出去都是抢着买的。

孙：您当时来上海人美社的时候，一来就担任了摄编室的主任？之前的主任是谁？

王：对。之前是赵家璧。当时赵家璧兼任摄编室的主任。

孙：您刚当主任的时候摄编室有多少人？

王：那时候人也不少的。上海出版社的历史你们不太清楚。上海人美社过去也是由小出版社合并而来的，那些人不能辞退，所以编辑力量是很强的。上海人美社的这个具体数字我不太清楚，至少有五六百人，那不得了，所以每个编辑室人都很多。而且赵家璧搞过《良友》画报，在当时的影响力是很大的。

六、
李家璧访谈录

李家璧，1948年毕业于国立中央大学艺术系，1949年进入上海市人民美术工场负责宣传画绘制工作，1952年到1954年在上海俄文专科学校（今上海外国语大学）学习俄语，1955年回到上海人民美术出版社任美术编辑，负责外国美术书籍的编辑、组稿工作。

采访人：孙浩宁
受访人：李家璧
时间：2010年4月9日
地点：上海市李家璧寓所

孙：您能否谈一下美术工场的情况？

李家璧（以下简称"李"）：上海解放之后，陈毅的部队接管上海。解放军进上海之后就成立了一个军事管制委员会。军管会接管城市的工作很复杂，如财政、经济、文艺方面都需要的。当时有一个部门叫文艺处，文艺处里面又分工明确，搞文学的管文学，搞美术的就管美术。管美术的叫陈叔亮，但是他待的时间很短，几个月后就调到北京去了。当时上海一解放，就欢庆解放军进城。市政府那时候在江西路，非常需要学美术的人，因为解放军来了，需要马上宣传起来，不然不知道毛主席是什么样子，这就是美术工场的主要任务，主要画领袖像、宣传画。游行队伍也需要宣传画、领袖像这些东西，宣传革命的东西，所以需要美术工作者。原来部队里面除了作战部队之外，也有文工团，有搞宣传的，也有美术工场。那个时候上海天天大游行，欢庆解放，所以需要这个组织。我那时候正好赶上解放，我是1948年国立中央大学毕业的，毕业之后没有参加工作，1949年来上海就到美术工场去了。美术工场是文艺处下设的一个机构，专门画领袖像、宣传画的。我们这些当时从美术院校毕业的学生，就直接进来了。上海是5月份解放，美术工场是9月份成立的。当时的领导是涂克，像沈柔坚、沈之瑜呀，他们来领导搞美术工作，他们是场长。下面工作就靠我们这些刚来美术工场的人来做。美术工场成立的时候吸收了三所美术学校的学生：一个是闵希文，是原来杭州艺专毕业的，是林风眠的学生；一个是刘安华，是苏州美专毕业的，是颜文樑的学生；我是国立中央大学艺术系的，是徐悲鸿的学生。实际上我们这几个人分属于当时美术界的几个派系，三个学生代表了当时美术界的三个派系。但是我们都是主张写实的，特别是徐悲鸿，特别排斥现代派。

美术工场是上海第一个美术机构。美术工场确切来说没有这个名字，它是从部队延续过来的。1950年三四月份，人民政府文化局成立。沈之瑜原来是美术工场的副场长，文化局成立之后他就被调到了文化局，他去的时候就把我带到了文化局，所以我在美术工场待了半年多。

孙：美术工场的内部组织情况是怎么样的？

李：美术工场分两个组，一个是绘画组，一个是布置组。布置组是专门布置会场的。会场布置中间要放一张毛主席画像，都是很高的，跟这个房子一样高，大会小会都要有毛主席像。我们就是专门画会场用的领袖像，而且像人民广场这种地方，也都放着马恩列斯的像，都很大。我们那个时候跟苏联、东欧国家有很亲密的关系，倡导国际主义，所以也画世界各国的共产党的领袖像。我就画过各国共产党的领袖像，我画外国的多，马恩列斯是我主要画的，还有像其他国家的共产党领袖，像西班牙共产党的领袖伊巴露丽，我画过两张，都是很大的，放在广场上。

孙：用什么材料画？

李：油画，全是油画。因为有照片，要画到完全像，专门拿小照片打格子，然后在画布上打格子，这样才画得准确，画得跟照片一样。画画的时候颜色使用是自己发挥，所以那时候既是刻板的，又有自己的发挥。

孙：用油画创作时间周期长，不影响会场的使用吗？

李：那个时候画得很快，因为说用就用，很多都是要急急忙忙赶的。但是那个时候就是在画画，每天爬上爬下，也没时间做其他的事情。当时画了好多外国共产党的领袖像，后来需要张贴、游行呀，就把已经画好的印成印刷品。我刚去的时候，画过一套素描的领袖像，好像有周总理他们，当时马上就出版了。开始是素描，后来全部要油画，这才有彩色的领袖像出版。我们上海人美社的资料丢掉了很可惜，当时上海人美社的资料室这些全有呀。当时资料室有一本宣传美术工场的小册子，画过什么东西都有介绍，但是现在都没有了。1949年5月上海解放，1950年三四月份文化局成立，我就去文化局了。我在的时候翁逸之已经来了，他是新四军时因为打散了，跟部队联系不上，没办法就一直待在上海，后来跟部队联系上了，来参加工作。后来进的钱大昕、卢敦良他们。但最开始的时候是我们三个，但是那么多任务根本就来不及画，所以也找外面的跟我们有联系的画家来参与。

孙：您还能记得外头画家的名字吗？

李：记得不清楚，比较多。后来文化局成立，我就到文化局去了，美术工场后来来了谁我都不是很清楚。上海人美社长乐路现在的房子就是我爱人吴桂芳去找的，她是美术工场的经理。长乐路那里原来是个资本家的房子，花园洋房。

孙：您在文化局的工作是什么？

李：文化局是政府管理文化事务的一个机构，跟军管会文艺处一样，分了很多室，有文学室、戏剧室、美术室等，美术室是专门管美术方面的，是政府的管理机构。那个时候我们每个机构都有苏联专家，所以非常需要翻译，国务院就调机关干部到现在的上海外国语大学学习俄语，所以我又被调干学习。但是学习完之后我还是又回到上海人美社了。

孙：您是什么时候回去的？

李：我是1952年到1954年在上外学习，1955年回到上海人美社，跟吕蒙他们在美术工场时就很熟悉，所以很顺利就回来了。当时在上外毕业之后让我到音乐学院去，我在那儿待了一段时间，我就跟领导说我是搞美术的，不能在音乐学院里待着，还是要干老本行，所以就申请回上海人美社了。如果当时我没走，一直在美术工场待着的话，说不定跟翁逸之他们一样一直待在宣传画组，专门画画，但是回来之后让我进编务组做苏联的东西。苏联的东西都是我包下来的，我翻译的。当时全国有两个出苏联美术作品的出版社，一个是上海人美社，一个是北京的人美社。人美社苏联作品的编辑也是我们国立中央大学的同学，叫平野，可能是跟哈琼文一班的。人美社跟上海人美社是国家出版社，是这两家领头的。我们跟苏联关系最好的时候，平野在北京搞，我在上海搞。我从搞苏联的美术书开始，就一直做外国的东西，苏联东西不做了之后，开始做西方的艺术。

图6　苏联美术家茹科夫在上海进行文化交流时与沪上同行合影，左起：顾炳鑫、茹科夫、杨可扬。

孙：您爱人是美术工场的经理，主要负责什么呢？

李：出版发行什么的。美术工场后来成为一个出版机构，除了要自己画，还要印制一些领袖像，都是供应市场了。后来这些领袖像都是印好了供应市场，所以经理就是负责这些，接洽印刷厂什么的。

孙：美术工场合并了之后她去哪了呢？

李：她到博物馆去了。沈之瑜到博物馆，她也去了，到了博物馆她就搞专业了，专门研究上海的历史，成为研究上海的专家。文艺处是四个部门，美术部门下面就是美术工场和《华东画报》，他们原来都是部队的组织。闵希文原来在上海人美社待过一段时间，后来去上海戏剧学院了。翁逸之、钱大昕、卢敦良都到上海人美社了。钱大昕、翁逸之画宣传画，刘安华搞编辑去了，我也是。她做中国的，我做外国的。

潘絜兹原来也在美术工场，我认识他的时候，他已经很出名了，他创作了彩墨组画《孔雀东南飞》，有十几幅，每张都是很好的中国画，没多久就调到北京去了。陈叔亮也是，后来是中央工艺美术学院的副院长，1949年底就调走了。涂克是解放区来的老干部，吴联英也是，是我爱人的叔叔。叶苗、陶谋基他们画过宣传画，不过我在的时候都是画领袖像，宣传画是后来才有的。江长富是美术工场的搬运工，后来到上海人美社当了行政科的科长。曹启梅是美术工场的厨师，后来好像进了上海人美社出版科。俞云阶、丁浩已经是上海有名的画家。当时美术工场经常有画家来，上海有名的画家，都去美术工场。我记得好多画家来美术工场，希望参加美术工作。

上海人美社是《华东画报》《工农画报》和美术工场合并的，原来华东人民出版社一些工作人员也合并过来了，像程十发、张乐平、张苏予，反正上海有名的画家都是上海人美社出来的。成立的时候我不在，具体情况不知道，只是知道一些情况。我回出版社之后，苏联的美术出版物主要由我来编。

孙：您在国立中央大学读书的时候，看到过苏联方面的艺术吗？

李：没有。国立中央大学最开始的时候是蒋介石当校长，他不当了之后才是顾毓琇，顾毓琇后来去交大了。上海解放时，有好多外国侨民，外国人很多，但是解放后他们都回国了。有一个苏联女画家来美术工场参观。苏联侨民也有美术家协会，一解放就跟苏联人建立起友谊了。她爱人是法国的外交官。1949年秋季，他们要开展览会就邀请我们参加。她当时一直住在淮海中路。当时苏联女画家主要是画油画，后来她回乌克兰做了乌克兰美术专科学校的校长，过了二十几年，八几年的时候作为苏联画家访问的上海。

七、尹福康访谈录

尹福康（1927—2019），江苏南京人。曾任上海人民美术出版社摄影编辑室主任、副编审。上海市摄影家协会第二、第三届副主席，中国摄影家协会会员，上海市文学艺术联合会第四、第五届委员。曾参加《上海解放十周年》《庐山》《江山如此多娇》等大画册的拍摄工作。

采访人：孙浩宁、张馥玫
受访人：尹福康、哈思阳
时间：2010年3月30日
地点：上海市华阳路162号

孙：您好，很高兴采访到您。您能介绍一下当时去上海人美社工作的情况吗？

尹福康（以下简称"尹"）：1952年上海人美社一成立我就在那里。我是1949年参加革命的。中央美院姚有多的弟弟姚有信，在上海人美社画过连环画，后来在美国出车祸去世了。他是学徒出身，我也是学徒出身。我虽然不是学美术的，但是我们当时的摄编室是跟宣传画编辑室在一起的。现在的社长职责很多，那时候没有这个观念，我们同社长跟自己的兄弟一样，开玩笑都是可以的。

孙：您能讲一下上海人美社成立的情况吗？

尹：刚解放的时候上海只有一个华东人民出版社，专门出政治读物。当时华东出版局是有的，我们这个华东画报社，吕蒙当社长的时候，是华东出版局领导下的。到1951年的时候，华东新闻出版局早就有了，但是下面是空的。1951年改称华东人民出版社之后，华东画报社就合并到那里去，本来的华东画报社是直接由出版局领导的，后来是归华东人民出版社领导，我们的地址本来是在上海的江苏路，合并之后就到了绍兴路去了。华东人民出版社下面有三个美术出版物：《华东画报》《工农画报》和《漫画》月刊，那时候的漫画家都在我们这个圈子里，老的名字我都记不起来了，好像有江凡，后来他们到北京去了。整个机构就是这样的，当时关于三个出版物我还有一张照片。

孙："人民美术出版社"这几个字是谁题的？

哈：是挪用周恩来为北京的人民美术出版社题的字，周恩来是为北京的人美社题的，我们借用过来了。

尹：最开始是没有华东的，叫人民美术出版社，后来1952年8月加了华东两个字。当时《华东画报》就是由人民美术出版社领导。

孙：《华东画报》主要刊登的内容是什么？

尹：介绍祖国的政治、生活、发展情况，宣传我们党的政策。当时的画报内容是跟党的政策联系在一起的，那时候美术的发展是相当快的，从美术的角度来宣扬党的政策。当时上海人美社最高峰的时候达到三百多人。这个单位以美术为宣传工具，出了太多的宣传画、年画、连环画以及各种画册。《华东画报》主要是以摄影作为宣传武器，但是也有美术的内容，漫画、宣传画都发表过。

孙：当时华东画报社主要是从哪里寻找作者和创作人员？

尹：我们本身也有画家，赵延年、杨可扬、江凡，还有一个聋哑人，有五六个美术人员，包括黎鲁。

孙：您到华东画报社之前是做什么工作的？

尹：我之前是一个照相馆的学徒，后来当上摄影师。我有一个师弟在南京新华日报社工作，南京当时刚刚解放，上海还没解放，但是要招人，《华东画报》当时在山东，想到上海去出版，出版得正规一些，想为以后做准备。我当时在照相馆做人像摄影师。南京是1949年4月23号解放的，解放以后，华东画报社从山东来了三个人，算是先头部队，准备到上海重新组织，他们三个人住在南京的新华日报社，他们要求我师弟给他们介绍一个摄影师，能拍照、洗照，老老实实的，技术能过关，我师弟就推荐了我。

我的情况好多报纸都介绍过了，上世纪50年代拍了梅兰芳的照片，2009年出版之后，很多媒体都开始介绍我了。1949年5月份，我跟《华东画报》的人见了面，当时上海还没有解放，他们问我愿不愿意去上海。我当时感觉自己能参加革命了，但没想那么远，只是想换个环境，结果来上海工作了。1949年7月份来的。我当时摄影的起点很高，给梅兰芳照过相，又花了三个月的时间重走革命道路，拍了好多底片，但是都没留下来。"文革"的时候，我把梅兰芳的照片偷偷地藏起来，一直保留到《梅兰芳》的电影上映，其中2000多幅我捐给了上海历史博物馆，还有70多幅我捐给了上海美术馆。《上海画报》《文汇报》都介绍过我的梅兰芳的摄影。我现在回想当时是怎么能够拍到梅兰芳的，一个刚出茅庐的小伙子，用的上海解放前美国人留下来的东西，能够拍出来，说明我做学徒的时候，照相馆的工作给我打下了很好的基础。现在他们看到这个照片很激动，梅兰芳这个照片很珍贵。上海人美社兴旺的时候也有，不兴旺矛盾大的时候也有，知识分子没现在这么轻松。当时我们摄编室也出了一些连环画，拍了50多部剧照，可惜都没留下来。

孙：当时华东画报社的人员是怎么去北京的？

尹：当时他们全部去《人民画报》了，后来个别同志又转到其他单位，都是做领导，大部分都是山东过来的老干部，像赖少其、姜维朴、钱浩（《人民画报》摄影记者——笔者注）等，到北京都是出版界的名人。姜维朴最近出了《新中国连环画60年》，影响比较大。

孙：您在纪念吕蒙的文章中提到，有一年跟吕蒙、潘世聪去北京，谈与人美社合作的事情。您在这篇文章里提到一个人，叫辛玉英，是上海人美社驻北京办事处的，当时上海人美社在北京的办事处是一个什么样的情况？

尹：这是我们上海人美社在北京成立的一个驻京办事处，就她自己一个人，是摄编室办的。那时所有的摄影出版物、摄影画册都是归上海人美社摄编室出版的。周总理出国带的一本画册《江山如此多娇》，就是由我们出版的，是周总理委托上海人美社出版的，北京的人美社都不能搞，因为当时的分工不同。所有的关于摄影的书都是由我们来出版，包括理论的，只能由我们来做，全国只有上海人民美术出版社摄影编辑室能出。我现在想起来这是非常了不起的，那时候上海印刷厂的技术最高，摄影质量也是非常高的。辛玉英就是到北京去联系、组稿、通知，主要联系作者，催稿子。

图7　上海人民美术出版社1959年红五月运动会，社里职工踊跃参加。此为参加长跑比赛的选手冲过终点。

孙：当时上海人美社还出了一些关于捷克和苏联等一些东欧国家的理论书，这是由谁来组稿的，出版的背景是什么？

尹：当时我们有一个副总编叫赵家璧，他主管我们的摄影编辑室，兼摄编室主任。他是搞《良友》画报出身的，是非常厉害的人。前面的几位领导都非常好，包括吕蒙，非常好。当时这些书是赵家璧组稿的，他到苏联领事馆还有对外文化协会去组织这些书。当时他们的活动能力都很强，包括吕蒙也是，他有着革命家和艺术家的情怀，他在当时就看到我们现在艺术创作的一些问题，知识分子要想能够创作、能创造出好的作品，画不出来，可以出去走走，不需要请假，他当时在大会上就是这么讲的。他在出版社这么多年，从来没有批评人家。赵家璧后来生了很长时间的病，病好了之后就到文艺出版社搞《中国新文学大系》的再版工作去了。他是翻译家、文艺家、出版家，名气很大。当时摄编室在他的领导下出了很多好书。那时候出了匈牙利、苏联的摄影选集和摄影理论书，赵家璧当时是摄影协会的第一任常务理事，摄影界对他比较了解。

孙：当时摄编室有没有出过一些摄影宣传画作品？

尹：有的。当时摄编室的主任王义来了之后，我们出了一些东西。摄影宣传画当时做了七八幅，反美的、支持古巴独立的等等，当时做得还是很漂亮的。王义是1958年来摄编室的，这些宣传画都是24小时开夜车赶出来的。我记得当时有一幅是《绞死艾森豪威尔》的作品，还有海陆空军队的，就是我拍的照片，由王义设计的，他跟几位美术编辑一起来设计摄影宣传画。我当时还拍了一张《人民公社吃饭不要钱》，拍了一个小孩在那里吃饭，是特写，吃得很开心，但是底片找不到了，那是1958年发表的，是在上海"七一"人民公社拍摄的。还有《杨富珍学毛选》，我当时跟她去火车上拍的，从上海坐到苏州，这个出版过一张挂图。当时拍了很多照片都是很珍贵的，别的地方没有这个机器，条件达不到，上海人美社有这个条件。

孙：吕蒙在组建出版社的时候，如何去选择人员您了解吗？

尹：这个我不太了解，不过他的手下都是有名望的。当时都希望到上海人美社来工作，上海人美社的名望很高，属于全国性的出版社。摄编室最兴旺的时候，当时有十几个人。一个摄编室一年的利润是800万，房子就是当时花了100多万造的，其他的编辑室也很赚钱。挂历搞了十年，赚了十年，后来就不行了。尤其是宣传画、连环画、年画都不赚钱了。年画、宣传画都是一个编辑室，叫年宣室。年画赚钱也不得了，出版什么都能卖光。当时北京也有，但是出不过上海人美社。当时在吕蒙领导下的人，都是当时或者是后来很有名望的人，有些画年画、连环画的后来都画国画，而且给他们打下了很好的基础。在报纸上经常会看到原来的上海人美社的人员。吕蒙的管理是很宽松的，他也注意培养人。黎鲁也是很了不起的，他父亲是长春电影制片厂的编导，导了几部电影，很有名望。

孙：您与当时的画年画、宣传画、连环画的画家有过合作吗？或者他们请您拍过素材吗？

尹：我给你讲一个事情。俞云阶当时跟我讲，他要画一个钢铁工人，让我跟他去拍个照片，我跟他去拍了一些照片，是彩色的。当时能拍彩色照片的只有上海人美社。还有好多画连环画的老作者托我出去拍照片，拍完之后他们拿去参考。当时张大昕、李慕白、金雪尘这些社会作者，把我拉出去拍摄了好多次。刘旦宅和关良、谢稚柳夫妇，我都到他们家拍过照的。

后 记

最初对上海人民美术出版社产生兴趣是 2009 年。彼时我师从许平先生攻读博士学位，中央美术学院承担了当年的世界平面设计师大会的部分展览和论坛工作，我作为工作人员参与了由许平先生组织策划的"20 世纪中国平面设计展"的布展工作。当展览如期开展之时，新中国宣传画强大的视觉冲击力令我震撼，一幅幅具有强劲图像力量的宣传画如排山倒海般扑面而来，那种感觉至今难忘。哈琼文、钱大昕、周瑞庄、张道一等这些在此之前从未耳闻的艺术家，也因这次展览的机缘逐渐熟悉。如此众多的具有强烈视觉震撼力的宣传画作品呈现在眼前，除了对当时的艺术家产生深深的好奇和敬畏之心外，我同时也心存疑惑：这些印刷出来的作品，是如何产生、如何创作出来的？

展览结束之后，当与许老师讨论我的博士论文选题时，我带着深深的好奇心决定把上海人民美术出版社作为我的研究基点。但是研究什么？怎么研究？这在很长时间里困扰着我。对出版体制的研究，也是在寻找资料的过程中逐步形成的研究思路。作为中国最大的专业美术出版社之一，上海人美社的历史地位不可小觑。对上海人美社的研究，对它的发展脉络和体制建构的探讨，也是对中国专业类出版社在特定历史时期的一种历史观照。

本书是在我的博士论文基础上增补、修订而成。在博士论文完成后的很长一段时间里，我不愿再次翻阅我曾经用了不知多少个不眠之夜写成的论文，原因在于我认为还有许多书写和资料上的不足，以至于"不忍直视"。但是几年后再次翻阅书稿，我从字里行间，深深感叹曾经的努力和干劲。看着放在眼前即将付梓的书稿，我既有一种如释重负的轻松和喜悦，又增添了新的紧张和不安。喜悦的是终于完成了一件多年想做却一直未完成的事情，不安的是自知论著里有许多不尽如人意的地方，如在资料的挖掘上尚有遗憾，在写作框架上也有进一步完善的空间。

在此我要特别感谢我的导师许平先生。许老师是我学业上的领路人，其渊博的学识、敏锐的视角，令人叹服。难忘的是十年前许老师带着我从北京到上海人民美术出版社进行调研，在首都机场碰头的场景：初冬的早晨，寒冷尚未消散，刚刚升起的太阳的光线洒落在许老师身上，那一刻，我心中涌起无限温暖和感动。我曾在心里无数次感叹，何其有幸成为许老师的学生。毕业之后，自己也成为一名老师，更敬佩于许老师治学的严谨和充沛的学术生命力，也每每感愧于自己在学术上的后劲不足。

我还要感谢上海人民美术出版社的各位艺术家、编辑。黎鲁、丁浩、沈家琳、尹福康、王义、浦增华等老前辈，都不厌其烦地接受了我的采访。论文写作期间，有的老先生撒手人寰，令人悲痛。有的老先生仍然以顽强的生命力，如黎鲁先生，继续为中国的出版和艺术创作谱写新的篇章。第一次采访黎鲁先生是在2010年，他以89岁高龄自己骑着自行车来到采访地点，对半个多世纪之前的事情娓娓道来，令人印象深刻。

2019年冬，我因书稿里的一些史实需要得到黎鲁先生的确认，他以近百岁高龄欣然接受了我的采访。当我步入他的寓所，见到依然精神矍铄的老先生，其思维的敏捷和语言的清晰，令刚迈入不惑之年的我自愧不如。

感谢时任上海人民美术出版社社长李新先生，给我的采访和资料搜集提供了极为便利的条件。感谢哈思阳女士，每次采访都有幸得到她的指引和帮助。我能够有幸采访到上面所提到的这些老艺术家，有幸得到第一手资料，与哈老师的帮助密不可分。感谢我的师妹张馥玫，感谢她帮助我完成了许多采访任务。

感谢这本书的编辑康健先生，他从专业的角度对本书的修正和补写，提出了非常重要的意见，其严谨的治学态度也令我折服。不但如此，康健先生对本书的排版和设计也提出了宝贵的建议。还要感谢编辑安志萍，虽然她参与此书编辑的时间不长，但其认真细致的工作态度令人称赞。

最后，感谢我的家人，你们是我继续前行的动力。

这本书从开始写作到正式出版，几乎耗去了我十年的时间。十年弹指一瞬间，刹那芳华尽释然。本书的出版，是结束，也是开始。

谨以此为念。

2023年春于英国萨塞克斯大学图书馆

图书在版编目（CIP）数据

新中国美术出版体制的建构与转型：上海人民美术出版社：1949—1966/孙浩宁著. — 上海：上海人民美术出版社，2023.4
ISBN 978-7-5586-2201-4

I. ①新… II. ①孙… III. ①上海人民美术出版社 — 概况 —1949—1966 IV. ①G239.22

中国版本图书馆CIP数据核字(2021)第219641号

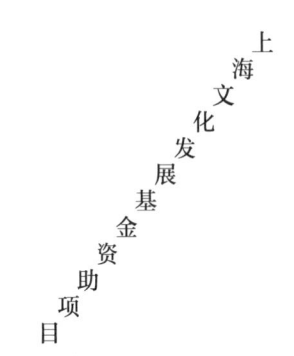

上海文化发展基金资助项目

新中国美术出版体制的建构与转型：上海人民美术出版社1949-1966

著者： 孙浩宁
责任编辑： 康健 安志萍
技术编辑： 王泓
书籍设计： g52 洪叶
出版发行： 上海人民美术出版社
地址： 上海市闵行区号景路159弄A座7F
印刷： 上海雅昌艺术印刷有限公司

开本： 787×1092 1/16
版次： 2023年8月第1版
印次： 2023年8月第1次印刷
印张： 22.5
书号： ISBN 978-7-5586-2201-4
定价： 238.00元